Research on the Identification,
Measurement, Early Warning,
and Control of Financial Risks in the Process
of RMB Internationalization

人民币国际化进程中的金融风险识别、测度、预警与控制研究

张蕾 —— 著

中国出版集团
中译出版社

图书在版编目（CIP）数据

人民币国际化进程中的金融风险识别、测度、预警与控制研究 / 张蕾著 . -- 北京 : 中译出版社 , 2025. 4.
ISBN 978-7-5001-8175-0

Ⅰ . F822

中国国家版本馆 CIP 数据核字第 2025LJ9570 号

人民币国际化进程中的金融风险识别、测度、预警与控制研究
RENMINBI GUOJIHUA JINCHENG ZHONG DE JINRONG FENGXAIN SHIBIE、CEDU、YUJING YU KONGZHI YANJIU

著　　者：张　蕾
策划编辑：张　宇
责任编辑：于　宇
文字编辑：李梦琳　华楠楠
出版发行：中译出版社
地　　址：北京市西城区新街口外大街 28 号 102 号楼 4 层
电　　话：（010）68002494（编辑部）
邮　　编：100088
电子邮箱：book@ctph.com.cn
网　　址：http：//www.ctph.com.cn

印　　刷：山东新华印务有限公司
经　　销：新华书店
规　　格：710 mm×1000 mm　1/16
印　　张：18.75
字　　数：270 千字
版　　次：2025 年 4 月第 1 版
印　　次：2025 年 4 月第 1 次印刷

ISBN 978-7-5001-8175-0　　　定价：79.00 元

版权所有　侵权必究
中 译 出 版 社

前　言

改革开放以来，中国经济总量在全球经济、贸易、金融等方面所占比重大幅提高，国内生产总值（GDP）总量跃居世界第二，但人民币在国际货币体系中的地位却与经济总量不相匹配。2008年全球金融危机、2009年欧洲主权债务危机等接连而至，尤其是中美贸易摩擦和新冠疫情以来，国际社会意识到当前以单一货币为主导的国际货币体系存在固有缺陷，国际货币发行国出现金融危机，将对其他持有该货币的国家产生极为不利的影响。美国和欧盟国家为缓解危机采取持续的量化宽松政策，对美元和欧元持有国连续输出通胀，其贬值也使这些国家在贸易和投资等方面遭受巨大损失，货币信心也因此受到影响。在此背景之下，国际社会开始认识到重建国际货币金融体系的重要性，一方面主张货币多元化，改变过度倚重美元的旧有局面，以促进全球经济平稳有序发展；另一方面大量国内外贸企业也都有规避汇兑损失的强烈愿望，这些都为人民币迈出国际化步伐提供了历史机遇。全球金融危机爆发以来，中国经济仍保持中高速增长，持续成为推动世界经济增长的主要动力源。经济稳定增长既是人民币国际化的基本条件，同时也是人民币币值保持稳定的必要前提。从当前国际经济格局、货币体系的变化以及中国经济的发展态势来看，人民币国际地位的崛起已成为必然。2009年以来，人民币国际化加速发展，与此同时，随着人民币国际化进程的推进，人民币参与国际市场的深度、承担的责任、货币管理机制等都会发生变化；人民币也面临着与国际金融市场接轨和重建国际金融新秩序等问题；另外，人民币的崛起势必将应对和已有强势货币及发达国家之间的摩擦和较量。人民币国际化的步伐和政策稍有失误，都可能引起国内外金融市场的动荡，使经济金融安全受到威胁。所以我们不仅需要对内继续深化金融改革，还需要对外履行大国应有的责任。已有国际货币的历史经验告诉我们，国际化的每一步都伴随着一定的内外部风险，如果不能有效识别并化解，将会导致严重内外部失调，危害经济发展，妨碍国际化的深入。因此，研究如何在新旧货币体系转型背景下，动态全面地识别人民币国际化进程中的金融风险，厘清不同风险间的传导机制，并对其进行有效预警和控制对于进一步推进人民币国际化具有重要意义。

基于此，首先，本书在梳理货币国际化、金融风险测度、预警和控制等相关理论的基础上，一是对人民币国际化的演进路径、现状及其宏观经济效应展开分析；二是对过程中产生的金融风险进行识别，并对不同风险的生成与传导机制进行分析。其次，根据金融风险识别分析结果，选取相关指标构造金融压力指数（FSI）并结合马尔科夫区制转移自回归模型，对人民币国际化进程中的金融风险进行测度和预警。进一步地，借助系统动力学理论构建人民币国际化进程中的金融风险控制模型。在对边界风险指标进行灵敏度分析的基础上，为控制金融风险针对性地提出了控制策略，并对假设性策略进行了仿真模拟。最后，根据上述研究结论提出具体的风险防范和控制建议。

本书的研究结论主要有以下几点：

第一，人民币国际化对宏观经济不仅会带来正面影响，还会带来负面影响。从正面效应来看，人民币国际化通过影响汇率、进出口价格和数量，有利于长期对消费和投资增长起到刺激作用。从负面效应来看，人民币国际化使本币面临升值压力从而加剧汇率波动，同时导致资本大量流入、经常项目逆差，使国内面临较大的通胀压力。综合起来，投资和消费的增加都会促进 GDP 增长，而本币升值带来的出口减少，则会在短期内给经济增长造成一定压力。但长期来看，人民币国际化能够促进经济增长及国民收入增加。值得注意的是，随着我国经济发展及人民币国际化进程的不断深入，并伴随着全球经济金融环境的不断改变，上述利率、汇率、进出口等金融因素也处在持续不断的动态变化中，使得问题更加复杂。

第二，根据宏观经济效应的实证分析结果，本书将人民币国际化进程中的金融风险归纳为资本账户开放风险、经常项目收支失衡风险、汇率波动风险、货币政策风险、财政政策风险、金融资产价格波动风险、危机传染风险、国内金融机构经营风险九大类。同时，考虑到不同国家的经济发展水平、国内金融体系健全程度和宏观经济政策选择等各不相同，由此导致的各国货币在国际化进程中金融风险的传导机制也不尽相同，本书还进一步将人民币国际化进程中的金融风险传导途径总结为经常项目、资本项目和宏观经济政策三类。

第三，基于风险识别分析结果，根据风险类别选取 37 个测度指标，分为 8 个指标子体系，利用主成分分析法和 CRITIC 赋值法对其进行降维和赋权处理，计算得到人民币国际化进程中的金融压力指数，在对金融风险进行测度的基础上，通过建立马尔科夫区制转移自回归模型，并结合 ARMA 模型对未来一段时期内我国人民币国际化进程中的金融风险进行预警。

第四，从汇率波动风险、国际收支风险、政策风险、危机传染风险以及金融资产价格波动风险五个方面，选取具有代表性的风险指标，在利用 CRITIC 赋值法确定不同金融风险类型以及风险指标权重关系的前提下，结合系统动力学仿真模型对金融风险模型进行分析，在对边界风险指标进行灵敏度分析的基础上，为控制金融风险针对性地提出了控制策略，并对假设性策略进行了仿真模拟。实证结论如下：从风险贡献程度来看，五类风险均与人民币国际化进程中的金融风险呈正相关关系，其中风险贡献程度较大的是危机传染加重和国际收支风险；从风险等级来看，在前半段模拟时间内，所有类型的金融风险均处于低风险阶段，随着时间的推移，风险等级的上升速度越来越快，其中政策风险在模拟初期出现快速增长；从风险指标灵敏度分析结果来看，灵敏度较高的风险指标分别是资本账户开放程度、汇率波动率和对外贸易依存度，这三个指标的灵敏度均远高于其余指标。因此，在制定风险控制措施时应当对以上风险因素进行重点关注，并提出针对性的风险控制政策，从而为制定人民币国际化进程中金融风险控制相关政策提供建议和实证依据。

第五，根据宏观经济效应分析及金融风险识别、测度、预警与控制分析结果，本书从建立"监控—预警—反馈"的动态风险防范及控制机制、增强货币政策调控的有效性与灵活性、建立健全人民币输出与回流机制、健全完善金融体系、逐步开放资本账户、维持汇率在合理区间波动、稳定对外贸易依存度、维持货币总量扩张速度与经济发展速度基本匹配等提出具体风险防范与控制建议。

目 录

前　言 · I

第一章
绪　论

第一节　研究背景与意义 · 003

第二节　研究现状 · 008

第三节　研究思路与方法 · 033

第四节　研究创新之处 · 035

第五节　研究内容与框架 · 036

第二章
货币国际化及金融风险测度、预警的相关理论与研究方法

第一节　货币国际化相关理论 · 043

第二节　货币国际化金融风险测度及预警方法 · 059

第三章
人民币国际化路径选择及现状分析

第一节　人民币国际化演进路径分析·071

第二节　人民币国际化现状分析·075

第三节　人民币国际化现实约束·088

第四节　国际货币的变迁及比较分析·092

第五节　本章小结·106

第四章
人民币国际化的宏观经济效应分析

第一节　人民币国际化的宏观经济效应分析·111

第二节　人民币国际化的宏观经济效应实证分析·125

第三节　本章小结·149

第五章
人民币国际化进程中的金融风险识别和传导

第一节　人民币国际化进程中的金融风险识别·153

第二节　人民币国际化进程中的金融风险传导·168

第三节　本章小结·173

第六章
人民币国际化进程中的金融风险测度与预警

第一节　人民币国际化进程中的金融风险测度分析·177

目录

第二节 人民币国际化进程中的 金融风险预警分析・197

第三节 本章小结・206

第七章
人民币国际化进程中的金融风险控制

第一节 金融风险控制模型指标选取・212

第二节 风险指标权重的确定・220

第三节 金融风险控制模型的建立・225

第四节 金融风险控制仿真模拟・227

第五节 金融风险控制灵敏度分析・237

第六节 金融风险控制策略模拟・241

第七节 本章小结・251

第八章
人民币国际化的战略目标及风险防范对策建议

第一节 建立"监控—预警—反馈"的动态风险防范及控制机制・256

第二节 增强货币政策调控的有效性与灵活性・258

第三节 建立健全人民币输出与回流机制・259

第四节 健全完善金融体系・260

第五节 逐步开放资本账户・262

第六节 维持汇率在合理区间波动・263

第七节 稳定对外贸易依存度・264

第八节 维持货币总量扩张速度与经济发展速度基本匹配・266

第九章
结论及展望

第一节　结论・269

第二节　展望・271

参考文献　・275

第一章

绪论

第一节 研究背景与意义

一、研究背景

改革开放以来,中国经济总量在全球经济、贸易、金融等方面所占比重大幅提高,GDP 总量跃居世界第二,但人民币在国际货币体系中的地位却与经济总量不相匹配。2008 年全球金融危机、2009 年欧洲主权债务危机等接连而至,使得国际社会意识到,当前以单一货币为主导的国际货币体系存在固有缺陷。当国际货币发行国出现金融危机,将对其他持有该货币的国家产生极为不利的影响。美国和欧盟国家为缓解危机采取持续的量化宽松政策对美元和欧元持有国连续输出通胀,其贬值也使这些国家在贸易和投资等方面遭受巨大损失,货币信心也因此受到影响。加之新冠疫情以来,全球经济增长乏力,国际货币体系进一步受到冲击。在此背景之下,国际社会开始认识到重建国际货币金融体系的重要性,一方面主张货币多元化,改变过度倚重美元的旧有局面,以促进全球经济平稳有序发展。2020 年年底,美元占全球央行外汇储备为 25 年来最低水平。另一方面大量国内外贸企业也都有规避汇兑损失的强烈愿望,这些都为人民币迈出国际化步伐提供了历史机遇。

全球金融危机爆发以来,中国经济仍保持中高速增长。2019 年,中国 GDP 相比上年增长 6.1%,对世界经济增长贡献率达 30% 左右。2020 年,面对新冠疫情等冲击,我国仍保持经济正增长,GDP 增速达 2.3%,并首次突破百万亿元。经济稳定增长既是人民币国际化的基本条件,同时也是人民币币值保持稳定的必要前提。从当前国际经济格局、货币体系的变化以及中国经济的发展态势来看，人民币国际地位的崛起已成为必然。目前，人民币国际化已取得实质性进展，为不断拓宽人民币货币职能、进一步深化人民币国际化进程打下了坚实的基础。

2009年以来，人民币国际化进入加速发展期。截至2020年末，人民币国际化已取得巨大进展。根据2020年8月中国人民银行发布的《2020年人民币国际化报告》，人民币在国际货币基金组织（IMF）成员国持有储备资产的币种构成以及全球外汇交易中所占的市场份额分别为1.95%和4.3%，较2016年分别上升0.88%和0.3%。继我国提出"一带一路"倡议并牵头成立亚洲基础设施投资开发银行以来，跨境贸易人民币结算和跨境人民币投资的发展成效显著，人民币的国际地位显著提升。2019年，人民币跨境收付金额合计19.67万亿元，同比增长24.1%，占同期本外币跨境收付总金额的38.1%，较上年提高5.5%。中国人民银行对外贸企业的调查问卷表明，截至2019年第四季度，84.6%的企业选择人民币作为跨境结算主要币种。根据中国银行发布的2020年度《人民币国际化白皮书》显示，2020年我国对外贸易增长1.9%，进出口规模创历史新高。熊猫债发行主体中纯境外主体市场参与度也有所提高。2019年，由纯境外主体发行的熊猫债占新发债主体数量的54%，同比增加7%。与此同时，随着2013年"一带一路"合作倡议的提出与积极推行，人民币在共建"一带一路"国家的使用也取得了积极进展。俄罗斯、新加坡等多个国家和地区将人民币资产纳入储备货币篮子中。2018年1月，巴基斯坦央行发表声明，明确在中巴双边交易和投资活动当中，政府和私人部门都可以自由选择使用人民币。2018年8月，越南国家银行颁布人民币使用新规定，扩大了人民币在越南边境地区使用主体范围和区域范围。2019年1月，缅甸央行发布通知，允许使用人民币作为国际支付结算货币。根据2021年9月央行发布的《2021年人民币国际化报告》显示，2020年中国与共建"一带一路"国家人民币跨境收付金额超过4.53万亿元，同比增长65.9%，占同期人民币跨境收付总额的16.0%。其中货物贸易收付金额8 700.97亿元，同比增长18.8%，直接投资收付金额4 341.16亿元，同比增长72.0%。截至2020年末，中国与22个共建"一带一路"国家签署了双边本币互换协议，在8个共建"一带一路"国家建立了人民币清算机制安排。此外，全球三大国际主流指数截至2019年6月已全部纳入中国A股。2020年，面对新冠疫情冲击，人民币跨境使用仍保持较为强劲的动力，全年跨境人民币结算量超过28万亿元，同比增长44%。2020年11月，15个亚太国家正式签署了《区域全面经济伙伴关系协定》（RCEP），进一步为人民币国际化提供了良好的市场基础。2021年5月，人民币跨境支付系统标准收发器企业版推出，对实现降本增效意义重大。与此同时，法定数字货币（DCEP）的研究也一直备受关注，其能够有效增强人民币使用的便捷性和竞争力，截至2021年5月，中国人民银行已公布了两批共计10个试点城市名单和一个数字人民币使用场景。

随着数字技术逐渐被金融行业运用吸收，金融科技正在重塑金融业态，打破固有的金融格局，给人民币国际化进程带来了新的机遇与挑战。第一，高速互联网助力跨境交易迅速发展，国际贸易效率不断提高，随着国际贸易参与主体不断增多，一旦发生国际金融危机，风险影响范围和程度均会加深，受众面的扩大会加剧金融风险的冲击，给我国经济金融稳定性带来极大的负面影响。第二，随着数字货币的兴起，一是通过技术赋能加速了国际货币体系多元化发展的进程，尤其对于新兴经济主体来说，数字货币能够打破当前国际货币的网络外部性，又能以低廉的成本强化本国货币的网络效应。二是当发生金融危机时，用户更加便利地将存款转换为更加安全和流动性更强的央行数字货币，如果发生挤兑，将会加剧商业银行存款流向央行数字货币，从而造成商业银行风险。三是技术开发、技术维护、与客户进行交互等各方面的问题，使得央行运营数字货币的成本极大提高并且可能产生相应的互联网技术风险。第三，当前国际跨境支付体系以国际资金清算系统（SWIFT）为核心，美国政府利用 SWIFT 和美元清算系统实施制裁已成常态化。大数据时代区块链技术的不断发展为完善并推广人民币跨境支付结算系统（CIPS）提供了条件，打造业务信息传输和多币种清算合一的系统，逐渐解决银行业务信息的传输问题以及清算问题，进而防范被排挤出 SWIFT 系统而带来的跨境支付结算风险。第四，大数据时代人工智能、区块链、云计算等技术逐渐发展完善，数据处理效率不断提高，为金融风险管理提供技术支持，促进金融行业稳定发展，随着神经网络模型、专家系统、支持向量机等新型模型在金融风险领域的应用，发挥不同模型在金融风险管理方面的功能，及时掌握人民币国际化进程中的金融风险并做好金融风险防范与控制。综上所述，应顺应大数据时代货币全球化发展的趋势，结合未来中长期双循环的发展格局，稳慎推进人民币国际化，逐步提高人民币在国际货币体系中的竞争力。

随着人民币国际化进程的推进，人民币参与国际市场的深度、承担的责任、货币管理机制等都会发生变化；人民币也面临着和国际金融市场接轨、重建国际金融新秩序等问题；另外，人民币的崛起势必将应对和已有强势货币及发达国家之间的摩擦和较量。人民币国际化的步伐和政策稍有失误，就可能引起国内外金融市场的动荡，使经济金融安全受到威胁。

党的十九届五中全会提出，要建设更高水平开放型经济新体制，全面提高对外开放水平，推动贸易和投资自由化便利化，推动贸易创新发展，推动共建"一带一路"高质量发展，积极参与全球经济治理体系改革。党的十九大报告明确提出，要健全货币政策和宏观审慎政策双支柱调控框架，深化利率和汇率市场化改革。这是新时期针对我国经济运行现实的一次重要战略部署和理论创新，对我国实现经济高质量发展意义重大。"十四五"规划建议中还进一步指出，要稳慎推进人民币国际化，坚持市场驱动和企业自主选择，营造以人民币自由使用为基础的新型互利合作关系。随着我国经济水平的不断提高，对外开放程度的扩大，如何保证我国货币市场稳定，避免出现系统性金融风险成为国家治理中经济金融层面最重要的问题。

有效监控和防范人民币国际化进程中的金融风险，不仅需要我们对内继续深化金融改革，还需要对外履行大国应有的责任。我国的资本市场建立时间尚短，投资品种和结构上想要达到欧美发达市场水平，还需要付出很多努力。从国内来看，前期积累的银行不良信贷风险回升，金融系统整体抗风险能力不强，在与外界联系日益紧密、市场联动性不断增强的前提下，金融监管难度将不断加大，受到冲击的不确定性也将更加复杂。"8·11"汇改后，中国国内承受了较大的汇率贬值和资本外流压力，人民币走出去的步伐有所放缓。直到2017年，人民币汇率回归正常波动水平，资本外流压力减轻，相关政策才出现松动。内外兼顾意味着政策不再只考虑国内情况，还需要考虑对境外市场的影响，降低持有人民币资产的风险，这是人民币走出去理所应当承担的国际责任，在未来国际形势不确定性加大的情况下，更应发挥出大国作用。已有国际货币的历史经验告诉我们，国际化的每一步都伴随着一定的内、外部风险，如果不能有效识别并化解，将会导致严重内外部失调，危害经济发展，妨碍国际化的深入。

因此，研究如何在新旧货币体系转型背景下动态全面地识别人民币国际化进程中的金融风险，厘清不同风险间的传导机制，并对其进行有效预警和控制对于进一步推进人民币国际化具有重要的理论价值和现实意义。

二、研究意义

1. 理论意义与学术价值

本书研究内容的理论意义在于有效识别人民币国际化进程中的金融风险因素，厘清各因素之间的内在联系，并以此为依据，构建相应的金融风险测度、预警及控制模型。从既有研究及各国货币国际化的经验来看，合理规划人民币国际化的路径选择以把握好发展与风险防范之间的关系，是人民币国际化进程中不可回避的问题。因而本书从货币职能的角度出发，确立人民币国际化的可实现路径，并结合宏观经济效应分析中的负面效应，有效识别人民币国际化进程中的金融风险因素，为后续指标体系的构建提供重要依据。

2. 实践意义与应用价值

本书研究的实践意义在于通过对人民币国际化进程中的金融风险进行识别、测度、预警和控制分析，提出"监控—预警—反馈"的动态风险防范及控制机制，为人民币国际化进程中的金融风险管理及金融系统稳定提供政策参考依据。

第二节　研究现状

一、货币国际化及人民币国际化研究

1. 货币国际化研究概述

即使经过中外学者的大量研究，如今有关货币国际化的内涵也是众说纷纭，没有达成共识，但是学者们都在根据世界经济发展的最新形势去发展完善货币国际化这一过程的内涵，同时加深对其的认识。BenJamin Cohen（1971）[1]认为，任何个体或组织在非货币发行国使用某一货币，这一货币就可以视为国际货币，这一定义并不在意使用主体及其使用该货币的目的。Hartmann 和 Issing（2002）[2]认为，一种货币想要成为国际货币，必然要在国际上满足货币的三大职能之一，可以被用来作为记账单位，也可以被拿来用作支付手段，或者被他国的个体储藏起来，作为财富保值增值的手段。现实中，除了记账单位之外，特别提款权（SDR）满足了上述定义，便是 Hartmann 认为货币国际化的一个实例。Tavlas（1997）[3]判定国际货币的出发点是货币在国际贸易中的作用，标准就是一种货币在国际贸易中是否至少能满足三大职能中的一种，这是一种动态的眼光和思路。Mundell（2003）[4]则认为，地理边界是限定货币国际化的标准，超越国界线以外的流通使用，国际货币的地位就形成了。Frankel（2000）[5]认为，A 国与 B 国在进行双边贸易时使用了 C 国发行的货币，即实现了记账单位、支付手段和价值储藏的职能，C 国所发行的货币便可称为国际化货币，这一认识综合了前人的研究，对货币国际化的认识显得更为具体。约瑟夫·斯蒂格利茨（2005）[6]认为当一国的货币跨越国界，成为不限于一国内的普遍认可的计价、结算、储备及市场干预工具的经济过程时，也就是由国内货币向国际货币转换的过程。Eichengreen（2011）[7]认为，鼓励以该货币进行计价和结算、鼓励私人金融交易中使用该货币和鼓励外国央行和政府使用该货币都属于货币国际化的范畴。

　　货币国际化是伴随着国际贸易与国际经济合作的进行而发生的，改革开放前的计划经济体制下，我国和国外的贸易量很低，国际经济合作主要来源于社会主义国家的援助，因此当时货币国际化的研究既没有现实意义也没有现实条件。随着改革开放和社会主义市场经济体制改革的不断深化，我国与世界上不同国家的经济贸易合作往来在形式、质量和数量上都达到了前所未有的高度，我国综合国力不断提高，国内关于货币国际化的研究也不断深入。陈彪如（1990）[8]放宽了国际货币的定义，他认为能够被当作国际意义支付手段的金融工具都可以认为是国际货币，这在一定程度上拓宽了研究的思路。谢太峰（2007）[9]认为，一国货币被超越国界的其他国家所普遍接受的过程即货币国际化的动态发展过程。陈卫东和李建军（2010）[10]指出，一国货币国际化遵循分阶段推进、分别扩大本币在贸易和金融投资领域的使用、加强国际化金融中心建设四个模式。

与此同时，国内外学者从成本、条件、收益和路径等方面深入地分析了货币国际化。关于货币国际化的成本与收益分析，Cohen（1971）[1]认为，垄断地位与铸币税收益呈正相关关系，当铸币税收益越高，这一货币的垄断地位就越高，而当面临货币竞争激烈程度增加的时候，负债利息的支出也会提高，此时铸币税收入就会相应减少。Krugman（1979）[11]以美元和英镑为例，使用含有交易成本的三国支付均衡模型，分析发现平均交易成本将会随着货币交易量的增加而降低，媒介货币的成本最低。何国华（2007）[12]认为，货币国际化成本与该国货币国际化所取得的地位呈现出高度紧密的负相关关系。关于货币国际化的条件，Tavlas（1997）[3]总结出对货币发行国政治稳定的信心、其金融市场开放程度以及出口量占据全球出口量的比重。Mundell（2003）[4]则认为，非居民对其币值稳定的信心高度决定了货币国际化的条件，具体言之，这一决定性作用来源于货币政策、货币流通和交易规模、货币发行国的国际竞争力等条件。Dobson和Masson（2009）[13]认为，货币国际化的条件包括较大的经济规模、较低或较稳定的通货膨胀、开放健全的金融市场、在世界贸易或产出中所占份额以及货币对国外的吸引力。段世德和胡文瑶（2020）[14]认为，货币国际化是趋势，这一趋势不会因受到外力的影响而逆转，但是习俗惯例会对这一趋势短期内造成冲击，为了提高一国货币的国际化水平，必须两手共抓，一是要强化国家信用，二是要主动结合习俗惯例。关于货币国际化的路径，Eichengreen（2000）[15]则认为，一国金融市场的开放不仅意味着完全放开资本流动，而且意味着放开外商直接投资（FDI）、股票市场、债券市场和境外筹资银行市场，并进一步指出资本账户开放的促进作用仅局限在金融体系发达、会计标准高、债权人权利完备和法律完备的国家。薛畅和何青（2016）[16]发现货币国际化路径偏重国际金融投资扩张，这是基于门限面板回归分析的结果，而其限定条件为在币值平稳和升值区间内，而在贬值区间内则更依托国内实体经济。胡琨（2020）[17]研究发现，一种货币在国际化路径中要冲击现有国际货币的重要货币循环，才能有效打开货币国际化的通道。

2. 人民币国际化研究概述

对人民币国际化的研究除集中于条件、成本、收益和路径选择外，国内学者还重点研究了推进人民币国际化对我国宏观经济可能产生的影响等。

关于人民币实现国际化产生的收益与成本分析，王青林（2014）[18]指出，本币国际化获得的收益要大于成本，因此要加快推进人民币国际化。马荣华（2014）[19]在人民币国际化推进程度的基础上，对人民币国际化的成本与收益情况进行了研究，认为当前本币国际化还需要进一步推进。王晶（2015）[20]指出，某国的货币实现国际化会给该国带来一定收益，同时会给该国居民带来福利，这一研究结果是其利用熵权法测算人民币国际化指数，通过构建理论模型分析货币国际化对效用函数的影响而得到的。盛景明（2016）[21]采用实证方法和理论分析了我国经济对于本国货币实现国际化的反应，通过对比分析指出本币国际化付出的成本远比收益要小，因此本币实现国际化是正确的选择，同时也要发挥出人民币国际化的收益效应。关于衡量人民币国际化带来的具体收益，郑木清（1995）[22]指出，人民币实现国际化不仅能够显著提高国际铸币税的收益，还有利于建立我国的外汇储蓄。李稻葵和刘霖林（2008）[23]认为，推广人民币在国际的使用能够使得人民币的国际发行量增加，进而对我国的贸易收支状况起到一定改善作用，这就可以使得我国企业效益避免受到汇率变动的剥削。王信（2011）[24]指出，本币实现国际化可以促进本国金融市场的完善，同时币值的稳定和购买力的增强会反过来提高我国货币政策的实施效果。徐文宁（2015）[25]使用演化博弈模型对人民币的铸币税收益进行了分析预测，认为2015—2025年，我国将会因为人民币国际化而收到一定的铸币税收益，虽然当前我国还需支付铸币税给美元等强国的国际化货币。石柳（2018）[26]认为，人民币国际化为我国带来的最主要的是铸币税收益，还包括离岸人民币储备资产投资的收益，以及推动我国宏观经济、金融市场、国际贸易三方面发展所带来的收益。

关于人民币国际化的路径选择，陈学彬和李忠（2012）[27]将主要货币国际化的演进研究结果推演到人民币上，认为这将是一个长期的过程，一方面是从结算工具到储备货币的演进，另一方面是从区域使用到全球使用的递进，需要国内经济增长、金融市场发展、开放程度稳定推进等多方的配合。他们建议，在人民币国际化的初期采用"经常项目合理顺差＋资本项目合理逆差"的方式，利用汇率小幅升值的长期趋势，保持人民币币值的稳定，增强外界的信心，为人民币顺利走出去提供保障。唐雯艳（2016）[28]从已有国际货币的经验出发，对区域化和双轨制进行比较，认为人民币国际化可采取两种制度相结合的制度。丁剑平（2017）[29]指出，人民币国际化采取的是"两只脚走路"的方式，即离岸与在岸，这是在特别提款权货币篮子里走过的道路，也是基于中国的特殊历史发展的内外格局而形成的。陈卫东和赵雪情（2020）[30]认为，人民币国际化是长期的过程，中国要主动作为，更要顺势而为，探索出可行的发展路径，然后谨慎设计，第一步要完善顶层设计，加强制度探索，随后倡导本币优先，拓宽流出渠道，最后夯实上海中心地位，将人民币境外小循环进行健全。申岚和李婧（2020）[31]指出，经历了全周期的考验，当前人民币国际化进入"平台期"，可以先从改善基础设施等硬件条件入手，提高人民币循环体系的承载力，实现可持续性发展。程贵和张小霞（2020）[32]认为，人民币国际化的进程逐渐放缓，这是一个现实问题，新时代下，国家需加强顶层设计，明确人民币国际化短中长期的目标、任务与步骤，实现人民币在我国周边区域的一定"扩张"，即从"东南亚—中亚—

'一带一路'上的重点亚洲国家及地区"进行"扩张",同时从"计价结算货币—投融资货币—储备货币"的职能演进,日积月累提升人民币在国际上的影响力。

关于人民币国际化的影响因素分析,余道先和王云(2015)[33]在衡量人民币国际化程度时,以间接法对人民币境外存量(LNRMBDEP)进行了估算,运用实证方法分析认为人民币国际化会受到汇率、国际收支以及一国的GDP等的影响,进而指出本币币值保持稳定、经常项目保持顺差以及GDP保持增长都会促进人民币国际化的目标,而资本项目持续顺差则会阻碍这一目标的实现。在余道先和邹彤(2017)[34]的另一研究中,发现人民币国际化会显著地受到金融市场和资本市场的负面影响。彭红枫和谭小玉(2017)[35]则认为,现阶段的结构性因素是主要影响人民币国际化进程的因素,包括制度体系和金融市场等。彭红枫等(2017)[36]选择累积军费支出占GDP的份额作为指标,并在其原有研究框架的基础上以此指标加入了军事实力的影响因素。范祚军等(2018)[37]分析发现,我国的经济体量、外贸交易媒介的开放程度、政治和军事实力及网络外部性均对人民币国际化影响显著。冯永琦(2020)[38]研究发现人民币在东亚地区的"锚"效应提升主要受到两个因素的影响,第一是东亚其他国家对中国大陆产品市场依赖程度,第二是中国与东亚其他国家经济周期的同步性。

关于人民币国际化对宏观经济影响的分析,郑木清(1995)[22]论述了人民币国际化的正负面经济效应,正面效应主要有铸币税收入,促进了我国对外贸易和金融行业的发展,并有效提高了我国海外投资的数量与进度;负面效应主要指我国内外部均衡矛盾增加。基于政策效应角度,张青龙(2005)[39]运用一般均衡模型分析在固定和浮动两种汇率制度下,我国经济各方面都会受到本币国际化的影响,并且指出在本币实现国际化的情况下,会使得我国的货币与财政政策实施效果不佳以及国际收支失衡,同时面临三元悖论的难题。王曦和冯文光（2009）[40]通过建立结构向量自回归（SVaR）模型，分析人民币汇率上升对宏观经济的影响情况，进而指出汇率上升会导致货币供给减少，降低价格，同时也会在短期抑制产出，长期刺激产出增加。张青龙（2011）[41]利用IS-LM模型，分析了我国货币政策的实施会受到本币国际化的影响，并得出处在不同时期的货币国际化对于政策的影响也会不同，同时会使政府在进行货币政策制定时难度增加。王祯（2012）[42]分析了人民币国际化会对我国国际收支产生的影响，与美英日等国做对比后提出相应对策建议。张博辉（2013）[43]分析了人民币升值对我国贸易、物价、就业以及资产价格方面的影响，日元、马克升值对日本和德国经济产生的影响，最终得出了人民币升值对经济影响的启示。吴锦雯（2014）[44]分析了本币国际化通过影响利率传导机制、资产价格传导机制以及汇率传导机制影响了货币政策实施的效果，会削弱其有效性。何平和钟红（2014）[45]认为人民币国际化对经济产生的影响，既存在促进贸易的快速发展、改善金融市场体制以及对国际货币体系的改革等正向影响，也存在着在岸与离岸市场的两种价格引发的跨境套利等人民币国际化进程中面临着的问题。张章（2015）[46]从宏观和微观两个角度分析了人民币跨境流通过程中的收益和风险，分析了我国经济内外均衡受到人民币境外流通的影响，该结果是基于对人民币境外流通量的估算，并基于蒙代尔-弗莱明模型（IS-LM-BP模型）分析其对我国货币政策效果的影响。沙文兵和刘红忠（2014）[47]从各具体宏观经济指标的角度，对本币境外存量进行估算，以衡量人民币国际化程度，以此为基础建立SVaR模型，利用脉冲响应分析了变量之间产生的即时响应，最终指出人民币国际化会促使本币汇率上升，同时形成上升预期。殷硕（2016）[48]建立向量自回归（VaR）模型分析人民币汇率的波动、资本项目的开放以及金融深化对国内物价产生的影响情况，他指出汇率的升高会导致物价下降，具有滞后性，资本项目开放与国内物价呈正向关系，金融深化程度对国内物价影响较小。王雪和王聪（2016）[49]通过扣除本地需求，测算了人民币境外流通量，以衡量我国货币国际化程度。在分析国际化过程对宏观经济影响时，向 SVaR 模型中纳入包括境外流通量、汇率、利率、通货膨胀率等多个因素进行考量。沙文兵和肖明智（2016）[50]基于动态 CGE 模型，在两种情形下，即价格黏性和资本账户，并分别考虑资本账户管制和开放两种情况，模拟分析了中国经济受人民币升值和贬值的影响。胡圣慧（2016）[51]构建了人民币国际化指标，通过 VaR 模型的脉冲响应图分析了人民币国际化对宏观经济各个变量以及货币政策传导机制的影响，指出我国的货币供应量因受到人民币国际化的影响而相应增加，同时人民币国际化会增大通货膨胀压力，人民币的升值也会使利率传导机制无效，汇率传导机制受到一定程度的阻碍。何金旗和张瑞（2016）[52]借助 SVaR 模型对货币政策、汇率与人民币国际化之间的互动关系进行了研究，指出短期内随着本币国际化程度的不断提高，人民币汇率上升进而推高利率，但对货币供给的影响不显著。余建军（2017）[53]提出，人民币实现国际化使本币汇率上升，对我国的进出口贸易产生两方面的影响，积极方面主要是消除了汇率波动的风险，但消极方面是升值抑制了出口的增长，造成出口企业的利润降低，导致缩减生产量，失业人口增加，带来通货膨胀风险。吴立雪（2019）[54]通过建立一般均衡理论模型，内嵌三项因素，第一是境内外汇差，第二是外汇市场压力，第三是货币当局有限干预，并通过三因子 TVP-SV-VaR 模型进行实证分析，最终指出人民币国际化与外汇市场压力和离岸市场价格等因素紧密相关。余博等（2020）[55]通过建立面板计量模型，选取共建"一带一路"国家贸易及汇率数据，分析认为，人民币贬值与国际化能够改善我国的出口贸易条件，而汇率波动对进出口均具有负面影响。

关于"一带一路"倡议对人民币国际化的影响分析，林乐芬（2015）[56]较早将人民币国际化与"一带一路"倡议进行联系，认为应当以此为契机扩大对外投资，促进欧亚贸易的繁荣，以期提高人民币国际化水平，同时进行实证分析后建议在亚投行中使用人民币进行结算，扩大人民币的需求量。朱小梅和汪天倩（2020）[57]通过实证分析，认为在"一带一路"倡议建设过程中，应当加强与各国之间的货币合作，增强人民币在共建"一带一路"国家中的持有惯性，并且我国尚未在共建"一带一路"国家的货币合作中充分发挥核心主导国作用。李俊久（2020）[58]的观点也是类似，认为我国应当认识到人民币国际化的目的是将其变成国际公共产品，使其拥有可得、便利、稳定的优点，而在战略上，应当将人民币崛起提升至构建长期可持续的资本控制体系的层次。程贵和张小霞（2020）[32]在实证检验中认为，"一带一路"倡议在实施初期阶段有效推动了人民币国际化的进程，但是在金融市场对外开放渠道上对人民币国际化的影响不够显著，随着倡议建设的不断进行，这一推动效果逐渐减弱，而在中美贸易摩擦的大背景下，高惺惟（2019）[59]认为政府应发挥主动性，提出更多切实有效的政策，把握"一带一路"倡议的历史机遇，更好地推动人民币国际化进程。

二、货币国际化及人民币国际化的金融风险研究

1. 关于货币国际化的金融风险研究

世界主要发达国家货币国际化包括美元国际化、英镑国际化、欧元国际化、马克国际化、日元国际化和东亚货币国际化。不同国家的发展状况以及采取的货币国际化战略各不相同，因而导致不同种类货币在国际化进程中所面临的金融风险不完全一致。由于美元、欧元和日元这三大货币的国际化具有典型的代表性意义，因此，本书主要参考美元国际化、欧元国际化和日元国际化，分析不同货币国际化进程中遇到的金融风险，为我国推进人民币国际化提供经验教训。

美元国际化使得美国面临特里芬难题、货币政策独立性下降和国际货币竞争等金融风险。Robert（1961）[60]最早分析了在布雷顿森林

体系下，美元国际化之后所面临的主要风险，是维持他国对美元的信心和为世界经济发展提供足够清偿力二者无法同时满足。Bergsten（1976）[61]指出，美元与黄金直接挂钩一是会面临特里芬难题，二是货币政策独立性难以维持，三是其不能随意执行货币贬值政策。Tavlas（2015）[3]也为货币政策独立性下降提供了佐证，其认为美元国际化在获得铸币税收入的同时也会付出相应的成本，而主要的成本就是货币政策独立性的降低。Alan S. Blinder（1996）[62]发现马克和日元的国际化导致美元的国际市场份额下滑。

欧元国际化使得欧元区各国财政货币政策的协调出现困难，也导致资本外逃现象加剧。Alogoskoufis和Porters（1990）[63]从国际货币体系角度出发，检验了欧洲货币联盟的国际含义，并与此同时检验了与之相关的成本和收益，其认为欧元国际化很可能使得财政政策的国际协调更加困难，进而增加货币政策协调负担。Hartmann和Issing（2002）[2]在分析欧元国际角色的同时研究了欧元国际化的成本和收益，其指出欧元国际化的主要成本是国内应对突然的资本流动的脆弱性和外国公众货币偏好改变导致汇率大幅波动，并进一步指出，正是出于这个原因，有些国家并不支持该国货币作为国际货币。余翔（2009）[64]认为，欧元国际化进程面临着欧元区各国政治背景不同、信心基础匮乏、各方利益不一致等内部挑战，且国际化总体方向不够明晰，国际化的执行力不足。

日元国际化使得日本对外出口贸易总额、国内投资总额和货币政策独立性同时下降。Eichengreen（2007）[65]发现，在日元国际化进程中，日本从固定汇率机制中退出将对其出口和投资产生负面影响。李晓（2005）[66]认为，日本作为贸易国家，其货币国际化采取的直接功能性战略不利于发展该国对外贸易和增强货币政策独立性。徐明棋（2005）[67]则指出，日本在日元国际化基本条件不成熟的条件下推进日元国际化导致日本面临巨大的金融风险，并最终以其货币国际化的失败而告终。

2. 关于人民币国际化的金融风险研究

近年来中国经济快速增长，中国在世界经济中的地位越来越重要。人民币开始受到国际关注。一些国外学者认为人民币国际化会对中国乃至全球产生重大利好。另一些学者指出人民币的国际化可能给中国带来不利影响。Oteroiglesias（2011）[68]认为，如果放松对金融资本的管制，人民币国际化可能不利于央行货币政策的实施。Mallaby和Wethington（2012）[69]指出，只有国内金融基础设施不断完善后，资本账户开放，允许汇率波动的风险才相对可控。否则，人民币国际化的风险就会增加。Frankel（2012）[70]指出，人民币国际化容易导致人民币需求受多方因素影响，汇率波动加剧。Eichengreen（2014）[71]认为，人民币的国际化程度提升促进了资本市场的开放，但与此同时，资本账户的过快开放可能使中国的金融市场风险上升。

在对人民币国际化进行研究的基础上，国内外学者对人民币国际化进程中所存在的金融风险展开了深入的研究。大多数学者认为，人民币国际化的推进导致人民币汇率剧烈波动、跨境资金大规模流动、宏观经济政策受限加深、国内金融体系遭受冲击、面临特里芬难题、三元悖论、货币替代风险和金融危机传染等相关金融风险。

QianHong Li（2017）[72]认为，人民币国际化引致的主要风险包括面临特里芬难题、货币政策失效、资本大规模流动和货币替代风险。Chang（2013）[73]发现了货币政策独立性下降和热钱大规模流动的两大金融风险。在热钱大规模流动方面，Oteroiglesias（2011）[68]认为随着资本账户开放程度逐步扩大，我国资本市场上来自国外的投机行为将进一步增加，并由此导致国内金融市场不稳定程度增加，最终可能形成资产价格泡沫。Chan（2017）[74]也发现人民币国际化的推动是导致我国资本账户大规模波动的重要原因，且进一步指出，资本账户大规模流动也在一定程度上反映了我国存在一定程度的政策困难。在货币政策独立性下降方面，Ito（2012）[75]指出，人民币国际化进程中的金融风险主要在于货币单方面贬值能力和自由发行国际政府债券能力受限。Zhang 和 Tao（2014）[76]也认为人民币国际化的推进使我国货币政策和汇率政策更加复杂。Wang 和 Bian（2017）[77]对人民币国际化进程中存在的汇率波动风险展开了深入研究。Jiangze 和 Keung（2017）[78]则研究了人民币国际化进程中的多元汇率风险管理模型，并发现了估计 CNY 和 CNH 市场风险的新方法。Yao（2016）[79]分析 2008 年金融危机后人民币国际化的推进使我国暴露在国际短期资本流动加剧和国内金融脆弱性上升的金融风险之中。Eichengreen（2013）[80]认为，我国在人民币国际化进程中将面临金融稳定性降低和国际贸易增速减缓的风险。Yang（2015）[81]发现人民币离岸市场发展的不完善不利于促进我国金融稳定性。Ming 和 Bin（2017）[82]认为，频繁的跨境套利活动容易对金融稳定性产生更大的不利影响。Brummer（2017）[83]较为独特地从国际角度出发，认为我国为促进人民币国际化所采取的系列措施为全球金融体系带来了较大的系统性风险，包括人民币流动性潜在的不充足性和离岸人民币交易中心的监管竞争。

2008 年次贷危机后，中国与 8 个邻国签署了双边本币结算协议。2009 年 4 月，中国开始进行跨境贸易人民币结算试点。这些被看作人民币国际化的开端，并由此引发了国内学者关于人民币国际化进程中金融风险的研究热潮。李婧（2007）[84]发现我国存在人民币跨境贸易结算风险。王思程（2008）[85]认为，人民币国际化使我国面临特里芬难题。宏观调控和维护国内金融体系稳定难度都会加大。刘仁伍和刘华（2009）[86]在此基础上，发现人民币国际化进程中的金融风险还面临三元悖论、资本大规模流动和货币替代风险等。陈雨露（2003）[87]也认为人民币国际化进程货币竞争不可避免，尤其在人民币区域化阶段，即东亚货币合作将使人民币面临较大的货币竞争风险，其进一步指出，人民币国际化还将面临内外政策失调和国内金融市场遭受冲击的风险。刘亦文等（2009）[88]发现货币反替代容易扰乱我国金融秩序，且过高的货币反替代率不利于国内经济增长。高海红和余永定（2010）[89]指出国内金融体系遭受着国际资本攻击风险。何帆等（2011）[90]认为，人民币国际化带来的风险包括货币政策有效性降低和外汇储备存量下降。范祚军（2012）[91]认为，一旦允许资本的自由流动，利率完全由市场决定，那么中国将无法有效执行货币政策，可能产生巨大的市场风险。王海峰（2013）[92]将资本大规模流动、国内金融体系遭受国际资本攻击等风险归纳为资本账户开放风险，并加入了汇率和利率过度波动风险。沈悦和张澄（2015）[93]在以上学者研究的基础上，将人民币国际化进程中的风险归纳为人民币汇率波动风险、资本账户开放风险、货币政策操作风险、外部金融危机传染风险等七大风险。具体地，刘翔峰（2016）[94]指出，人民币国际化主要通过相对通货膨胀率、利差和国际收支状况等方式加大了人民币汇率波动风险。任英华等（2016）[95]通过构建了金融失衡预警指数，分析发现，资本流动、汇率变动、资产价格都对金融失衡产生影响。田乐蒙和刘雨绮（2018）[96]发现当人民币持续贬值时我国汇率波动风险急剧增加。丁剑平等（2019）[97]研究发现，对中国而言，人民币适度贬值有利于应对中美贸易摩擦。景健文和吴思甜（2018）[98]构建了人民币国际化动态指标，通过构建 FAVAR 模型，研究了人民币国际化对消费、投资、物价等宏观经济变量的影响。马德功等（2020）[99]提出货币交易媒介作用会放大我国金融风险，人民币计价单位作用则会遏制部分金融风险。人民币价值储藏作用增强，有助于降低中国的金融风险。石建勋和刘宇（2021）[100]认为法定数字人民币，将提升人民币在国际支付体系中的份额，有利于人民币国际化。他们建议加快构建大数据监测预警体系，防范法定数字人民币系统的运行风险。基于2003—2018年169个国家的面板数据，于国才和王晨宇（2021）[101]使用多项双有限差分法，考察了货币互换合约对我国外商直接投资规模和强度的影响，指出该合约在进一步深化国家间金融领域合作，推动人民币国际化，促进国内国际双循环具有重要参考意义。郝志运（2021）[102]从正反两方面分析了金融开放和疫情冲击如何影响人民币国际化，他提出，在疫情防控常态化的背景下，既要把握金融开放释放的政策红利，还要审慎参与推动国际货币体系改革，尝试探索人民币的多边使用。

人民币国际化进程中的潜在风险对于货币政策执行和金融系统的稳定发展具有不利影响。因此，中国在鼓励人民币对外投资、开放资本市场的同时要不断优化货币市场与外汇市场的微观结构，完善利率与汇率的市场化变动机制，完善跨国投资的风险监督和预警机制。

三、金融风险测度方法研究

目前实行的主要金融风险测度方法包括：一是经验法，也可称为KLR信号分析法，其具体研究思路是以实际发生的货币金融危机为背景，对其进行相关统计分析并在此基础上寻找与之爆发原因有显著相关性的经济变量，然后形成一系列货币危机预测指标。从而确定主要的信号指标。二是模型法，主要通过横截面回归（STV）模型、广义自回归条件异方差（GARCH）模型和条件风险价值法（CVaR）等相关模型对金融风险水平进行检测。三是压力指数法则，是通过因子分析法等构建金融体系各子系统压力状况指标的综合指数，测定一定时期内的金融压力水平，从而判断和研究整个金融体系风险状况。

在第一种经验法中，Kaminsky等（1996）[103]以20个发生过金融危机的国家为样本，选取15个增量指标，运用KLR信号分析法预估金融危机发生的概率，后续分别于1997年和1999年将15个增量指标改为存量指标和将银行危机纳入研究范围。Berg和Pattillo（1999）[104][105]从强调样本外测试的角度对KLR信号分析法进行了验证。张元萍和孙刚（2003）[106]从我国实际情况出发，对比了在使用STV模型与KLR信号分析法下，影响危机发生的主要经济因素，从表面来看分析结果差异很大，但究其原因可发现两种方法的研究侧重点不同，一是关注危机传染性，另一个则聚焦危机聚集处。吴海霞等（2004）[107]在KLP信号分析法基本思想的指导下，首先将金融风险指标进行分类，在此基础上构建指标体系和度量模型，然后对我国金融风险进行评估，实证结果显示，我国系统性金融风险主要集中在财政风险方面。闵亮等（2008）[108]在强调我国特殊制度因素的基础上，选取KLR信号分析法分析了我国金融风险水平。徐亚丽（2014）[109]依据系统性金融风险影响因素选取相关指标，并根据层次分析法构建监测指标体系，最后通过KLR信号分析法对我国金融风险进行监测并测算相关指数，结果表明我国在风险防控方面存在缺失。许晴（2015）[110]采用KLR信号分析法对我国系统性金融风险导致金融危机的概率和阈值进行确定。李升高（2017）[111]通过分析我国跨境资金流出风险的影响因素，认为宏观经济与微观主体行为分别构成跨境资金流出风险的基本因素和重要因素。作者在此基础上构建相关预警指标体系并采用KLR信号分析法对其进行检验。

在第二种模型法中，Engle（1982）[112]基于金融时间序列特性，在对英国通货膨胀率进行刻画时首次提出ARCH模型，以此解决传统线性回归无法描述金融数据收益与价格的问题。随着学术研究的不断深入Bollerslev等（1986）[113]研究的GARCH模型应运而生，这一模型可以称为ARCH模型的一般化，其在具备ARCH模型研究特点的基础上，将误差和相应的条件方差的滞后项考虑在内。钱争鸣（2000）[114]指出，GARCH模型可用于分析金融市场效率，并能够进一步对金融市场的系统性风险展开测度。Schröder和Schüler等（2003）[115]在深入研究欧洲商业银行一体化后的系统性金融风险中运用GARCH模型，实证结果显示，其呈现出明显增加的趋势。VaR模型自20世纪80年代产生以来主要被用于测量金融机构的微观风险。而J. P. Morgan（1994）[116]最早提出使用VaR模型测量宏观风险水平。林辉和何建敏（2003）[117]通过实证检验，详细阐明了VaR模型在投资组合中不满足一致性且无法考察分位点下方风险信息，并根据金融资产回报率特点指出 CVaR 模型在很大程度上能够克服其缺陷，也更适合作为风险管理工具。Adrian 和 Brunnermeier（2014）[118]首次运用 CVaR 模型测度系统性金融风险。杨源源和张译文（2017）[119]根据我国 32 家上市金融机构 2010—2014 年的股票收益率等数据样本，分析各机构间数据的相关关系，利用 CVaR 模型，得到回归结果和测度方程，从而计算出各金融机构风险溢出价值，为后续政策建议提供理论支持。Sachs 和 Tornel 等（1996）[120][121]首次构建 STV 模型，其基本研究思想是通过构建线性回归模型，评估影响一国金融风险的因素并进行相应预警。Frankel 和 Rose（2000）[5]首先从货币层面对危机进行定义，提出具有突破意义的 FR 模型，并利用该模型分析研究一国中最有可能引发危机的因素。Lehar（2005）[122]认为在研究银行间系统性风险过程中，使用矩阵模型较为合适。Müller（2006）[123]进一步发展对银行间系统性风险的研究方法，首次使用网络分析方法对其进行评估和测度。IMF（2005）[124]重点研究金融机构间的违约强度，选取一定数量的基于市场的指标，通过间接方式检验金融机构间的关联性，将金融风险系统化。实证结果表明，在分析了美国具有代表性的银行数据后，雷曼兄弟和 AIG 的违约事件显著影响了美国整个金融体系的稳定性。

第三种金融压力指数法则，从提出至今得到了广泛的发展和应用。金融压力这一概念最初是由加拿大经济学家 Illing 和 Liu（2003）[125]提出，他们通过研究压力产生的过程及其大小的影响因素，选取 9 个相关指标合成加拿大金融压力指数，并检验了该指数的准确性。沈悦和闵亮（2007）[126]在采用 KLR 信号分析法的基础上，通过对比传统方法与极值理论实证结果，发现极值理论针对此类型的金融时间序列，可以更加准确地界定危机期。荆中博等（2012）[127]修正 Hagen 和 Ho（2007）[128]的货币市场压力指数，在此基础上，通过抽取 66 个国家在 1970—2009 年的相关数据，检验改进效果，发现其所改进的货币市压力指数更有效。Hakkio 和 Keeton（2009）[129]为解决美联储对财政压力的关注问题，基于美国经济事实，选取11个相关变量，设计并构建堪萨斯州金融压力指数，并论证分析了该指数对金融压力捕捉的准确性。Grimaldi（2010）[130]基于欧元区金融市场特性，根据其央行所提供的信息，从中提取关键变量，构建欧洲金融压力指数，对欧元区范围内的金融压力进行衡量，并通过实证证明该指数的有效性。赖娟和吕江林（2010）[131]以真实性为原则，选取能够真实反映我国金融市场压力指标的月度数据，创造性地设计出符合我国金融发展实际情况的金融压力指数并进行测度，结果显示该指数具有较强的实用性。刘晓星和方磊（2012）[132]在前人基于金融压力指数研究的基础上，依据银行等金融市场对我国金融体系的影响力，采用CDF-信用加总权重方法对相关权重进行确定，后续许涤龙和陈双莲（2015）[133]、陈忠阳和许悦（2016）[134]、徐国祥和李波（2017）[135]以及Nguyen 和 Ho（2018）[136]分别基于CRITIC客观赋权法、主成分分析法、因子分析法和等方差加权法确认指标权重。除此之外，Cardarelli 和 Elekdag（2011）[137]以17个国家的金融数据为样本，运用综合压力指数分析在实体经济发展过程中金融风险的影响意义，为从政策层面防控金融体系安全提供了理论与现实依据。靳玉英和周兵（2013）[138]以新兴市场为研究对象，在已有的相关金融压力指数的基础上进行模型的建立和检验，通过计算金融压力指数，得出目前我国金融市场中金融风险的传染性普遍存在，但其效应强弱不同。郑桂环等（2014）[139]研究发现，采用不同方式计算的金融压力指数具有较大的趋同性，均能够较好地反映我国金融压力水平。彭红枫和谭小玉（2017）[36]基于货币国际化的发展阶段研究，结合人民币国际化发展程度，从成本角度分析在保证效用最大化的前提下，影响储备币种的因素，并以此为基础构建相应的指标体系进行指数测算。中国人民大学国际货币研究所（2018）设计出人民币国际化指数（RII），通过计算和观测该指数，结果显示，我国RII已经从2012年的0.55上升至2017年的3.04，累计上升452.73%，然而，该成果的不足之处是没有明确地指出在指数设计中所包括的指标以及相关权重。

此外，江红莉等（2018）[140]通过总结目前学术界关于系统性金融风险的相关研究，结合我国金融政策改革现实，认为目前引发系统性金融风险的原因是信息不对称、负外部性和金融市场的过度创新，而学术界关于其对应的监测和解决方法主要包括指标法和模型法，且这类方法的研究数据均需要基于实际金融市场。王博和齐炎龙（2015）[141]则通过总结与分析2007年美国金融危机后出现的关于金融风险测度的理论，明确了其未来发展的趋势与方向，即在已有的研究基础上，政策制定者需要创新测度理论及方法，重视金融风险的传染性和宏观性。孙国茂等（2020）[142]从制度和市场角度分析我国证券市场中系统性风险来源，采用综合指数法对上述总结的因素进行测度，研究确定系统性风险指数预警值，并进行 Logit 模型因素贡献分析，对预警值的有效性进行检验。宫晓琳等（2020）[143]根据中国经济发展事实，创造性地提出 G-CCA 模型，对我国主要金融机构风险部门的演变状况进行实证分析，对于探索我国特殊经济体制下金融风险具有重要意义。朱莞和周瑛（2021）[144]通过研究我国上市金融机构及其子行业，根据"未预期"波动率构建关联矩阵，以此方法作为对金融风险的预警，从而通过实证检验得出金融机构的多样化经营对于金融风险的规避和金融冲击的防范具有重要意义。

四、金融风险预警方法研究

1. 早期的研究成果

早期的风险预警理论始于1994年爆发的墨西哥金融危机，这场危机使学者们意识到进行危机前预警的必要性。Frankel 和 Rose（1996）[5]根据名义汇率大幅波动对货币崩溃机制进行定义，通过研究发展中国家的年度数据,分析和考察了影响货币稳定性的相关因素,从而在此基础上建立货币危机预警概率模型,通过实证检验证实货币危机的发生与产出、信贷变化率等多种因素有关。Sachs 等(1996)[120]建立了 STV 横截面回归模型,分析新兴金融市场面对金融冲击产生不同表现的原因,选取三个对金融危机爆发敏感的因素进行货币危机指数构建,从而分析墨西哥货币危机的扩散和后期影响及决定因素。Kaminsky 等(1998)[103]提出了 KLR 信号分析法,其核心思想是以以往数据为基础进行实证检验,将选定的经济因素指标进行危机关联度分析,如果有明显关联性则利用其构建指标体系并代入数据进行指数测算,与此同时设定安全阈值标准,将测算结果与之比对,对研究对象的金融风险阶段进行评估。

1997 年亚洲金融危机爆发后,更多的方法和指标被纳入预警理论体系中。刘遵义(1995)[145]依据有关经济金融指标,利用实证比较的数量分析和综合的模糊评价方法,运用主观概率模型捕捉到了东南亚国家危机的可能性。Andrew 等(1999)[146]在 FR 模型和 KLR 信号分析法基础上建立了 DCSD 模型,分析了预警指标和危机发生概率之间的线性关系。

2. 风险预警理论的新进展

风险预警理论的新进展主要体现在两个方面,一方面,补充了预警体系、扩充了预警范围,使风险预警更广义化,早期预警主要针对货币危机,新的风险预警理论加入了债务危机、银行危机以及经济周期和金融周期的波动等;另一方面,预警指标和方法也不断更新和优化,提升了风险预警能力,下面针对预警研究,梳理了 Logit 模型、神经网络模型、MS 模型。

Kumar 等(2003)[147]通过使用 Logit 模型,对 100 多个发展中国家近 15 年间的数据进行回归,证实了早期理论的研究结果,出口和外汇储备的减少及经济下滑是危机产生的原因。郑航（2016）[148]使用 2000—2015 年的季度数据，建立了多元 Logit 系统性金融风险预警模型，证明了房价这一预警指标的预警能力只有当与信贷膨胀缺口这一指标联合使用时才能凸显。孙海云（2016）[149]从信贷等多角度建立 Logit 模型，发现风险后的动荡期能被多元 Logit 预警模型有效识别，模型预警效果好。

Nag 等（1999）[150]在危机预警中首次结合了神经网络模型，并且证明了预警效果显著优于传统模型。明源（2013）[151]在预警主权债务危机的过程中，通过比较二元 Logistic 模型和 BP 神经网络方法在实证检验结果中的有效性，虽然前者有一定效果，但发现预测准确率更高的模型是 BP 神经网络。沈悦和张澄（2015）[93]为预测人民币国际化进程中可能遭遇的金融风险，以我国历史数据为研究样本，在构建风险子系统的基础上结合 BP 神经网络模型，实证检验结果显示 2015 年的金融风险较小。

王春丽和胡玲（2014）[152]为预测 2014—2015 年金融风险情况，从国际、国内两大金融市场出发构建风险预警指标体系并进行金融压力指数合成，利用马尔科夫模型进行实证检验，结果显示未来我国金融风险较小。王建（2015）[153]利用 MS-AR 模型考察了我国 1990—2015 年通货膨胀的动态趋势和区域变化，发现通货膨胀惯性较强。吴宜勇等（2016）[154]选取 2007 年 1 月—2015 年 12 月的有关数据，基于 MS-VaR 模型对我国金融风险进行预警，未来一段时期我国较大概率出现高风险状态。严一锋和李连发（2017）[155]使用 2007—2016 年的日度相关经济数据合成金融压力指数，基于 MS-AR 模型发现 2009—2011 年和 2013—2016 年我国金融压力较大。刘卉（2017）[156]认为利率对经济周期波动有重要影响，通过 MS-TVTP 模型对我国经济周期进行分析，结果显示利率预警效应存在不对称性，经济周期由高转低时，预警作用更加显著，反之，则不然。杨子晖等（2018）[157]以我国上市金融机构等为研究对象，通过使用 VaR、MES、CoVaR 等四种方法测度我国系统性金融风险，在此基础上结合网络风险溢出研究方法，聚焦对我国金融市场间风险跨部门传递的研究。张冰洁等（2018）[158]使用CoEs模型，以提高对系统性风险捕捉的准确性为研究目的，度量我国金融市场中不同金融机构对风险产生的影响力度。李政等（2019）[159]通过构建极端风险网络，对金融机构的传染性与脆弱性指数进行测度，同时对ΔCoES指标进行改进，分析单个金融机构在系统性风险中的作用，根据研究结果，作者认为银行应该作为我国系统性风险防范重点，加强对银行部门的金融监管有利于维护我国金融市场的稳定。曾昭法和游悦（2020）[160]采用神经网络分位回归方法研究和预警我国近两年来的金融市场状态，结果显示，我国经济正处于逐渐下行阶段，不断加大的债务偿还风险和高杠杆率风险成为当前我国目前金融领域重点需要应对的关键。

五、金融风险防范控制研究

如何识别并有效应对防范金融风险造成的金融危机一直是当今各国关注的重中之重，特别是在经济全球化不断深入阶段，新兴经济体的金融市场在防范国际投资过程中一直处于劣势。关于我国经济新常态下，对金融风险管理和有效防控的实施方案规划，党的十八届三中全会通过了《中共中央关于深化改革若干重大问题的决定》（简称《决定》）中明确提出我国目前需要从明确金融监管改革措施与实施标准、健全金融体系监管机制与央地金融监管职责界定三方面着手。其中面对我国金融市场不断出现的各机构混业经营、金融创新、业务界限不明晰等现象的不断出现，《决定》强调，必须加大金融监管机构的监管执行力度。

刘仁伍和刘华（2009）[86]对全球主要货币国际化进程中的风险管理经验进行总结，从全球、国内和区域市场出发，对人民币国际化前景进行分析研究，针对在推动人民币国际化进程中遇到的各类风险进行分类,并提出相应的风险防控与解决措施。张云和刘骏民（2010）[161]认为,可以建立人民币国际化风险控制试验区,加强对银行和其他金融机构的风险管理体系及监管,同时全面监控资金流在境内外的流动,通过风险控制实验取得应对风险的经验。韩腾云（2013）[162]认为,给国际经济发展造成严重冲击,并带来许多遗留问题的金融危机,使当前国际货币体系的缺陷逐渐显现,使国际社会意识到应改变以往过度倚重美元的局面,通过推动国际货币多元化,实现国际货币金融体系的重新构建,但是我国不完善的政策和不健全的体制,在国际化进程中很有可能受到冲击,导致较大的金融风险,因此需要加强对金融风险的管控。李稻葵（2013）[163]指出,在鼓励个人或家庭进行对外投资的同时,要注意提防可能由此引发的信用风险,避免由央行处理风险冲击带来的负面影响,另外,应当循序渐进地放开资本账户,通过加强监督管理,保留对资本管制的余地,在发生资本大规模流动时,通过针对性的预案将风险降到最低。吴啸（2015）[164]在对中国宏观经济形势加以分析后认为,以上的措施可以营造出一个稳定的经济金融发展环境,不仅能够助力金融改革,而且还能在一定程度上对国际化遇到的风险形成削弱作用。除此之外,站在国际角度,为了防范国际金融风险传染,应当加强与国外监管机构的合作。另外,吴念鲁和杨海平（2016）[165]指出,应逐步完善人民币汇率形成的机制。通过对比宏观审慎政策和货币政策这两者之间的区别与联系,郑联盛（2018）[166]指出,面对金融风险的叠加与积聚,相较而言宏观审慎政策更具有针对性和结构性,能够在一定程度上达到相机抉择的目的。跨市场传染效应作为系统性金融风险的基本特征,对我国国内经济金融的稳定存在潜在影响,杨子晖等（2018）[157]指出应该考虑"太关联而不能倒",利用这一监管理念对宏观审慎风险进行防范。李政等（2019）[159]提出,监管当局需要根据不同金融部门在系统性风险传导中扮演的角色和地位,选择针对性的监管目标和政策工具,进行差异化监控和防范。方意和黄丽灵（2019）[167]提出

"窗口指导"政策，利用对银行的一系列相关"奖励"或"惩罚"措施，来激励其在遭受冲击后自行选择抛售流动性较强的资产以达到监管要求。方意等（2019）[168]从时空角度出发，论证说明宏观审慎政策对于金融稳定实现的有效性，提出时空维度的"双支柱"政策。何文海（2019）[169]从深化利率市场化改革、有序开放资本项目、完善人民币汇率形成机制、完善我国金融市场的监管机制以及增强我国的经济实力和综合国力、提升人民币的国际地位五个方面对人民币国际化进程中的风险提出相应的防范对策。由于国际和国内产业链供应链的跨境联动，对二者具有积极的促进作用，因此郭建伟（2020）[170]指出，可以通过满足国际和国内的双循环链上各种实体经济主体的市场需求，实现人民币与相关国家主权货币的直接兑换，基于这样的方式，从根本上防范由于人民币走向国际而造成的各类金融风险。郭娜等（2020）[171]通过构建纳入影子银行和宏观审慎政策的NK-DSGE模型研究了影子银行对中国金融风险的影响以及宏观审慎政策调控的有效性问题，研究结果显示，影子银行高杠杆的经营方式加剧了金融系统脆弱性与风险积累，对影子银行和商业银行信贷监管不对称会刺激影子银行规模扩张，宏观审慎政策实施能有效防范金融风险，包含影子银行的宏观审慎政策能够抑制影子银行的顺周期性，使金融调控政策更为有效。

六、文献述评

以"人民币国际化金融风险"为主题在中国知网进行文献检索，共找到258篇文献，用此数据进行CiteSpace文献分析，得到以下分析结果：关键词中心度序列表（见表1-1）、关键词聚类共现分析图、关键词变化时区分析图、近十年我国人民币国际化金融风险研究最强突现关键词。

表 1-1 关键词中心度序列表

序号	关键词	中心度	出现频次/次	初始时间/年份
1	人民币国际化	0.80	138	2010
2	金融风险	0.25	36	2012
3	金融安全	0.10	14	2010
4	国际金融风险	0.09	5	2011
5	"一带一路"建设	0.09	9	2017
6	国际货币体系	0.06	13	2011
7	利率市场化改革	0.05	3	2011
8	人民币汇率	0.04	7	2011
9	金融市场开放	0.02	3	2019
10	系统性风险	0.02	3	2015

关键词中心度衡量了测度节点在网络中的重要程度。关键词的中心度越大，其影响程度越大。分析表 1-1 可以发现，人民币国际化、金融风险、金融安全、国际金融风险、"一带一路"建设、国际货币体系等主题中心度分别为 0.80、0.25、0.10、0.09、0.09 和 0.06，是人民币国际化金融风险研究领域中具有较强影响力的主题。其所在人民币国际化金融风险研究领域知识网络中关键词节点的度值较大，意味着其知识关联性越强，越反映出该领域研究的核心内容。

具体而言，金融市场与金融市场开放、离岸市场、利率市场化改革等内容具有密切关系；金融风险与金融安全等关键词关联性最强；货币国际化与海外投资等关键词存在密切关系。此外，如人民币入篮、失衡、投资者等知识节点间虽然并未形成完善的知识网络结构，但其被引频次高、聚类效应越发显著，是人民币国际化金融风险研究领域的小众热点。

我们发现，学者们对人民币国际化金融风险的研究更多集中于人民币国际化进程的实施路径、人民币国际化的利弊，缺少对人民币国际化进程中的金融风险等方面的研究，因此本书将以此为切入点，揭示人民币国际化进程中的金融风险生成和传导途径，通过构建指标体系等实现对其的测度、预警和控制等，并由此提出"监控—预警—反馈"的动态风险防范机制等一系列具体的政策建议。

表1-2 近十年我国人民币国际化金融风险研究最强突现关键词

关键词	年份/年	强度	开始年份/年	结束年份/年	周期（2010—2021年）
国际货币体系	2010	3.11	2011	2013	
《华北金融》	2010	4.5	2013	2014	
社会融资结构	2010	3.49	2013	2014	
SDR	2010	3.11	2016	2017	
金融风险	2010	4.32	2017	2018	
"一带一路"	2010	2.63	2019	2021	

在表1-2的最强突现关键词列表中，国际货币体系、社会融资结构、SDR、金融风险、"一带一路"等均与人民币国际化金融风险相关，由此可见，国际货币体系、社会融资结构等的更迭优化、人民币国际化金融风险在"一带一路"背景下的新形势也是热点研究的趋势所在。

综上，已有关于人民币国际化的研究成果多围绕发展条件、成本收益分析、路径选择等，对人民币国际化进程中的金融风险研究却相对有限。尤其是在新兴市场国家崛起后货币体系重建背景下对人民币国际化进程中的金融风险研究更为少见，缺乏对其进行测度、预警的专门研究成果，而如何对人民币国际化进程中产生的金融风险进行控制的研究就更为欠缺。鉴于此，本书首先从货币职能的角度出发，确立人民币国际化的可实现路径，并结合人民币国际化的现状分析及宏观经济效应分析，根据负面效应及其风险点进行风险识别，在此基础上，选取相关指标构造金融压力指数并结合马尔科夫区制转移自回归模型，对人民币国际化进程中的金融风险进行测度和预警。借助系统动力学理论构建人民币国际化进程中的金融风险控制模型，为平稳推进人民币国际化及相关政策制定提供重要的理论依据。

第三节 研究思路与方法

一、研究思路

本书在梳理货币国际化、金融风险测度、预警和控制等相关理论的基础上,首先,对人民币国际化的演进路径、现状及其宏观经济效应展开分析;进而对过程中产生的金融风险进行识别,并对不同风险的生成与传导机制进行分析。其次,根据金融风险识别分析结果,选取相关指标构造金融压力指数并结合马尔科夫区制转移自回归模型,对人民币国际化进程中的金融风险进行测度和预警。进一步地,借助系统动力学理论构建人民币国际化进程中的金融风险控制模型。在对边界风险指标进行灵敏度分析的基础上,为控制金融风险针对性地提出了控制策略,并对假设性策略进行了仿真模拟。最后,根据上述研究结论提出具体的风险防范和控制建议。

二、研究方法

本书的具体研究方法有如下三种。

1. CiteSpace 文献分析

以"人民币国际化金融风险"为主题在中国知网进行文献检索,借助 CiteSpace 软件对搜集成果进行分析并得到包括关键词中心度序列表、关键词聚类共现分析图、关键词变化时区分析图、近十年我国人民币国际化金融风险研究最强突现关键词等在内的可视化文献分析结果，从而直观了解近年来与人民币国际化进程中的金融风险相关的最新研究方向与成果，为后续研究提供支持。

2. 压力指数法与马尔科夫区制转移自回归模型

金融压力指数法是借助因子分析法等通过合成子系统压力状况得到的综合性指数。本书依据风险识别分析结果，按照风险类别选取37个测度指标，共分为8个指标子体系，利用主成分分析法和CRITIC赋值法对其进行降维和赋权处理，计算得到人民币国际化进程中的金融压力指数，并据此对人民币国际化中的金融风险进行测度。

马尔科夫模型的优点在于能够解决指标非线性关联的问题，也避免了模型设计者主观设置不准确的风险。因此，本书在利用压力指数进行风险测度的基础上，通过建立马尔科夫区制转移自回归模型，并结合ARMA模型对未来我国人民币国际化进程中的金融风险进行预警。

3. 系统动力学仿真模型

系统动力学是从整体、系统、全局的角度出发，在系统论的基础上结合控制论、信息论的核心思想，对信息反馈系统进行分析的一门学科，利用系统的思维观点对系统组织进行界定，进而分析系统的运行及信息传递的流程，利用可能引起系统变化的因素绘制因果反馈回路关系图与系统存量流量图，在此基础上建立复杂的动态系统。通过建立量化模型，结合动态的仿真模型，模拟现实的社会系统，从而找到提高系统性能的途径和方法。本书利用识别到的人民币国际化进程中金融风险的主要影响因素，分析研究风险系统的因果关系和反馈回路，对系统边界进行合理有效的赋值，结合各个风险因素的权重系数，建立系统动力学模型，进而实现仿真模拟，通过改变不同边界赋值，了解风险的趋势变化。

第四节　研究创新之处

本书的创新之处主要在于以下三点。

第一，从人民币国际化推进的理论逻辑和现实条件出发，揭示人民币国际化进程中的金融风险生成和传导途径，建立起一个针对人民币国际化进程中金融风险识别的理论分析框架。本书从货币职能的角度出发，将人民币国际化的可实现路径划分为三个阶段：结算货币—投资货币—储备货币，结合人民币国际化的现状分析及宏观经济效应分析，将人民币国际化进程中的金融风险归纳为资本账户开放风险、经常项目收支失衡风险、汇率波动风险、货币政策风险、财政政策风险、金融资产价格波动风险、危机传染风险、国内金融机构经营风险九大类。同时，考虑到不同国家的经济发展水平、国内金融体系健全程度和宏观经济政策选择等各不相同，由此导致的各国货币在国际化进程中金融风险的传导机制也不尽相同。本书还根据人民币国际化进程中的金融风险影响我国实体经济和金融体系的具体方式，进一步将人民币国际化进程中的金融风险传导途径总结为经常项目、资本项目和宏观经济政策传导三类。

第二，依据风险识别分析结果，按照风险类别选取37个测度指标，共分为8个指标子体系，利用主成分分析法和CRITIC赋值法对其进行降维和赋权处理，计算得到人民币国际化进程中的金融压力指数，并据此对金融风险进行测度。同时，通过建立马尔科夫区制转移自回归模型，并结合ARMA模型进一步达到金融风险预警的目的。

第三，基于系统动力学仿真模型，借助CRITIC赋值法建立了人民币国际化进程中金融风险控制模型，结合金融风险变化趋势和灵敏度分析方法，找出对金融风险影响程度较大的风险因素，针对性地提出风险控制策略并进行仿真模拟，观察不同策略的控制效果，并提出"监控—预警—反馈"的动态风险防范及控制机制，为人民币国际化进程中的金融风险管理及金融系统稳定提供政策参考依据。

第五节　研究内容与框架

本书的研究框架见图 1-1 所示。

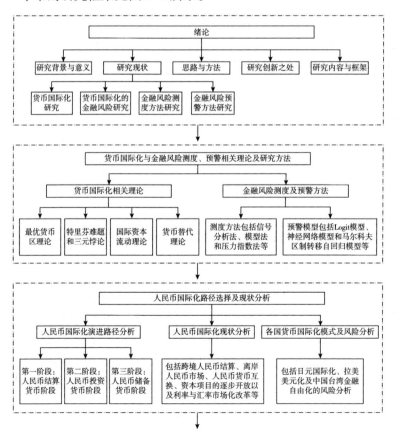

第一章 绪论

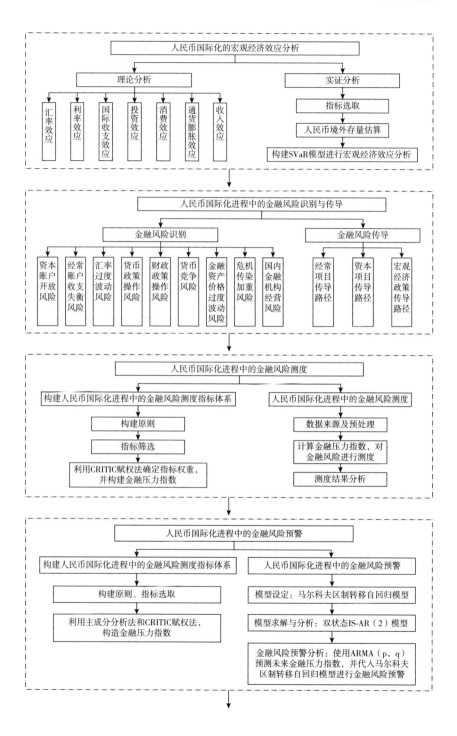

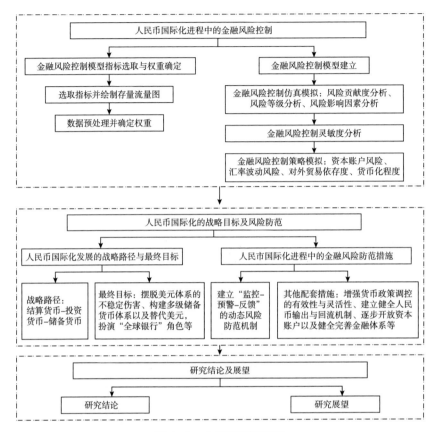

图1-1 本书研究框架图

本书的主要内容安排如下。

第一章是绪论部分,包括研究背景及意义、研究现状、研究思路与方法及研究内容与框架。通过对人民币国际化的国内外环境进行分析,对现状进行简要介绍,指出文章研究的方向和意义,并简介全文,确定行文框架。

第二章是相关理论与研究方法,主要介绍货币国际化的内涵、条件等已有的研究理论,为下文提供理论基础;接着,梳理当前应用较为广泛的金融风险测度方法以及金融风险预警模型等,分析优劣,并选择最优模型进行后文的实证研究。

第三章从货币职能角度，将货币国际化进程分为人民币结算货币、人民币投资货币以及人民币储备货币三个阶段，并据此对人民币国际化的现状展开分析，为后文风险识别提供理论依据。

第四章是人民币国际化的宏观经济效应分析，通过建立人民币境外存量、汇率、利率、进出口、投资、消费、通货膨胀率以及GDP之间的SVaR模型，并运用脉冲响应分析对变量之间的当期动态变化及产生的效应进行分析。

第五章是人民币国际化进程中的金融风险识别和传导。一方面，将金融风险根据资本流动、经常项目收支失衡、汇率波动、货币政策、财政政策、货币竞争、金融资产价格波动、危机传染加重和国内金融机构经营归纳为九大类；另一方面，将金融风险传导机制总结为经常项目、资本项目以及宏观经济政策三条路径。

第六章是人民币国际化进程中的金融风险测度与预警。根据科学合理等原则选取每一类风险下的经济指标，通过主成分分析法和CRITIC赋值法计算得到人民币国际化进程中的金融压力指数，在对金融风险进行测度的基础上，通过建立马尔科夫区制转移自回归模型，并结合ARMA模型进一步达到金融风险预警的目的。

第七章是人民币国际化进程中的风险控制。参考第六章指标体系的构建，选取金融风险控制指标，利用CRITIC赋值法确定各类金融风险与风险指标的权重关系，基于系统动力学方法构建金融风险控制模型，实现对人民币国际化进程中金融风险的仿真模拟。进一步通过观察各个目标金融风险的变化趋势以及灵敏度分析，找出对金融风险影响程度较大的风险因素，针对性地提出风险控制策略并进行仿真模拟，观察不同策略的控制效果。

第八章是人民币国际化的战略目标及风险防范对策建议。基于前文关于金融风险测度、预警以及控制的实证结果，针对性地提出风险防范措施，包括增强货币政策调控的有效性与灵活性、建立健全人民币输出与回流机制、逐步开放资本账户、健全完善金融体系以及建立"监控—预警—反馈"的动态风险防范及控制机制等政策建议。

第九章是研究结论与展望,总结全文的研究成果,并提出文章存在的不足和下一步继续研究的方向。

第二章

货币国际化及金融风险测度、预警的相关理论与研究方法

第一节　货币国际化相关理论

一、最优货币区理论

在世界经济一体化的背景之下，货币一体化的重要性逐步显现，而最优货币区理论是货币一体化过程中的主要理论，该理论产生的背景主要是学者们开始对布雷顿森林体系的信心产生了动摇，并开始推崇浮动汇率制。20世纪50年代的经济学家提出浮动汇率制，并认为浮动汇率制能够提高国内的宏观调控效率，浮动汇率制的倡导者极力反对布雷顿森林体系所确定的固定汇率制，认为固定汇率制不利于宏观调控，还会进一步导致国内通货膨胀加剧、失业增加等现象。

经济学家罗伯特·蒙代尔（Robert A. Mundell）在其1961年出版的《最优货币区理论》一书中对最优货币区做出定义，这一概念指在某个特定的区域内，居民们使用多于或等于一种货币进行普遍的经济金融意义上的交易，如果是两种或两种以上的货币，那么这两种或两种以上的货币的汇率保持不变，两者之间具有无限可兑换性，但需要指出，在该区域以外，该区域内的货币则保持浮动汇率。其中，"最优"指的是物价稳定与充分就业能够达到，关于最优货币区的衡量标准，他定义生产要素的高度流动性为此标准。蒙代尔同时认为需求转移在很大程度上导致了一国出现国内外失衡，他进一步指出，浮动汇率制度能够有效解决需求转移造成的国内外失衡问题，至于在同一通货之间解决同类问题，只能依靠生产要素的流动。假如存在两个国家，分别为A国和B国，这两个国家使用不同的货币，并且A国产品的需求正在向B国转移，这样就会导致A国失业率增加，而A国相对于 B 国对应的货币汇率贬值政策将有助于减少本国失业率，B 国相对于 A 国的汇率升值政策将有助于冷却国内过热的经济泡沫，于是 A 国和 B 国通过这种浮动汇率机制便达到了双赢的效果。假如存在两个地区，分别为 C 地区和 D 地区，这两个地区使用同一种货币，并且 C 地区产品的需求正在向 D 地区转移，这同样导致了 C 地区失业率增加，D 地区经济泡沫进一步加剧，但是由于这两个地区使用的是同一种货币，因此无法通过浮动汇率制对这两个地区的宏观经济实施调控，在这种状况下，只能依靠生产要素的流动来解决这种需求转移所形成的国内外失衡问题。最优货币区的建立说明了在该货币区内，固定汇率制的存在导致货币区内的国家或地区调控宏观经济的手段只有一种，即依赖生产要素的高度流动，而当该最优货币区作为一个整体面向其他国家或地区时，其便可通过浮动汇率制解决由需求转移所引起的外部失衡问题。

后续很多学者对蒙代尔的生产要素高度流动性标准表示出不赞同的意见，并分别制定了其他最优货币区理论标准。1963 年，罗纳德·麦金农（Ronald McKinnon）将经济开放性程度作为最优货币区理论的标准定义。6 年后，彼得·凯南（Peter Kenen）将该理论的标准重新定义为低程度的产品多样性。时间来到 1970 年，爱德华·托尔（Edward Tower）和托马斯·威利特（Thomas Willett）提出政策的一体化程度为最优货币区理论的标准定义。同年，哈勃勒（G. Haberle）认为，通货膨胀率的相似程度为标准定义，马库斯·弗莱明（J. Marcus Fleming）与其观点一致。1973 年，詹姆斯·伊格拉姆（James Igram）给出新的标准定义，即最优货币区理论指国际金融的高度一体化程度。后续的研究则放弃了追求最优货币区理论的单一标准，开始集中于多标准。其中，雷曼（Lehman）的研究成果最具代表性，他给出五条定义来描述最优货币区，分别是资本和劳动力的流动性、经济的开放程度、工资价格的灵活性、商品市场的一体化程度和财政的一体化程度。

20 世纪 70 年代，学者们对最优货币区理论进行了完善。在这里，本书以保罗·克鲁格曼（Paul Krugman）的最优货币区的效益成本分析为例进行具体阐述。克鲁格曼关于最优货币区效益成本分析的框架主要是：当一国加入固定汇率区域时，其所获得的货币效益和其之前在浮动汇率制下的各种不确定性和贸易成本等相关损失是相等的，且该国加入货币区的程度越低，其货币效益越低，否则越高，即一个国家在固定汇率制度的条件下无法利用货币政策影响该国的经济产出，也就无法避免失业率升高和价格波动所带来的相关经济损失，但是当该国加入货币区的程度逐渐变高时，其由失业率升高和价格波动所带来的相关经济损失也会越来越小。具体地，图2-1显示了一国应在什么样的条件下加入货币区，应在什么样的条件下不加入货币区。

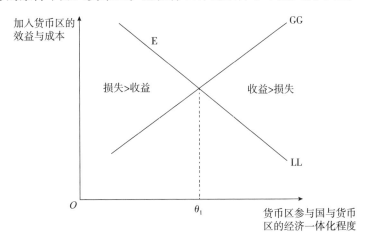

图2-1 是否加入货币区的决策

其中，横轴代表参与国与货币区之间的经济一体化程度，纵轴代表参与国的货币效益与相关成本。GG曲线反映了经济一体化程度和其货币效益之间的关系，斜率大于零表明经济一体化程度越高，其货币效益也越高。LL曲线反映了经济一体化程度和其相关成本之间的关系，其斜率为负意味着经济一体化程度越高，其相关损失越小。进一步地，当经济一体化程度大于θ_1时，该国参与货币区所获得的收益大于损失，因此，该国应该加入货币区；反之当小于θ_1时，损失大于收益，此时该国不应加入货币区。

图 2-2 显示了一国经济环境的变动对该国加入货币区所产生的影响。当一国受外部环境变化的影响导致其在浮动汇率制度下的损失由 LL 变动至 LL1，那么该国的最低货币一体化程度将增加，由 θ_1 变为 θ_2。

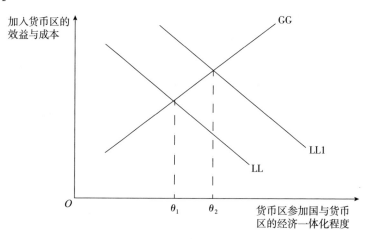

图 2-2 外部经济环境变动的影响

最优货币区理论对国际货币合作意义重大。人民币要实现国际化，必然需要借助货币合作，从而不断提升人民币在东亚地区乃至全世界的地位。根据最优货币区理论，并结合发展现状，我国已基本满足相关条件，这有利于人民币国际化的进一步推进。但值得注意的是，我国货币金融市场的对外开放程度受限，这限制了最优货币区优势的展现，并产生一定程度的风险。

二、特里芬难题和三元悖论

"特里芬难题"产生的大背景主要是国际货币体系已由金本位制转变为布雷顿森林体系。第二次世界大战（简称"二战"）后，英国经济遭受重创，而美国经济得以迅速发展，这为美国的全球霸主地位奠定了基础。仍处于第二次世界大战中的1944年，在美国新罕布什尔州的布雷顿森林召开的联合与联盟国家货币金融会议，参会国家达到44个，该会议通过了《国际货币基金协定》和《国际复兴开发银行协定》，这两个协定以怀特计划（White Plan）为基础，总称为布雷顿森林协定，自此成功建立了长期占据世界金融主体地位的体系，这是一种以黄金为基础、美元为国际中心货币的新型国际货币体系。在美国经济地位相对稳固期间，经济学家特里芬于1960年首次提出"特里芬难题"，可参见其当年出版的《黄金与美元危机：自由兑换的未来》一书，这一概念指的是在布雷顿森林体系之下，美元与黄金直接挂钩，其他国家的货币则直接与美元挂钩。彼时美国国力十分强大，美元也因此成为国际货币霸主，美元成为当时大部分国际贸易的计价结算货币，且各个国家均将美元作为储备货币，这就导致大量美元流出美国至其他国家，美国处于大量贸易逆差状态。但与此同时，美元所占据的国际货币霸主地位则要求美元币值保持坚挺，即要求美国处于贸易顺差状态，因此，美国不能同时实现为全球提供足够的清偿力和保持美元币值稳定。

"三元悖论"理论的起源最早可追溯至英国经济学家詹姆斯·米德（James Meade）于1951年在其《国际经济政策理论》一书中提出的"米德冲突"，该概念认为，在开放经济下一国无法同时实现内外部均衡。更详尽地，单独使用支出的调整或转换政策却想要同时实现内、外均衡两种目标，在很多时候将会导致一国内外部均衡的冲突。随后，简·丁伯根（Jan Tinbergen）发展了米德的观点，以财政政策实现内部均衡，以货币和汇率政策实现外部均衡。固定汇率制度下，汇率工具无效，只能通过财政和货币政策的灵活运用，以期达到内外部的同时均衡。

在此基础上，罗伯特·蒙代尔和马库斯·弗莱明于20世纪60年代共同提出了开放经济环境下的"蒙代尔–弗莱明模型"，主要验证了在固定汇率制下，"米德冲突"是可以避免的。

蒙代尔-弗莱明模型也称为 IS-LM-BP 模型,简称 M-F 模型,它将传统的凯恩斯学派 IS-LM 模型加入了开放经济条件下,即在 IS-LM 模型的基础上加入国际收支 BP 曲线,该模型说明了不同汇率制度与资本自由流动组合下的货币政策实施效果的区别。M-F 模型中 IS 曲线上任意一点表示的是总收支相等;LM 曲线上任意一点表示的是货币需求等于货币供给;BP 曲线上任意一点表示国际收支达到均衡状态。而 IS、LM 曲线交点代表内部实现均衡,IS、LM、BP 曲线的交点代表内外部经济均实现均衡。由于 IS-LM-BP 理论建立在开放经济条件下,因此,下文主要分析资本完全流动下货币国际化产生的货币政策效应。

(1)资本完全流动、固定汇率制下的货币政策效应

由图 2-3 可知,在资本可完全自由流动的情形下,资本流动对于国内外利率极度敏感,因此 BP 曲线垂直于汇率轴。在扩张性货币政策下,LM_0 曲线右移至 LM_1,与 IS 曲线相交于新的一点,此时利率相比之前下降,本国的本币资产收益率下降,导致资本外逃,国际收支逆差,本币汇率面临贬值压力,央行为了维持固定汇率制度,会在外汇市场上卖出外币购回本币以稳定汇率,最终 LM_1 曲线又重新回到 LM_0 与 IS 交汇于初始点,货币政策实施没有实现预期效果,因此在固定汇率制下,货币政策由于资本完全流动变得无效。

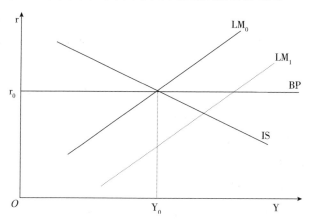

图 2-3 资本完全流动、固定汇率制度下的货币政策效应

(2)资本完全流动、浮动汇率制度下的货币政策效应

由图2-4可知,在资本完全流动、浮动汇率制度情况下,当政府采取扩张性的货币政策时,LM_0曲线右移至LM_1与IS_0曲线交于新的均衡点,导致利率降低,从而降低了本币资产相对收益,国内资本向境外流出,国际收支出现逆差,本币贬值压力增大,不过因为汇率可自由浮动,所以本币贬值后,又导致出口增加,从而资本项目逆差被贸易顺差所抵消,改善了国际收支,同时扩大了商品的出口需求,IS_0曲线右移至IS_1与LM_1、BP曲线交于A'点,重新实现内外部经济均衡,结果使得均衡产出由Y_0增长至Y_1,达到了货币政策的效果,有效实现了稳定经济增长的目的。

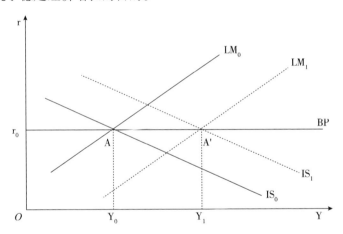

图2-4 资本完全流动、浮动汇率制度下的货币政策效应

米德冲突和蒙代尔-弗莱明模型均为之后的"三元悖论"理论的产生奠定了基础。1999年,克鲁格曼明确提出描述开放经济体所面临的政策矛盾的"三元悖论"理论。该理论指出,在开放经济环境下,固定汇率制度、货币政策独立性和资本自由流动这三个目标一国无法同时实现(见图2-5)。

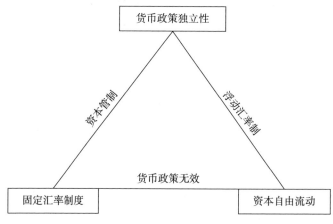

图 2-5　"三元悖论"

要实现固定汇率制度和资本自由流动，一国必须改变货币政策独立性的选择，金本位制和货币联盟为此提供了验证；一国为了实现固定汇率制度和货币政策独立性，必须放弃资本自由流动，布雷顿森林体系时期各国的资本流动受到限制为此提供了验证；一国为了实现货币政策独立性和资本自由流动，必须放弃固定汇率制，1973 年后的浮动汇率时代为此提供了验证。

权衡和选择三个目标将使得我国人民币国际化进程中的金融风险受到重要影响，例如汇率稳定会受到资本自由流动与货币政策独立两个目标的影响。而对人民币的投资信心则会被汇率波动产生的风险所影响，进一步则会导致其他金融风险的产生；同理，另外两种情况也会通过资本自由流动和货币政策来诱发人民币国际化金融风险的产生。

三、国际资本流动理论

国际资本流动理论大体可分为两个阶段：早期阶段和第二次世界大战后的国际资本流动理论。

在早期阶段，学者研究的主流是探寻国际短期资本流动本身与对一国经济的影响。一般认为，期限不超过一年的国际资本即为国际短期资本，不过查尔斯·金德尔伯格（Charles Kindleberger）在其1937年出版的《国际短期资本流动》一书中对国际资本流动重新进行了界定，他认为短期或长期取决于投资者是否在短期内改变投资目的，并以此为基础深入研究了国际短期资本流动对一国货币供给和国际收支的影响。后期戈特哈德·贝蒂·俄林（Bertil Gotthard Ohlin）对影响国际短期资本流动的因素进行了详细的分析，将其总结为利率变动和汇率变动两大类影响因素，且进一步分析了国际资本流动和购买力转移、生产要素调整之间的关系；弗里茨·马克卢普（Fritz Machlup）则在此基础上于1943年构建了国际投资乘数模型。

在第二次世界大战后，国际资本流动管制理论获得发展，经济学分析认为资本管制既是一种最优选择，也是一种次优选择。"最优选择"认为一国在开放国内经济的前提下，机构投资者由于内在利益驱动产生短期资本攻击，该短期资本攻击则增加了货币危机发生的可能性，在这种情况下，资本管制对该经济开放国而言是一种最优选择，有利于该国的经济金融体系免受资本攻击，并使该国经济平稳发展。"次优选择"认为国际资本流动在促进全球经济发展的同时，也产生了市场扭曲现象，比如，名义工资和物价黏性、政府行业保护、政府资本收益征税和通货膨胀、信息不对称四大类市场扭曲。因此，在这种情况下，资本管制对该经济开放国而言是一种次优选择。

1950年以后，全球金融创新和金融自由化发展日趋普遍，国际资本流动理论也获得了发展，主要的发展方向则集中在放松国际资本管制理论方面，具体研究内容则主要包括鼓励引入外资、防范国际金融风险、主张开放资本项目和资本流动全球化等。

在鼓励引入外资方面，麦克道格尔模型认为，国际资本流动有利于资本流出国和流入国的整体发展。具体地，在国际资本流动以前，两个国家分别利用各自的劳动力和资本生产出一定数量的产品，在国际资本流动以后，资本在资本流入国便会产生更大的边际效益，从而提高全球的平均资本边际效益水平，增进整体的福利水平。纳克斯的恶性循环理论认为，发展中国家存在贫困循环，而产生贫困循环的主要原因则是资本的不足，并进一步指出，发展中国家应加大外资引进力度，以此解决资本不足问题，并最终促进国内经济发展。两缺口模型认为，当某国经济发展受到储蓄和外汇两大缺口的限制时，有效解决该限制的一种办法就是合理引进外资。

在防范国际金融风险方面，托宾－马柯维茨模型认为，国际资本流动有利于资本流入国和流出国同时降低投资风险。具体地，假设 i_x 和 i_y 分别代表两种国际金融资产 X 和 Y 的实际收益率，μ_x 和 μ_y 分别代表 X 和 Y 的预期收益率，σ_{xx}^2 和 σ_{yy}^2 分别代表 X 和 Y 收益的方差，σ_{xy} 和 P_{xy} 分别代表其协方差和相关系数，P_x 和 P_y 分别代表购买两种资产的比例，且 $P_x + P_y = 1$，则购买 X 和 Y 的总收益 μ 为：

$$\mu = P_x \mu_x + P_y \mu_y \quad (2-1)$$

总收益的方差 σ 为：

$$\sigma^2 = E\left[\left(P_x i_x + P_y i_y\right) - \mu\right]^2 = P_x^2 \sigma_{xx}^2 + P_y^2 \sigma_{yy}^2 + 2P_x P_y \sigma_{xy}$$
$$= P_x^2 \sigma_{xx}^2 + P_y^2 \sigma_{yy}^2 + 2P_x P_y P_{xy} \sigma_{xx} \sigma_{yy} \quad (2-2)$$

根据（2-2）式，总收益的方差和两种资产的购买比例 P_x 和 P_y、各自收益的方差 σ_{xx}^2 和 σ_{yy}^2 和其之间的相关系数和 P_{xy} 密切相关，因此，在两种资产的各自收益的方差和其之间的相关系数不做改变时，一定程度上两种资本的购买比例能够降低投资风险。同样地，国际资本流动也将有利于资本流入国和流出国同时降低投资风险。

在主张资本项目开放方面，资本管制失效理论的观点是世界经济金融一体化的发展趋势会使得资本管制的效力逐渐丧失，成本也越来越高，而资本项目开放政策的实施则有利于提高一国的经济发展效率。具体地，资本管制的成本主要包括费用成本和实施资本管制所带来的负面影响，安妮·克鲁格（Anne Krueger）构建了竞争性寻租模型，并指出资本管制浪费了大量的资源，导致经济效率低下；卡明则指出，资本管制进一步加大了一国调整国内宏观经济的成本；马西森等认为，发展中国家的资本管制进一步加剧了其资本外逃现象，而资本外逃现象的加剧进一步使得发展中国家的投资降低，不利于发展中国家的经济发展。

在资本流动全球化方面，交易成本理论认为，国际资本流动不仅受到国际资产利差的影响，还受到交易成本的影响。具体地，构建如下模型：

$$Y_T = Y + Y^* = uI + u^*I^* \quad (2-3)$$

式中，Y_T表示国内外投资总收益，Y和Y^*分别表示国内和国外的投资收益率，u和u^*分别表示国内和国外的预期投资收益率，I和I^*分别表示国内和国外的投资额度，且$I+I^*=1$。由于一般情况下，$u = R(1-C); u^* = R^*(1-C^*)$，$R$和$R^*$分别表示国内和国外实际利率，$C$和$C^*$分别表示国内和国外的交易成本率，因此，得到：

$$Y_T = R(1-C)I + R^*\left(1-C^*\right)I^* \quad (2-4)$$

继而得到国内外总投资的边际收益为：

$$\frac{dY_T}{dI^*} = R^*\left(1-C^*\right) - R(1-C) = u^* - u \quad (2-5)$$

由此看出，除国际资产利差，国际资本流动也受交易成本的影响。

根据国际资本流动理论，资本流动对流入国和流出国的经济都会产生重要的影响。随着人民币国际化进程的不断深入，资本项目开放度进一步加大，短期资本的大量流入流出都会导致汇率波动，而汇市与股市、楼市等关联性较强，由此导致各类相关资产价格大幅波动，造成国内金融秩序混乱，甚至由此引发金融危机。

四、货币替代理论

Miles（1978）[172]探索货币替代形成机制，他认为持有货币的机会成本,将会影响该货币持有的比例,这也是产生货币替代的主要原因。David T. King(1978)[173]在此基础上,加入了资产组合因素并提出了货币需求的资产组合理论。Bordo 和 Choudhri(1982)[174]提出货币边际需求学说,将 Miles 所提出的持有货币的边际效用来自货币性服务的理论具体化,强调了交易动机能够影响货币需求。Macedo(1982)[175]综合货币需求的资产组合理论与边际需求理论,研究发现,在与时间无关的资产组合原则下,风险偏好以及货币财富的总量约束下的消费者效用最大化决定了本外币持有额的最佳比重。杨军(2002)[176]依据1992—2000年美元与人民币的相关数据,计算了两种货币之间的替代弹性,研究发现人民币货币替代现象存在,但长期替代弹性较低,短期不显著。岳意定和张琦(2004)[177]对我国货币替代的影响因素进行了实证分析,提出我国货币替代程度与人民币汇率水平相关。刘绍保(2008)[178]利用1997年第一季度至2007年第四季度的相关数据,以定量分析的方法研究了人民币汇率对货币替代的影响,研究结果表明,在长期内货币替代率与名义汇率水平存在均衡关系,但与名义汇率波动率无均衡关系。

20世纪90年代末起,我国学者开始对货币反替代问题进行研究。卜亚(2012)[179]认为,货币反替代的成因主要在于两个方面,第一是人民币升值预期加强,第二是经济高速增长引起的货币性波动。吴可和阙跃辉(2012)[180]选取2001年第一季度至2011年第二季度的相关数据通过实证检验得到结果,他们认为,货币替代和反替代都会影响人民币的汇率,进而会影响相关政策的有效性,货币反替代的影响尤为强烈。

货币替代会对货币所属国的经济造成一定影响,对该货币的有效性和独立性造成冲击,最终加大汇率波动,影响货币的自由兑换,国际收支难以保持平衡,最终使货币国际化进程受到阻碍。人民币国际化的推进,势必要实现资本项目的完全开放和人民币的自由兑换,由此可能产生货币替代风险,给我国经济金融稳定性带来负面影响。

五、货币危机模型

货币危机的理论研究开始产生于 20 世纪 70 年代后期,有关货币危机的理论也最为成熟,21 世纪已经形成了四代危机模型。

1. 第一代货币危机模型

保罗·克鲁格曼于 1979 年发表的《平衡收支危机模型》(*A Model of Balance-of-Payments Crises*)一文中构造了货币危机的最早的理论模型。

第一代货币危机模型认为,扩张性的宏观经济政策导致了巨额财政赤字,为了弥补财政赤字,政府只好增加货币供给量,同时为了维持汇率稳定而不断抛出外汇储备,一旦外汇储备减少到某一临界点,投机者会对该国货币发起冲击,在短期内将该国外汇储备消耗殆尽,政府要么让汇率浮动,要么让本币贬值,最后,固定汇率制度崩溃,货币危机发生。许多经济学家后来对其进行了改进和完善,最终形成了第一代货币危机理论。该理论从一国经济的基本面解释了货币危机的根源在于经济内部均衡和外部均衡的冲突,如果一国外汇储备不够充足,财政赤字的持续货币化会导致固定汇率制度的崩溃并最终引发货币危机。当宏观经济状况不断恶化时,危机的发生是合理的而且是不可避免的。它比较成功地解释了 20 世纪 70—80 年代的拉美货币危机。

2. 第二代货币危机模型

1992 年,英镑危机发生,当时英国不仅拥有大量的外汇储备(德国马克),而且其财政赤字也未出现与其稳定汇率不和谐的情况。第一代货币危机理论已无法对其作出合理解释,经济学家开始从其他方面寻找危机发生的原因，逐渐形成第二代货币危机理论。

第二代货币危机模型最具代表性的是由茅瑞斯·奥伯斯法尔德（Maurice Obstfeld）于 1994 年提出的，他在寻找危机发生的原因时强调了危机的自我促成（Self-Fulfilling）的性质，引入了博弈论，关注政府与市场交易主体之间的行为博弈。

该模型认为，一国政府在制定经济政策时存在多重目标，经济政策的多重目标导致了多重均衡。因而政府既有捍卫汇率稳定的动机，也有放弃汇率稳定的动机。在外汇市场上有中央银行和广大的市场投资者，双方根据对方的行为和所掌握的对方的信息，不断修正自己的行为选择，这种修正又影响着对方的下一次修正，形成了一种自促成，当公众的预期和信心的偏差不断累积使得维持稳定汇率的成本大于放弃稳定汇率的成本时，中央银行就会选择放弃，从而导致货币危机的发生。

以奥伯斯·法尔德为代表的学者在强调危机的自我促成时，仍然重视经济基本面的情况，如果一国经济基本面的情况比较好，公众的预期就不会发生大的偏差，就可以避免危机的发生。与此同时，另一些第二代货币危机模型则认为危机与经济基本面的情况无关，可能纯粹是由投机者的攻击导致的。投机者的攻击使市场上的广大投资者的情绪、预期发生了变化，产生"传染效应"（contagion effect）和"羊群效应"（herding behavior），推动着危机的爆发，货币危机之所以发生恰恰是因为它们正要发生。

第二代货币危机理论较好地解释了 1992 年英镑危机，当时英国政府面临着提高就业与维持稳定汇率的两难选择，结果放弃了有浮动的固定汇率制度。

3. 第三代货币危机模型

1997 年下半年爆发的亚洲金融危机呈现出许多新的特征，这次危机发生之前，亚洲许多国家都创造了经济发展的神话，而且大多实行了金融自由化。第一、二代模型已经无法较好地解释这场金融危机，更难理解的是，这些国家和地区经济（尤以韩国为例）在危机过后很短时期内就实现了经济复苏，某些方面甚至还好于危机之前。

第三代货币危机模型是由麦金农和克鲁格曼首先提出的，该模型强调了第一、二代模型所忽视的一个重要现象：在发展中国家，普遍存在道德风险问题。普遍的道德风险归因于政府对企业和金融机构的隐性担保，以及政府同这些企业和机构的裙带关系。从而导致了在经济发展过程中的投资膨胀和不谨慎，大量资金流向股票和房地产市场，形成了金融过度（Financial Excess），导致了经济泡沫。当泡沫破裂或行将破裂所致的资金外逃，将引发货币危机。

第三代货币危机理论出现较晚，但研究者们普遍认为脆弱的内部经济结构和亲缘政治是导致这场危机的关键。

4. 第四代货币危机理论

第四代货币危机模型是在已有的三代成熟的货币危机模型基础上建立起来的。该理论认为，如果本国企业部门的外债水平越高，"资产负债表效应"越大，经济出现危机的可能性就越大。其理论逻辑是：企业持有大量外债导致国外的债权人会悲观地看待这个国家的经济，减少对该国企业的贷款，使其本币贬值，企业的财富下降，从而能申请到的贷款下降，全社会投资规模下降，经济陷入萧条。第四代货币危机模型目前尚不成熟，有待进一步完善。

六、汇率超调

汇率超调（Sticky-Price Monetary Approach/Overshooting）是由美国经济学家鲁迪格·多恩布什（Rudiger Dornbusch）于20世纪70年

代提出的，又称为汇率决定的黏性价格货币分析法。所谓超调通常是指一个变量对给定扰动做出的短期反应超过了其长期稳定均衡值，并因而被一个相反的调节所跟随。导致这种现象出现的起因在于商品市场上的价格存在"黏性"或者"滞后"的特点，所谓黏性价格是指短期内商品价格粘住不动，但随着时间的推移，价格水平会逐渐发生变化直至达到其新的长期均衡值。

当市场受到外部冲击时，货币市场和商品市场的调整速度存在很大的差异，多恩布什认为，这主要是由于商品市场因其自身的特点和缺乏及时准确的信息。一般情况下，商品市场价格的调整速度较慢，过程较长，呈黏性状态，称之为黏性价格。而金融市场的价格调整速度较快，因此，汇率对冲击的反应较快，几乎是即刻完成的。汇率对外部冲击做出的过度调整，即汇率预期变动偏离了在价格完全弹性情况下调整到位后的购买力平价汇率，这种现象称为汇率超调。由此导致购买力平价短期内不能成立。经过一段时间后，当商品市场的价格调整到位后，汇率则从初始均衡水平变化到新的均衡水平。由此长期购买力平价成立。

汇率超调存在四条基本假设，第一，在短期内购买力平价不成立，即由于商品市场和资产市场的调整速度不同，商品市场上的价格水平具有黏性，调整是渐进的，而资产市场反应极其灵敏，利息率将迅速发生调整，使货币市场恢复均衡；第二，从长期来看，购买力平价能够成立；第三，无抛补利率平价始终成立；第四，以对外开放的小国为考察对象，外国价格和外国利率都可以视为外生变量或假定为常数。

多恩布什的汇率超调模型的显著特征是将凯恩斯主义的短期分析与货币主义的长期分析结合起来；采用价格黏性这一说法，更切合实际。同时，它具有鲜明的政策含义，货币扩张（或紧缩）效应的长期最终结果是导致物价和汇率的同比例上升（或下降）。但在短期内，货币扩张（或紧缩）的确对利率、贸易条件和总需求有实际的影响。当政府采取扩张或紧缩性货币政策来调节宏观经济时,就需要警惕汇率是否会超调,以及超调多少这样的问题,以避免经济的不必要波动。

第二节 货币国际化金融风险测度及预警方法

一、金融风险测度方法

信号分析法、模型法和压力指数法是目前研究金融测度的三种主流方法。随着风险测度理论的发展和数据可得性的提高,金融风险测度方法不断优化。本书将在简单对比三种测度方法的基础上,选择本书适用的金融风险测度方法。

1. 信号分析法

信号分析法,又称经验法,其具体研究思路是对货币危机发生原因进行研究和经验总结,在此基础上基于对以往经济数据的分析,以关联性为依据寻找并确定相关信号指标。在此之后根据历史经验,确定先行指标体系的安全阈值,若在实证分析过程中,依据研究的样本数据所计算的指数结果突破该阈值,则说明该指标处于危机状态,随着所测算的危机信号不断增多,则表明所研究的经济体将面临较大可能的金融风险的爆发。

2. 模型法

主要通过广义自回归条件异方差模型、横截面回归STV以及条件风险价值法等相关模型对货币金融风险水平进行检测。

3. 金融压力指数法

金融压力指数是以可以反映金融体系结构与其所承受的外在冲击为基础所构成的金融压力指标体系，并在此基础上采用一定方法确定权重而形成的综合性指数。最早是加拿大经济学家 Illing Mark 和 Liu Ying 为分析经济体压力产生过程而提出。他们认为金融压力之所以产生，是自身结构缺陷和外部冲击共同作用的结果，且其在发展过程中经历了均衡、失衡，再次均衡的过程。该方法可以反映金融体系由于外部市场的不确定性等因素所承担的风险压力大小，并且在使用该方法时默认极端情形意味着危机的爆发。

4. 简要评述

信号分析法主要依据已经发生过金融危机的国家的经验数据做出判断，因此其适用性较窄，尤其是对于像我国这种未爆发过金融危机的国家而言，该方法的适用性更低。

在模型法中，GARCH 模型构建的基础是市场之间的波动性溢出，以残差之间的相关性为主，不能够准确代表系统性金融风险；CVaR 模型一般只能用于识别系统重要性金融机构，而不能得到整个系统的金融风险；STV 模型则未考虑到金融机构之间的内在联系和相互作用；其他模型也存在相应的问题，因此，模型法并不适用于研究人民币国际化进程中所面临的货币风险。

金融压力指数法主要从整体角度对系统性金融风险进行测算和评估，从理论角度来看，金融压力指数运用相关变量实时全面地反映系统性金融风险水平；从实际操作角度来看，金融压力指数所需相关变量的数据可得性较高，比较适用于对人民币国际化所面临的金融风险的研究。

因此，本书将选取金融压力指数法来测度人民币国际化下的金融风险。

二、金融风险预警模型

KLR、FR和STV模型在早期的货币危机预警中发挥了重要作用，随着风险预警理论的发展，指标和模型的进一步优化，创新的预警模型不断出现，预警效果相对更好。因此，本书拟选取Logit模型、神经网络模型和马尔科夫区制转移模型进行深入学习，并进行对比分析，确定本书使用的风险预警模型。

1. Logit模型

Logit模型是一种广义线性模型，目前在预测上的应用十分广泛，它的预警效果相比KLR、FR等传统模型更好，经济意义更容易理解。

二元Logit模型的被解释变量是一个虚拟变量，若其为1则表示危机发生，预测危机的时间区间需要提前设定或判断，具体可以表示为：

$$Y_t = \begin{cases} 1 & 危机发生 \\ 0 & 其他 \end{cases}$$

为被解释变量Y_t引入参考变量Z_t，并且Z_t有如下表达：

$$Z_t = \alpha + \beta X_t + \varepsilon_t \quad (2-6)$$

式中，X_t为解释变量，是危机的相关预警指标，β为解释变量的待估计系数。当$Z_t > 0$时，Y_t取1，则危机发生，反之则不然。那么危机发生的概率为：

$$P = P(Z_t > 0) = P(\varepsilon_t > -\beta X_t - \alpha) \quad (2-7)$$

假设 ε_t 服从标准 Logistic 分布，则其分布函数为：

$$F_t = \frac{e^t}{e^t + 1} \qquad (2\text{-}8)$$

于是危机发生概率可以表达为：

$$\begin{aligned}
P &= P(\varepsilon_t > -\beta X_t - \alpha) \\
&= 1 - P(\varepsilon_t < -\beta X_t - \alpha) \\
&= 1 - F(-\beta X_t - \alpha) \\
&= F(\beta X_t + \alpha) \\
&= \frac{e^{\beta X_t + \alpha}}{e^{\beta X_t + \alpha} + 1}
\end{aligned} \qquad (2\text{-}9)$$

对上式进行化简处理，就能得到 Logit 模型，如（2-10）所示。

$$\ln\left(\frac{P}{1-P}\right) = \beta X_t + \alpha \qquad (2\text{-}10)$$

Logit 模型目前已经从二元发展到了多元，不仅能够判断危机是否发生，还可以反映风险的延续性。

2. BP 神经网络模型

人工神经网络是对生物神经网络若干基本特征的简化抽象和模拟，用以实现某些功能。人工神经网络具有自学习能力，这一点在预测方面有很重要的应用价值，因为能够迅速找到最优解，就为解决计算量大的复杂问题提供了相对简单有效的方法。

BP 神经网络模型是人工神经网络在经济预测领域应用的典型代表。在该模型中，假设各有一个输入层、输出层和隐含层，有 n 个输入神经元，q 个隐含神经元，m 个输出神经元，从输入层第 i 个神经元到隐含层第 k 个神经元之间的连接权值为 V_{ik}，从隐含层第 k 个神经元到输出层第 j 个神经元之间的连接权值为 W_{kj}，隐含层第 k 个神经元接收到来自输入层的输入为 a_k，输出为 z_k，阈值为 γ_k，输出层第 j 个神经元接收到来自隐含层的输入为 b_j，输出为 y_j，阈值为 θ_j，则有：

$$a_k = \sum_{i=1}^{n} x_i V_{ik} \qquad k=1,2,\cdots,q \qquad (2-11)$$

$$b_j = \sum_{k=1}^{q} z_k W_{kj} \qquad j=1,2,\cdots,m \qquad (2-12)$$

通过将某个神经元的总输入与其阈值进行比较（如 a_k 与 γ_k），引起激活函数处理，处理后就得到相应的输出结果（如 z_k），这就是一个正向传递的过程。

而 BP 神经网络的基本思想，是不断进行信息的正向传递和误差的反向传递，以此来进行学习和训练，当正向过程的输出结果不符合预期或设定时，需要利用输出的误差对前一层的误差进行重新估计，逐步进行反向传递，最终使误差分摊到各层神经元，以此来修正各权值，直至输出误差符合预期或设定为止。具体过程见图 2-6 所示。

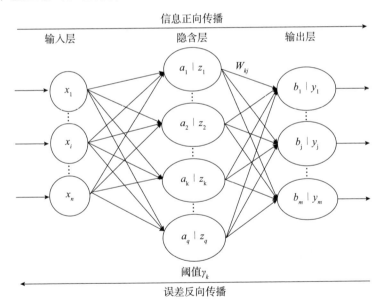

图 2-6 三层 BP 神经网络模型

3. 马尔科夫区制转移模型

马尔科夫区制转移模型（Markov Regime Switching Model）最早

是由 Hamilton（1994）提出的，由于过去预警效果较好的模型大部分是线性回归模型，但现实中的风险存在重要的非线性影响因素，因此，Hamilton 将可以刻画离散的时间和状态的马尔科夫链引入了线性模型，这样就能对变化的经济周期进行分析和预警。

假如一个简单的线性回归模型表示如下：

$$y_t = \beta X_t + \varepsilon_t$$
$$\varepsilon_t \sim N(0, \sigma^2) \quad (2\text{-}13)$$

在引入区制转移过程之后，就会有：

$$y_t = \beta_{st} X_t + \varepsilon_t$$
$$\varepsilon_t \sim N(0, \sigma_{st}^2) \quad (2\text{-}14)$$

式中，S_t 为 y 在 t 时期的状态变量，这个状态变量是一个随机过程，因为体制的变化不能够被观察，其本身也是一个随机变量，状态的变化包含了经济运行的特征。假设 S_t 有 n 种状态，$S_t = 1, 2, \cdots, n$，当状态发生转变时，线性回归模型中 X_t 的系数 β 就会随着 S_t 的变化而不同。

根据一阶马尔科夫链的假定，t 时期状态的概率分布只与 $t-1$ 时期的状态有关，与其他时期无关，那么关于 S_{t-1} 转化为 S_t 的概率，就有：

$$P(S_t = j \mid S_{t-1} = i) = P_{ij} \quad (2\text{-}15)$$

$$\sum_{j=1}^{n} P_{ij} = 1 \quad i = 1, 2, \cdots, n \quad (2\text{-}16)$$

状态持续或者转化的概率可以用一个 $n \times n$ 的矩阵表示：

$$\mathbf{P}_{nn} = \begin{Bmatrix} P_{11} & P_{12} & \cdots & P_{1n} \\ P_{21} & P_{22} & \cdots & P_{2n} \\ \vdots & \vdots & \ddots & \vdots \\ P_{n1} & P_{n2} & \cdots & P_{nn} \end{Bmatrix} \quad (2\text{-}17)$$

可以看到，转换概率矩阵能够说明时间序列的状态转换的概率大小，在研究经济周期波动时能够更好表现出风险的变化特征。

4. 简要评述

Logit 模型的优点在于克服了 KLR 等模型对风险事后预警的缺陷，能够很好地解释危机发生的概率，对样本外的数据也可以进行预测。但是 Logit 模型在实际操作中存在一些难点，一方面，对数据的要求较高，经济指标之间容易存在多重共线性。另外一方面，在被解释变量转为离散变量时，容易造成信息损失，降低预警的水平。同时，在选取风险类型的替代指标时，由于各指标反映的经济现象或本质存在一定重叠，所以数据无法避免多重共线性情况的存在，且 Logit 模型的分析基于线性回归，若数据出现非线性的情况，对该模型的分析结果会产生较大影响。

BP 神经网络模型在风险预警中已有运用，它的优点是能够对任意复杂的非线性的关系或定量和定性信息进行处理，自适应性、稳健性和容错性强，意味着在数据异常或缺失以及指标的非线性情况下，也能做出有效的预测。然而，BP 神经网络模型也存在一些缺点，比如可能出现"学习过度"的问题，随着不断地训练，预测的能力会提升，但是过多的训练会让神经网络记住所有细节，这时模型就不能真实反映数据的内在规律，预测能力就会下降，这个度很难把握。从数学角度看，BP 神经网络模型较为依赖初期赋予的权重，是一种局部搜索的优化方法，以不同的权重初始化网络，其往往会收敛于不同的局部极小，若时间维度扩充则可能得出的赋权结果有所不同，此时使用 BP 神经网络方法则会出现时间维度不同得出的预警结果存在差异的情况。另外，神经网络的预测结果也无法用理论去解释，不能描述其经济含义。

马尔科夫区制转移模型除了具有与 BP 神经网络模型同样的优点——能够解决指标非线性关联的问题，还有以下两个优点：一是，马尔科夫区制转移模型不需要主观设定金融压力指数的警戒值来判定风险大小，也不需要预估高风险可能出现的时间，从而避免了主观因素的干扰。该模型能够通过状态变量在金融压力指数之间的平滑转换情况来确定观测样本所处状态，并且利用极大似然估计模型确定压力值状态的具体时间。二是，金融风险压力值是一个动态变化过程，以往模型大多为静态模型，而马尔科夫转移模型通过状态转移变量反映金融压力指数的动态变换，从而更加准确地识别我国的金融风险状态。

综上所述，马尔科夫区制转移模型的假定条件更为宽松，并且经济意义较为明确，因此，本书将选择马尔科夫区制转移模型进行后续的预警分析。

第三章

人民币国际化路径选择及现状分析

第三章 人民币国际化路径选择及现状分析

2009年1月20日,中国人民银行与香港金融管理局签署了双边本币互换协议,被认为是人民币国际化进程的开端。同年的6月26日,"人民币国际化"的概念首次被中国人民银行提出。因此可以认为,人民币国际化于2009年正式被提上议事日程。然而,2015年复杂多变的国际形势给我国经济金融发展带来了严峻的挑战,基于这样的国内外大环境,我国政府坚持稳中求进工作总基调,人民币国际化进程开始放缓。显而易见的是,人民币结算规模大幅萎缩,且人民币结算排名在全球货币支付中的排名下降。2021年发布的"十四五"规划建议中进一步指出,要"稳慎推进人民币国际化,坚持市场驱动和企业自主选择,营造以人民币自由使用为基础的新型互利合作关系"。现如今,在人民币走向国际的步伐逐渐加速的同时需要加强风险防范,那么如何把握好发展与风险之间的关系,已成为人民币国际化进程中至关重要的问题。

在对人民币推进国际化的路径进行梳理后,本书将主流观点归纳为以下四个方面:一是建议人民币国际化的推进可以借鉴其他货币,如欧元和日元,在推进国际化过程中遇到的风险以及选择的策略。如通过分析世界主要货币走向国际化的过程,关于人民币的国际化孙健等(2005)[182]指出可以参考欧元国际化的模式,结合我国国情也就是在大陆及港澳台地区实行统一货币制度,或者参考日元实现国际化的方式,在周边国家和地区逐步进行资本项目开放,以此来推进人民币国际化。二是从国际货币职能角度和时间角度提出建议,认为人民币国际化进程应该实施"两步走""三步走"等战略。如戴相龙（2014）[183]从货币职能角度出发，认为人民币国际化的推进可分为三个阶段，第一个阶段是结算常态化，在对外贸易中普遍选择人民币进行结算；第二个阶段是发挥人民币的投资功能，随着人民币国际化程度的不断提高，资本项目也随之开放，人民币在世界范围内充分发挥其投资功能；第三个阶段是储备货币。再如陈雨露（2013）[184]从时间角度出发，认为从2011年开始，人民币国际化的初步实现需要至少三十年，并提出了两个"三步走"战略，第一个"三步走"是分三个十年逐步实现使用范围的周边化、区域化和国际化，第二个"三步走"则是分三个十年实现货币职能的贸易结算化、金融投资化以及国际储备化，这正与戴相龙提出的人民币国际化实现路径相一致。三是建议人民币提高其国际地位应该采取渐进的方式。如李稻葵和刘霖林（2008）[23]指出，双轨制是适合人民币国际化的推进方式，一方面应当采取定向的方式逐步实现资本项目可兑换的开放；另一方面为发挥国内外市场的资源优势，建立离岸人民币金融中心以推进金融改革，香港可作为离岸中心的首选地。再如高海红和余永定（2010）[89]从人民币国际化的条件角度出发，认为为了给人民币加速国际化提供各种有利条件，政府应通过推动金融市场开放、资本项目可兑换、促进离岸市场等发展。四是认为人民币不断推进国际化需要国家战略相配合。如王晓芳和于江波（2015）[185]指出，人民币在区域实现国际化可以借助"一带一路"倡议，遵循"贸易合作—金融合作—货币合作"的总体路径以及"金融机构—资本市场—金融产业"的融合路径。

综上所述，国内学者从货币职能、历史时间、货币使用范围、渐进式推进等多个角度研究了人民币国际化路径。目前人民币国际化的推进过程中所采取的政策和制度主要是以扩大人民币跨境结算为主，同时还采取了加大金融市场开放、建立离岸市场等措施来不断地增强人民币的投资功能，最终实现储备货币职能。具体地，为实现国际化，目前人民币采取的是在加强基础设施建设的前提下，不断增强贸易结算职能，在加快利率、汇率改革和金融市场开放的背景下，不断增强投资性货币职能,最终实现人民币的储备货币职能。基于此,本书将从货币职能的角度对人民币国际化演进路径进行梳理并对当前现状进行具体分析。

第一节　人民币国际化演进路径分析

本书从货币职能的角度出发,借鉴戴相龙[183]提出的"三步走"战略,对人民币国际化演进路径进行分析。其主张有步骤地提升人民币的国际货币职能。具体可分为以下几个步骤:首先,借助我国与伙伴国家之间较大的贸易量,推行并逐渐扩大人民币结算的使用意愿和使用范围;其次,增强我国货币的投资功能,利用不断加快的资本项目可兑换进程,提高国际投资者利用人民币投资的意愿,吸引境外资本;最后,凭借我国经济持续稳定发展以及稳定的货币币值,促使各国在货币储备中提高人民币的比重,使人民币发挥储备货币的作用。基于此,本书将人民币国际化演进路径划分为三个阶段:人民币结算货币、人民币投资货币以及人民币储备货币,并对各阶段主要内容进行具体分析。同时,人民币国际化演进路径的阶段划分也为后文实证分析中关于人民币国际化金融风险指标体系的构建提供了依据。

一、第一阶段:人民币结算货币

人民币结算货币主要是指在国际范围内人民币得到国内外居民的普遍认可,并且表现为在国际主要能源产品交易、大宗商品交易和其他大范围的国际贸易中普遍使用人民币进行计价和结算的情况。在这一阶段,基础设施建设的进一步完善、人民币跨境使用的扩大以及稳定的双边货币合作,是推进人民币实现结算货币职能的主要方式。

关于进一步完善人民币国际化的基础设施建设，一方面，我国应当加快人民币跨境支付系统（CIPS）和人民币跨境收付信息管理系统（RCPMIS）的建设。2012年，人民币跨境支付系统正式开始分为两期进行建设，第一期针对跨境贸易和跨境直接投资过程中的人民币清算和结算业务，采取的结算方式为实时全额；第二期针对的清算和结算业务主要是跨境和离岸资金，因此结算方式也随之选择了混合。2009年7月6日，人民币跨境收付信息管理系统正式上线并成功运行；2016年，其业务规则得到了进一步的规范和完善，并且数据的报送质量得到了进一步提高。此外，我国还全面实现了政府部门涉外经济活动采用人民币作为主要计价货币。人民币于2014年开始并于2015年已经成为政府部门在涉外经济统计、核算和管理中的主要计价货币。另一方面，我国应当全方面完善跨境资金流动宏观审慎政策框架的构建和金融市场双向开放的会计准则、评级制度和税收政策。

在进一步扩大经常项目人民币跨境使用方面，我国的着力点在于人民币汇率市场化改革、经常项目跨境人民币业务政策制度的优化以及"一带一路"倡议的深入实施。人民币汇率从2005年开始形成机制的改革，也由此建立了符合社会主义市场经济体制的汇率制度。2015年8月11日，央行进行汇率改革，调整了人民币对美元汇率中间价报价机制，做市商参考前一交易日银行间外汇市场收盘汇率，向中国外汇交易中心提供中间价报价，这一决定推动了人民币汇率决定市场化进程，并且推动了汇率制度由盯住或准盯住逐渐过渡到浮动，甚至自由浮动。其次，从2009年开始，经常项目跨境人民币业务政策开始启动，部分城市开始开展跨境贸易人民币结算试点，2010年6月和2011年8月又扩大了试点范围，再到2012年和2014年，我国境内所有的经常项目企业和银行业金融中介机构均可开展跨境人民币结算业务，采用人民币计价结算。此外，尤其是在"一带一路"倡议背景下，人民币提高其国际地位的三大重要影响因素分别为贸易往来、跨境投资和金融开放。与共建"一带一路"国家的贸易往来可以增加其对人民币的稳定性需求，并为人民币提供国际流通渠道；在共建"一带一路"国家进行项目投资可以为人民币国际化提供一定的流动保障；对这些国家进行金融开放可以加快人民币的跨境流动。通过以上三大重要影响因素，人民币的区域国际化可得到快速有效的推进，同时也加速了国际化的进程。

在稳步开展双边货币合作方面，我国致力在保证货币资金跨境流动安全的前提下，扩大双边货币合作的范围和规模，并且进一步优化和完善双边本币互换机制和双边本币结算协定，最终对我国与货币互换国家之间的跨境贸易、投资以及维护金融稳定、提供流动性支持等方面产生重要的积极作用。2009年以来，我国签订的双边本币互换协议总金额总体上呈现出增长的趋势。截至2020年6月19日，我国已经与39个国家达成了货币互换协定。目前，人民币互换总规模已超过3万亿元，人民币已经成为世界第一大互换货币，双边货币合作的范围和规模不断扩大。

二、第二阶段：人民币投资货币

人民币投资货币主要是指在国际金融市场中，相对于人民币结算货币阶段，国内外居民对人民币的信心获得提升，并且开始普遍采取人民币进行主要的金融资产投资活动，比如股票、债券、基金、信托、期货和其他金融衍生品等的交易和买卖。在这一阶段，我国将重心集中在进一步拓宽人民币跨境投融资渠道方面。

在这一方面，我国的着力点在于支持人民币直接投资结算、跨境融资以及证券投资。人民币直接投资结算开始于2011年的允许境内机构使用人民币对外直接投资，后来进行了不断拓宽，包括允许境外投资者在境内使用人民币进行直接投资以及设立、并购和参股金融机构等。同年，还启动了人民币跨境融资业务，以境内银行被允许开展境外人民币贷款业务为标志性事件。在此之后，相关期限和限额不断放宽,业务内容不断扩展。人民币证券投资业务相比前两者早一年启动,在银行间债券市场首先开始。2011年和2014年,人民币合格境外机构投资者(RQFII)和人民币合格境内机构投资者(RQDII)制度先后出台;2014年沪港通开通,2016年深港通开通;2016年8月,世界银行成功在中国银行间债券市场发行SDR计价债券;2018年,离岸人民币计价的权益类投资产品进一步丰富,场外交易(OTC)产品包括即期、远期、掉期、期权、期货、交易所交易基金(ETF)、不动产投资信托基金(REIT)等。离岸人民币交易所市场提供人民币兑美元期货和标准化人民币兑美元期权产品,主要在新加坡以及我国香港和台湾地区。截至2019年,港交所人民币兑美元期货和期权的日均成交量分别为7 882张和63张合约,同比增长分别为10%和−48%。

三、第三阶段:人民币储备货币

人民币储备货币主要是指在国际金融市场中,相对于人民币结算货币阶段和人民币投资货币阶段,国内外居民对人民币的信心大幅度提升,人民币的国际地位也基本稳固,并且各国或各地区的央行或货币当局将人民币作为其国家的国际储备货币之一。在这一阶段,我国将重心集中在进一步增加人民币作为储备货币的规模和范围上。

在前几年,更多的是一些与中国贸易往来较多、贸易体量较大的国家将人民币作为其储备货币之一,但近些年来,随着中国国际地位的提升,更多的发达国家也将人民币作为其储备资产。IMF数据显示,2019年末人民币储备规模达到近2 200亿美元,占已明确币种所构成的外汇储备总额的近2%,列世界各国货币的第五位,这是自2016年开始公布人民币储备资产后达到的最高水平。据不完全统计,全球范围内,人民币已经被超过70个央行或货币当局纳入了其他国家的外汇储备中。并且人民币加入SDR,进一步增强了国际投资者对人民币的信心和持有意愿，这样的信心提升也反映在了各国央行或货币当局将人民币作为其外汇储备的未来意愿上。

综上可以看出，人民币国际化的演进路径实际是从人民币作为结算货币到投资货币，进而发展到储备货币的过程，在这一过程中，人民币的国际货币职能不断扩大、世界各国对人民币信心不断提升且对其态度不断重视，人民币的国际地位不断提升。但与此同时，随着我国综合国力的提升以及人民币国际地位的崛起，资本开放度进一步提高，由此带来的金融风险也将愈加复杂，一方面货币政策风险、资产价格波动风险、汇率波动风险及资本流动风险等加剧，另一方面也会产生诸如货币替代风险等其他新的金融风险，这些都对在推进人民币国际化进程中及时测度、预警并控制金融风险提出了更高要求。

第二节　人民币国际化现状分析

2008年全球金融危机后，经济全球化进程受到阻碍，贸易保护主义逐渐抬头。很多国家开始转入以自我为中心的单边主义，如美国频频退出世界组织、英国脱欧、北约组织出现内部矛盾等。尤其是近些年来美国单方面多次发起贸易摩擦，同时又持续实施"加息"政策，致使全球范围内的贸易往来受阻，从而导致以美元作为单一世界货币的国际货币体系受到一定冲击和广泛质疑。与此同时，中国经济迅速发展，国际地位不断提升，人民币相对其他货币的币值稳定性备受瞩目，人民币国际化也得到了快速推进。

一、跨境人民币结算

跨境人民币结算业务的发展代表着人民币国际化进程较大的推进，

这表明人民币在国际上发挥了重要的计价与结算功能。2009年7月2日，人民币国际结算试点正式启动，9月28日，人民币债券在中国香港首次发行。2010年，我国第一个跨境直接投资结算试点在新疆成立。之后，随着相关政策的颁布，跨境结算贸易试点的范围不断扩大，多个省市都已纳入结算试点范围，同时业务范围也随之开始扩大。随着跨境人民币结算部分限制的放开，跨境结算业务以及直接投资业务都得到了迅速发展。从图3-1可以看出，跨境人民币业务结算2011—2015年持续保持直线式增长，年平均增长率约为37%，2016年由于受到经济形势回落的影响，开始呈下降趋势，2016年贸易结算额达到48 553亿元。另外，2011—2015年，对外直接投资额与外商直接投资额呈现出增长趋势，外商直接投资额增长至15 871亿元，相较而言，对外直接投资增长规模较小，在2016年达到最大值为12 902亿元，之后又出现缓慢下降趋势，但相比于2013年之前的规模还是增长较快的。在人民币逐渐走向国际化的同时，跨境贸易结算规模也会随之扩大。

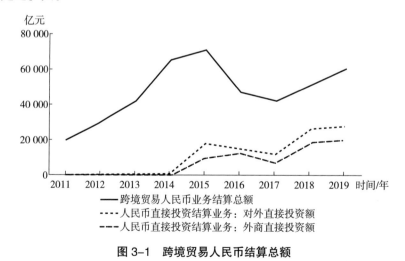

图3-1　跨境贸易人民币结算总额

2020年尽管受到疫情影响，但根据第一季度数据显示，人民币跨境使用的发展仍然较为迅速，人民币跨境结算量同比增长约40%。

2020 年，在对外直接投资中人民币使用比例不低于 20% 的境内工商企业占比较上一年增加了 13%，中国对外直接投资存量超过了 2.3 万亿美元，对外直接投资更是高达 1 300 亿美元，在全球范围内名列前茅，人民币投资性货币职能进一步得到发挥。

二、离岸人民币市场

人民币国际化进程中的重要举措之一是建立离岸人民币市场。在这一进程中，人民币于境外的流通范围不断扩大，跨境结算业务得到了极大的推广，但是在中国还未完全放开对资本项目的管制时，人民币在境外流通需要一个交易市场，以保证人民币在国际交易中的正常使用，因此离岸市场的建立和发展对推进人民币国际化进程有着不可或缺的影响。目前人民币离岸市场主要在中国香港和中国台湾以及新加坡等亚洲地区和国家，同时也形成了伦敦离岸金融外汇交易中心，范围已拓展至欧洲国家。其中香港人民币离岸市场是交易最为集中与活跃的市场。香港跨境人民币贸易结算汇款额在 2010—2017 年经历了下降与上升阶段，2013—2016 年持续下降，由 4 696 亿元下降至 2 876 亿元，但从最近两年的数据来看，人民币贸易结算汇款额又得到了大幅度的增长，2017 年年底增至 4 405 亿元，比 2016 年年底增长了 53%（见图 3-2），同时，人民币存款规模也得到了快速地扩大，香港人民币存款额 2009—2011 年经历了直线式增长，随后增长幅度放缓，在 2014 年年底达到最大值为 10 035.57 亿元，由于人民币债券市场的不断拓展，在 2014 年以后出现下降趋势，但下降幅度缓慢，2017 年年底降至 5 592.1 亿元（见图 3-3）。

近几年，人民币离岸债券市场发展迅速，成为国际投资者进行人民币资产投资的重要场所。目前，人民币离岸债券主要有点心债、狮城债、宝岛券以及伦敦债等。外国央行对上述债券进行投资主要通过以下两种途径：一是，直接购买人民币债券；二是，外国货币当局在离岸市场发行人民币债券,并使用发行债券获得的资金投资到人民币债券中。但总体来说,境外人民币存款规模仍然在人民币境外存量中占有很大的比例,因此这也是本书使用境外人民币存款规模来衡量人民币国际化程度的原因之一。

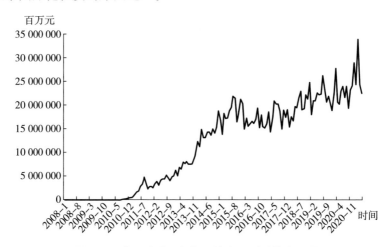

图3-2 中国香港:银行系统人民币结算交易量

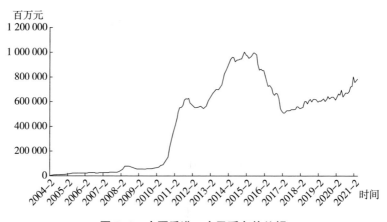

图3-3 中国香港:人民币存款总额

三、人民币货币互换

2009年1月20日,中国人民银行与香港金融管理局签署了2 000

亿元人民币/2 270亿港币的双边本币互换协议。在此之后，我国陆续与韩国、欧央行、瑞士等众多国家的央行或货币当局都签订了双边本币互换协议。2018年10月26日，中日两国央行重新签署了2 000亿元人民币/34 000亿日元的双边本币互换协议。截至2020年6月19日，我国央行已经与39个国家达成了货币互换协定。人民币互换总规模目前已超过3万亿元，已经成为世界第一大互换货币，双边货币合作的范围和规模不断扩大。

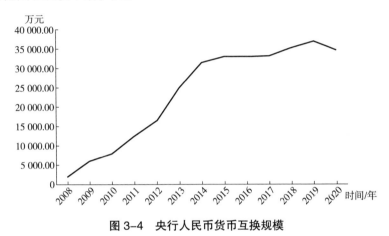

图3-4　央行人民币货币互换规模

从以下数据来看（见表3-1），人民币货币互换规模以及范围都有了很大程度地扩大。人民币互换规模增长之快，不仅是中国综合国力增强，加强了与各国之间的贸易往来关系的体现，更是为了加快本币国际化的进程，开创多样化金融工具，扩大与各国之间的国际贸易规模，提高人民币的国际影响力并促使国外居民接受人民币的体现。同各国家或地区签署人民币互换协议，一方面，主要的国际货币币值不稳定，与主要国际货币挂钩的国家汇率波动风险，而货币互换协议采用的是固定利率，可以降低交易成本；另一方面，签订货币互换协议有利于双方进行贸易往来，减少贸易结算中面临的流动性不足，这也是中国加快本币国际化的重大措施，促进与各国家和地区之间的贸易发展。

表 3-1 中国签署的双边本币互换协议一览表

协议签订时间	伙伴国家/地区	货币互换规模与种类
2008.12.09	韩国	1 800 亿元人民币/38 万亿韩元
2009.01.20	中国香港	2 000 亿元人民币/2 270 亿港币
2009.02.08	马来西亚	800 亿人民币/400 亿林吉特
2009.03.11	白俄罗斯	200 亿人民币/8 万亿白俄罗斯卢布
2009.03.23	印度尼西亚	1 000 亿人民币/175 万亿印尼卢比
2009.03.29	阿根廷	700 亿人民币/380 亿阿根廷比索
2010.06.09	冰岛	35 亿元人民币/660 亿冰岛克朗
2010.07.24	新加坡	1 500 亿元人民币/300 亿新元
2011.04.19	新西兰	250 亿元人民币/50 亿新西兰纽币
2011.05.06	蒙古国	50 亿元人民币//1 万亿图格里特
2011.12.22	泰国	700 亿元人民币/3 200 亿泰铢
2012.02.21	土耳其	100 亿元人民币/30 亿土耳其里拉
2013.03.26	巴西	1 900 亿元人民币/600 亿雷亚尔
2013.06.22	英国	2 000 亿元人民币/200 亿英镑
2013.10.09	欧洲央行	3 500 亿元人民币/450 亿欧元
2014.07.21	瑞士	1 500 亿元人民币/210 亿瑞士法郎
2015.05.25	智利	220 亿元人民币/22 000 亿智利比索
2016.12.06	埃及	180 亿元人民币/470 亿埃及镑
2018.03.30	澳大利亚	2 000 亿元人民币/400 亿澳大利亚元（续签）
2018.04.03	阿尔巴尼亚	20 亿元人民币/342 亿阿尔巴尼亚列克
2018.04.11	南非	300 亿元人民币/540 亿南非兰特（续签）
2018.04.27	尼日利亚	150 亿元人民币/200 亿奈拉
2018.05.10	白俄罗斯	70 亿元人民币/22.2 亿白俄罗斯卢布（续签）
2018.05.23	巴基斯坦	200 亿元人民币/3 510 亿巴基斯坦卢比（续签）
2018.05.25	智利	220 亿元人民币/22 000 亿智利比索（续签）
2018.05.28	哈萨克斯坦	70 亿元人民币/3 500 亿哈萨克斯坦坚戈（续签）
2018.08.20	马来西亚	1 800 亿元人民币/1 100 亿马来西亚林吉特（续签）
2018.10.13	英国	3 500 亿元人民币/400 亿英镑（续签）

续表

协议签订时间	伙伴国家/地区	货币互换规模与种类
2018.10.22	日本	2 000 亿元人民币/34 000 亿日元
2018.11.16	印度尼西亚	2 000 亿元人民币/440 万亿印尼卢比
2018.12.10	乌克兰	150 亿元人民币/620 亿乌克兰格里夫纳（续签）
2019.02.11	苏里南	10 亿元人民币/11 亿苏里南元
2019.05.10	新加坡	3 000 亿元人民币/610 亿新加坡元（续签）
2019.05.30	土耳其	120 亿元人民币/109 亿土耳其里拉（续签）
2019.10.08	欧洲央行	3 500 亿元人民币/450 亿欧元（续签）
2019.12.05	中国澳门	300 亿元人民币/350 亿元澳门元
2019.12.10	匈牙利	200 亿元人民币/8 640 亿匈牙利福林（续签）

数据来源：《2020 年人民币国际化报告》。

人民币货币互换的重要意义在于，从国际贸易方面来看，两国签署货币互换协议，这样以后双方在进行国际贸易时可以使用两国货币进行交易，从一定程度上推进了人民币的区域化以及与各国的货币合作；从金融工具方面来看，货币互换协议是一种新型的金融衍生工具，两国可以在市场上通过金融工具交换双方货币，同时可以降低双方的融资成本，为投资者提供新的投资工具。由于人民币币值一直保持稳定，更多的境外投资者选择持有人民币作为其资产。相关数据显示，截至 2016 年年底，人民币已经成为全球 60 多个国家的外汇储备，2017 年欧洲央行、2018 年德国联邦银行分别将人民币作为其外汇储备。这些都表明人民币实现国际化已是大势所趋，必将通过贸易发展与金融工具投资等方面对中国的宏观经济产生影响。

四、资本项目的逐步开放

完全放开资本项目是本币国际化的必然要求。目前经常项目已经实现了自由化，但由于我国不完善的金融市场，资本项目处于部分可自由兑换阶段。目前，中国采取了一系列的措施放开对资本项目的管制，从而达到实现人民币国际化的目的。

为了促进证券市场的发展，2002年我国开始实施QFII制度，允许合格的境内机构投资者将一定额度的外币资金兑换成人民币并投资到证券市场中，这是中国在资本项目还没有完全放开的情况下，有额度地允许外资进入，从而达到进一步开放资本市场的目的。2010年8月16日央行发布的相关试点通知，境外投资者在达到相关条件后，也可在国内市场投资，在一定程度上完善人民币回流渠道。2011年，人民币合格境外机构投资者制度允许合格的境外机构投资者将人民币资金投资于境内资本市场，这一制度的实施，使得境内外投资机构与个人的资产有了保障，从而促进人民币更大规模地在境外流通。同时，为了实现人民币大量流出，以促进本币实现国际化的目标，我国鼓励企业进行对外投资，与国外企业进行合作，将人民币投资于国外项目。我国大力推进境外直接投资（ODI）、合格境内机构投资者（QDII）等投资，不断完善人民币流出和回流机制（见图3-5），促进人民币的合理流出，使得人民币境外存款规模不断增加，资本项目开放也随之加速，最终加快推进人民币实现国际化。

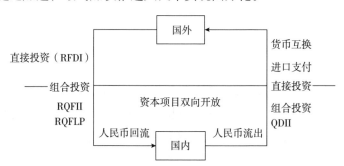

图3-5　资本项目开放下人民币输出与回流渠道

2018年，证监会发布《外商投资证券公司管理办法》，将合资券商外资投资比例限制放宽至51%。2019年，证监会明确取消证券、基金、期货公司外资股比限制，比原定时点提前一年，进一步放宽资本市场对外资开放的限制。取消外资持股比例限制这一措施，极大地便利了外资进入国内券商行业，有利于进一步推进人民币国际化进程。

五、利率与汇率市场化

随着人民币不断实现国际化，当前，利率与汇率市场化改革初见成效。利率市场化改革的要点是逐步取消政府对金融机构存贷款利率的管制，将权力下放给金融机构，让利率的变化真正反映市场的变化。从1999年我国放开货币市场与债券市场的利率管制，到2004年扩大贷款利率上浮范围，再到同年取消贷款浮动上限，最后到2013年取消贷款利率下限，我国贷款利率实现完全市场化。2015年，取消对金融机构存款利率的上限管制，金融机构拥有利率的自主定价权，利率市场化改革取得进一步发展。2016年，政府对利率市场化有了新进展，首先不断健全市场利率定价自律机制，其次不断创新金融产品，为市场自主定价提供工具。2019年10月29日，允许金融机构存款利率下浮；2020年3月1日，央行开展一系列工作，贷款利率隐性下限被打破，金融机构利率下降，从而减轻了企业和居民利息负担。2021年1月1日，取消信用卡透支利率上限和下限，从此透支利率由发卡机构与持卡人自主协商确定。上述措施的实施都促进了利率市场化的快速发展。

人民币汇率形成机制改革实质上是汇率制度从盯住美元的汇率制度到有管理的浮动汇率制度的过渡。1994年之前，我国实施双轨制汇率机制，即官方的汇率和适用于贸易结算的内部汇率并存。1994年1月，我国宣布取消双轨制汇率制度，转为实施以外汇市场供给和需求为基础的有管理的浮动汇率制度，这一举措初步奠定了人民币汇率市场化改革的基础，同时由于国际市场形成了对人民币汇率的稳定预期，使得我国的国际收支情况明显改善。1997年亚洲金融危机和2008年全球金融危机的爆发使我国看到当前的汇率制度仍然存在一系列问题，如经常项目和资本项目失衡、输入型通货膨胀的威胁、货币政策独立性面临挑战等。因此，2015年央行进行了汇率改革，调整了人民币对美元汇率中间价报价机制，做市商参考前一交易日银行间外汇市场收盘汇率，向中国外汇交易中心提供中间价报价，这一决定推动了人民币汇率决定市场化进程，并且推动了汇率制度由盯住或准盯住逐渐过渡到浮动，甚至自由浮动。2016年2月，中间价形成机制加入了"参考一篮子货币因子"，使人民币汇率更多地受到国际外汇市场变化的影响，一方面有助于打破对美元汇率的依赖，但另一方面使得人民币对应一篮子货币的贬值预期增强。2017年5月，为了逆转人民币贬值预期，人民币兑美元报价中加入了"逆周期因子"，人民币币值上涨。2018年年初，由于美国货币政策和其单方面挑起的贸易摩擦影响，以及国内货币流动性相对充裕但人民币兑美元出现了快速贬值，因此央行再次推出"逆周期因子"，这一措施有效地对冲了市场单边预期。此外，为了加强金融机构外汇流动性管理，央行自2021年6月15日起将金融机构外汇存款准备金率提高至7%。我们可以看到，在未来人民币汇率改革将不断推进完善，汇率弹性将不断加大，汇率也将更趋于市场化。这一变化，使其更真实地体现外汇供求状况，同时保持人民币汇率在合理的区间内浮动，有利于减缓人民币在实现国际化进程中货币政策的失效情况。

六、"一带一路"助推人民币国际化

2013年9月和10月，习近平总书记分别提出建设"新丝绸之路经济带"和"21世纪海上丝绸之路"的合作倡议，截至2021年11月20日，中国已与141个国家和32个国际组织签署206份共建"一带一路"合作文件。"一带一路"建设包含政策沟通、设施联通、贸易畅通、资金融通、民心相通五个方面的战略目标，而"五通"目标的实现有助于人民币使用范围扩大、使用比例增加、国际信心增强、国际地位提升，能有效推动人民币国际化进程的发展。

在政策沟通方面。共建"一带一路"国家自古以来与中国存在友好关系，同时中国也是其重要的贸易伙伴，经济贸易合作来往密切。人民币国际化从客观上要求扩大人民币在世界范围内的使用规模，故可利用"一带一路"契机，借助与共建各国间的政策引领，扩大人民币使用范围，因而需要先提高人民币在沿线区域内的认可度和影响力，再将其扩展至国际范围内的地位提高，将共建各国作为推进人民币国际化的路径选择。此外还需加强政策沟通，建立区域金融安全网，打击跨国洗钱等犯罪行为；签订货币互换协议，拓展人民币的输出渠道，提高境外人民币流动性，增强人民币的外汇储备功能；增进区域经济合作，以政策支持、带动双方的贸易和投资等，这些措施都能够积极推动人民币国际化进程。

在设施联通方面。共建"一带一路"国家大多为发展中国家，经济增长速度较低，基础设施建设薄弱，普遍存在着道路不通、设施不足的问题，这不但严重制约各国的贸易与投资合作，还为区域的和平与稳定埋下了潜在的风险。而中国在基础设施建设方面有着较高的建设水平和丰富的建设经验，同时基础设施建设涉及的相关产业恰好是中国目前经济结构中发展较为饱和的产业，这在客观上形成了互补。首先，可以通过和这些国家设施联通提高区域内的要素一体化程度、提高共建"一带一路"国家的建设水平、维护区域和平与稳定，为我国与共建国家的经济发展创造相对和平和稳定的环境。其次，共建"一带一路"国家在设施联通方面存在的巨大资金需求和资金缺口将为人民币国际化创造新的投资机遇，我国可以以此为契机以对外投资的形式扩大人民币的输出，这有利于提高人民币在资本项下的输出，促进人民币的跨境使用。最后，我国还能够以设施联通为契机输出我国富余产能、推动国内供给侧结构性改革，促进实体经济的转型，进一步夯实人民币国际化的基础。

在贸易畅通方面。共建"一带一路"国家与我国在贸易上存在着优势互补，因此有着大量的贸易往来。2013 年—2021 年 9 月，我国与共建"一带一路"国家货物贸易额累计达 10.4 万亿美元。2013—2020 年，我国与"一带一路"沿线国家货物贸易额占我国对外贸易总额的比重提高了 4.1 个百分点。中国主要从共建"一带一路"国家进口能源、矿物、金属、粮食等多种大宗商品，各国则从中国进口机械、交通运输工具等大型制造业产品。在国际上这些产品多采用美元、欧元计价和结算，这在客观上会使得贸易往来面临结算货币汇率波动的问题，从而产生了在贸易往来中使用人民币进行计价结算的需求。若在"一带一路"区域内使用人民币计价，则可有效防范因使用美元、欧元等第三方货币所带来的汇率波动风险。因此，"一带一路"建设为人民币国际化带来了难得的发展机遇，贸易畅通目标的实现，有利于拓展人民币在区域内的使用范围、增加人民币的使用比例、增强共建"一带一路"国家对人民币的信心，提升人民币的国际地位。

在资金融通方面。"一带一路"建设需要大量的、长期的资金投入，中国与共建"一带一路"国家之间存在着大规模的资金流动，近 10 年来，中国对共建国家的投资增长迅猛，2020 年 1—11 月中国对共建"一带一路"国家非金融类直接投资达 159.6 亿美元，同比增长 24.9%，占同期总额的 16.8%，比上年提升 3.9 个百分点。在共建国家新签承包工程合同额 1 143.8 亿美元，完成营业额 708.7 亿美元，分别占同期总额的 57.4% 和 58.9%。一方面，共建"一带一路"国家对资金的需求为我国提供了人民币对外直接投资的机会，拓宽了人民币的输出渠道，有利于扩大人民币的境外流通规模；另一方面，资金融通方面的人民币流动属于资本项下人民币输出，目前我国的资本账户尚未完全开放，在与共建"一带一路"国家的投融资活动中更多地使用人民币，不仅能够促进我国资本账户的开放，推动人民币成长为成熟的国际货币，而且能够倒逼我国金融市场的完善和人民币离岸市场的合理化，从而为人民币国际化提供成熟、稳定的金融平台。

在民心相通方面。与共建"一带一路"国家之间的人员交流和文化往来有利于加深区域内各国人民之间的了解，促进文化交融，提升共建国家对中华文化的兴趣。我国将 2015 年确定为"美丽中国——丝绸之路旅游年"，国家对丝绸之路旅游促进的同时会增加丝绸之路共建国家对人民币的需求，"一带一路"区域内旅游业的发展拓宽了人民币的交易、结算渠道，为人民币在更大范围内的使用创造了机会。除此之外，由于国际货币的使用存在"使用惯性"，人民币成为国际货币的重要一环便是突破现有的货币网络。共建"一带一路"国家人民与我国人民的交流往来不但能够加深其对中国传统文化的了解，还能使其对中国和平发展理念的感受不仅停留在表面，提升共建国家对人民币的接受度和认可度；更能够使其近距离、切身感受到中国经济、社会等方面的发展状况，使其相信中国的实体经济能够为人民币国际化提供坚实的基础，增强其对人民币的信心，助推人民币突破现有的货币网络。

共建"一带一路"国家总人口约 44 亿人，约占全球总人口比重的 63%，经济总量约 21 万亿美元，占全球比重的 29%，存在着巨大的发展潜力和良好的合作前景，这为人民币国际化带来了难得的历史机遇，可以拓宽人民币的使用范围，增加人民币的国际使用规模，提升国际社会对人民币的信心和接受度。中国是世界第二大经济体、全球贸易和直接投资最重要的国家之一，是共建"一带一路"各国的重要贸易伙伴，经济发展和金融发展居于区域领先水平，国内政治稳定，文化繁荣，已经为人民币在"一带一路"上的扩大使用做好了充分准备。随着"一带一路"建设过程的推进，共建国家必将逐步提高贸易、投融资、金融交易和外汇储备中的人民币份额，为人民币跻身主要国际货币行列提供充足动力，有力推动人民币国际化进程。

2013 年，"一带一路"倡议的提出为人民币国际化发展带来了新思路，即人民币先在共建"一带一路"国家和地区实现区域化，再逐步在全球范围内实现人民币国际化。但在这一过程中，随着"一带一路"合作倡议的加快推进，人民币国际化进程也在加快，关于"一带一路"在人民币国际化推进过程中所带来的金融风险不容忽视,而这些内容我们将在下文人民币国际化指数中有所体现。在人民币国际化指数构建过程中,我们将贸易结算量、对外投资比例、离岸人民币交易量、人民币互换规模等因素考虑在内,而共建"一带一路"国家对于上述指标的贡献率占比较高,所以,关于"一带一路"倡议对人民币国际化的总体影响将在后续研究工作中具体体现。

通过以上分析可以看出,目前的人民币国际化进程仍处于发挥结算货币职能作用的阶段。在人民币不断深入国际化的过程中,包括扩大双边本币互换、优化"沪深港通"运行机制和香港离岸人民币市场流动性补充机制、完善人民币汇率形成机制等在内的举措陆续推出,人民币作为国际货币承担的职能将进一步扩大,由此带来的金融风险也愈加复杂。鉴于此,下一节将通过梳理总结各个国家或地区货币国际化的模式及风险,为后文人民币国际化进程中的金融风险识别及管理提供经验依据。

第三节 人民币国际化现实约束

2016年10月,国际货币基金组织宣布人民币正式被纳入特别提款权货币篮子。在 SDR 中,人民币权重被确定为 10.9%,仅次于美元(41.7%)、欧元(30.9%),高于日元(8.3%)、英镑(8.1%)。很多人据此认为,鉴于中国拥有经济体量和贸易规模优势,当前人民币国际化程度太低,应当进一步加快人民币国际化进程。但现实是,一国货币国际化是一系列因素作用的结果,经济体量大、贸易规模大并不意味着该国货币国际地位高,当前人民币国际化仍然面临一系列制约因素。

一、国际货币网络效应

所谓国际货币体系演变存在的网络效应、路径依赖，是指一种货币使用的人越多，交易成本就越低、流动性就越好，使用者就越难改变使用习惯，改为使用其他货币。环球银行金融电信协会（SWIFT）数据显示，2021年5月，美元、欧元、英镑、日元四大货币在国际支付中占比86%；国际货币基金组织数据显示，截至2021年一季度末，美元、欧元、英镑、日元四大货币的外汇储备份额合计91%。而同期其他货币在国际支付、外汇储备中的占比均较小，人民币在国际支付、外汇储备中的占比分别仅为1.9%和2.4%。并且，在四大货币内部，美元、欧元的占比也是远高于日元和英镑。这种情况下，即便出现新兴的国际货币，市场短期内选择这种货币的可能性也较小。况且，在SDR篮子货币构成中，除美元以外，其他四种货币在SDR的权重均高于储备份额。截至2021年第一季度末，美元、欧元、日元、英镑和人民币的储备份额分别为59.5%、20.6%、5.9%、4.7%、2.4%。由此可见，人民币虽然在SDR中权重大，但不代表人民币国际化程度高，现阶段人民币国际化仍处于初步阶段。

二、外汇市场制度安排

外汇市场发展状况和人民币国际化进程密切相关，二者发展程度要大体匹配。如果外汇市场缺乏深度和广度，难以承受跨境资金的大进大出，金融开放和人民币国际化进程不会长远。反之，如果金融开放和人民币国际化程度不高，也会制约外汇市场发展。从市场体量来看，2019年国际清算银行（BIS）公布的三年一次外汇调查数据显示，英国、美国日均外汇交易量分别是3.58万亿美元、1.37万亿美元；日本外汇交易量是3 760亿美元；中国交易量则更低，仅为1 360亿美元，位列全球第八。另外，国内市场的外汇交易依然主要基于实需原则。当基础国际收支持续保持较大顺差时，人民币汇率容易出现单边升值行情，不利于发挥市场价格发现和避险功能。目前外汇市场交易产品已经扩大到即期、远期、外汇掉期、货币掉期和期权产品，但缺乏外汇期货。市场参与主体仍然以银行和财务公司会员为主，风险偏好相同，容易形成单边市场。如果这些问题没有得到及时、有效地解决，贸然加快金融开放和人民币国际化进程，势必会带来较大风险。如新加坡外汇市场体量大于中国，但考虑到经济体量较小，为保护新元不受投机性攻击，新加坡长期奉行新元非国际化政策。

三、金融市场发展状况

人民币国际化分为三个层次：一是支付结算货币，二是计价和投融资货币，三是全球储备货币。当前，人民币国际化正处于从支付结算货币向计价和投融资货币爬升的阶段。因此，金融市场发展状况对人民币国际化进程有着重要影响。目前来看，我国资本市场与海外成熟的资本市场存在较大差距，导致境外投资者在购买人民币资产时仍然相对谨慎。其中，债券市场的问题突出表现为，国内信用评级公信力不足，导致外资对本土评级机构失去信任，信用债持仓较少；股票市场的问题则主要反映为，上市公司质量不高，投资者结构以散户为主，会计标准、市场监管标准与国际规则不符等。这些问题的存在也不利于吸收内外震荡、抵御跨境资本流动冲击。

四、金融对外开放层次

金融开放主要分为两个层次，第一个层次是引入外资机构或资金；第二个层次是尊重并适应国际规则，最终实现与国际规则接轨，这是更高层次的开放。目前，中国对外开放力度更多集中于第一层次，第二层次的开放仍然存在很大的提升空间，后者构成了长期资金进入中国的规则障碍。2018年12月，中央经济工作会议首次提出，推动由商品和要素流动型开放向规则等制度型开放转变。在金融领域，制度型开放的重要内容是实行"负面清单"（即开放是原则、限制是例外）。经济合作与发展组织要求成员国之间资本自由流动，在《资本流动自由化通则》中采取的就是负面清单列示，只有被列举出来的资本项目交易才有所限制，否则都是自由流动。我国新的外商投资法引入了这一高标准的国际经贸规则，但其他金融开放领域的负面清单制度的实质性进展不多。最为典型的是，如果按照正面清单、肯定式立法，根据IMF的资本项目交易分类，人民币只有三四个项目不可兑换，其他30多个是不同程度的可兑换；但如果按照负面清单、否定式立法，人民币只有五六个项目完全可兑换，剩余30多个项目是不同程度的管制。根据正面清单，我们可能得出人民币资本项目可兑换近在咫尺的乐观判断，但根据负面清单，则实现人民币资本项目可兑换还有很多路要走。

五、对外贸易结算计价方式

2015年，IMF在评估SDR篮子货币权重时调整了计算公式。在新的计算公式中，货物和服务出口、金融变量各占1/2权重，金融变量中的外汇储备、外汇交易、国际银行负债和国际债务证券又各占1/3权重。由此可见，中国货物和服务出口规模在全球的高占比是SDR中人民币高权重的主要贡献项。然而，中国外贸发展方式主要以量取胜、以价取胜，缺乏非价格竞争力和产品定价权，导致跨境贸易中人民币支付结算比例较小。2021年上半年，跨境货物贸易中人民币业务结算金额占比仅为14.7%。根据现有可得数据，2015年日本进、出口贸易中日元计价占比分别为25.0%、35.9%。虽然2015年我国跨境货物贸易中人民币结算金额占比较高（26.0%），但这主要受套汇行为影响。2015年，离岸人民币汇率（CNH）较在岸人民币汇率（CNY）偏贬值方向，日均汇差高达+211个基点。因此，出口企业收汇后会选择在离岸结汇然后再汇回人民币，表现为出口贸易中人民币结算金额占比上升。由于缺少跨境贸易人民币实收实付数据，我们用经常项目数据进行合理替代。2015年，经常项目中人民币跨境收付金额占比为最高点23.5%，其中人民币跨境实收金额/经常账户贷方由上年16.2%升至24.0%，人民币跨境实付金额/经常项目借方由上年24.9%降至23.0%。此后，随着境内外汇差逐步收敛，跨境贸易中人民币结算金额占比高位回落。总而言之，中国巨大的经济体量和贸易规模优势表明，未来人民币国际化存在较大潜力。但这并不意味着人民币国际地位高，国际化进程应当加快。在多种现实因素的制约下，当前人民币国际化进度是适当的，是符合中国金融开放程度、监管水平以及市场承受能力的。

综上所述，在现实约束尚未消除的情况下，人民币国际化进程不能操之过急，应当按照"十四五"规划部署，"稳慎推进人民币国际化，坚持市场驱动和企业自主选择，营造以人民币自由使用为基础的新型互利合作关系"。

第四节 国际货币的变迁及比较分析

根据上述可以看出，我国自2009年正式推动人民币国际化以来成果显著，人民币跨境使用基础设施等进一步完善，资本项目可兑换程度不断扩大，国际使用规模不断增长。但同时也认识到，当前我国资本账户还没有完全开放，金融体系尚不健全，在此背景下，随着人民币国际化进程的不断深入和资本开放度的进一步提高，由此带来的金融风险也将愈加复杂。因此本节将从国际货币变迁入手，对国际货币进行比较分析探讨人民币国际化进程中的国际货币博弈等，为后文人民币国际化中的金融风险分析提供一些借鉴意义。

一、19 世纪至 20 世纪初：英镑国际化

英国在 18 世纪 60 年代引领了第一次工业革命，生产力大大提高，生产效率的提高促使英国不断向外扩张，以寻求更广阔的原料产地和商品市场，英国商品在世界市场流通的同时英镑也在国际上流通。以英国为核心的自由贸易网络的构建，成为国际社会认可英镑的微观基础。1694 年，世界第一个现代银行——英格兰银行在英国成立，逐渐成熟完善的英国金融体系不断推进英镑更加深入地融入国际市场，成为国际市场参与者认可的国际货币。通过实体贸易和金融市场两条路径，英镑成为最早实现国际化的货币，一直到 20 世纪初叶，英镑一直是资本主义世界最重要的国际支付手段和储备货币。英镑地位的确立标志着国际货币体系初次形成，但金本位制度决定了英镑发行受到黄金储备的制约。因此，英镑同样面临"特里芬难题"，经常项目逆差现象存在。自 1931 年 9 月英国放弃金本位制后，英镑信用开始动摇。再加上第二次世界大战后，英国的经济贸易实力严重削弱，虽然实行了严格外汇管制，国际收支仍然不断发生危机，使英镑地位每况愈下，加速了英国短期资本外流，而把英镑作为储备货币的国家，越来越多地抛售英镑，抢购黄金和其他硬币，迫使英镑不断进行贬值来调整对其他国家汇价。1949 年 9 月 18 日，英镑贬值 30.5%，对美元汇价由 1 英镑折合 4.03 美元降为 1 英镑折合 2.8 美元。1967 年 11 月 18 日，英镑贬值 14.3%，对美元汇价降为 1 英镑折合 2.4 美元。1971 年年底，外汇市场再一次发生抛售英镑的风潮，英国政府在 1972 年 6 月 23 日宣布英镑实行浮动汇率。经过历次危机，英镑成为国际上最疲软的货币之一，英镑在国际金融市场上的地位大为削弱，在国际贸易结算和国际储备中的地位也日益降低。英镑不断发生危机的主要原因有三点，一是英国对外贸易经常发生巨额逆差，外汇储备流失甚大；二是非贸易收入在"二战"后显著减少；三是英国为争夺海外商品销售市场以及原料产地，对国外市场的投资不断扩大，资本输出逐年增

加，造成资本严重外流。

1990 年，英国做出新的尝试，决定加入西欧国家创立的新货币体系——欧洲汇率体系（简称 ERM），但没有使英镑在国际货币体系中占据绝对地位，甚至引发了英镑危机。因为欧洲汇率体系将使西欧各国的货币不再钉住黄金或美元，而是相互钉住；每一种货币只允许在一定的汇率范围内浮动，一旦超出了规定的汇率浮动范围，各成员国的中央银行就有责任通过买卖本国货币进行市场干预，使该国货币汇率稳定到规定的范围之内；在规定的汇率浮动范围内，成员国的货币可以相对于其他成员国的货币进行浮动，并以德国马克为核心。1992 年 2 月，为实现货币的统一，欧洲共同体成员国签署了《马斯特里赫特条约》，进一步加强了 EMS 的欧洲汇率体系。投资家乔治·索罗斯（George Soros）在《马斯特里赫特条约》签订时就预见到，欧洲汇率体系将会由于各国的经济实力以及国家利益而很难保持协调一致，因此，连同其他投机者不断扩大头寸规模，准备做空英镑。与此同时，英国因难以承受维持汇率水平的高汇率对其经济的损害，请求德国降低利率，但遭到拒绝。在越来越多的质疑和压力下，以索罗斯为首的投机者认为英国政府很难继续维持在欧洲汇率体系中的地位，并从 1992 年 9 月开始大量抛售英镑。英国政府动用了价值 269 亿美元的外汇储备，但最终还是遭受惨败，被迫退出欧洲汇率体系。

二、20 世纪中叶：美元国际化

"二战"后，西方国家之间的经济实力发生了巨大的变化，英国的经济遭到严重削弱，英镑的国际储备货币地位趋于衰落，而美国在政治、经济、军事方面取得主导优势，并于 1944 年建立了以美元为中心的资本主义世界货币体系——布雷顿森林体系。布雷顿森林体系实际上是一种黄金汇兑本位制，美元可以代替黄金在市场上流通。这一体系使美元在战后国际货币体系中处于中心地位，美元是黄金的

"等价物",成为国际清算的支付手段和主要储备货币,各国货币只有通过美元才能同黄金产生联系。

然而,布雷顿森林体系下的美元霸权存在诸多问题,这些问题不仅决定这一体系必然崩溃,而且对美国经济的长期发展产生负面影响。理论上,长期有序地维持布雷顿森林体系必然导致"特里芬难题"的出现,即若美国长期国际收支顺差,便会导致国际市场上美元的缺失,使得国际交易无法正常进行;若美国长期国际收支逆差,便会使得国际市场上美元流通量较多,使得美元贬值,削弱国际社会对持有美元的信心,危及美元的国际货币地位。实际上,美元作为国际货币也确实面临着这样的难题。随着美国贸易优势逐步丧失,经常项目顺差随之转为逆差,这在长期中将动摇美元的国际信誉。为巩固美元霸权地位,美国开展的大规模对外经济援助、军事行动,产生巨额的金融项目逆差,致使国际收支逆差失衡日趋严峻,这需要通过举借外债与输出黄金加以弥补。美国债务规模的急剧增加与黄金储备的不断降低,致使1960年、1968年和1971年接连爆发美元危机,动摇了以美元为中心的布雷顿森林体系,最终导致布雷顿森林于1973年解体,同时也削弱了美国商品服务的国际竞争能力,对于20世纪70年代爆发"滞胀"危机具有一定影响。

三、20 世纪 70 年代以后:多元国际货币体系

20世纪70年代初,日本和欧共体在与美国的经济竞争中占据有利地位,而美国经济发展缓慢,美元再也无法按固定价格兑换黄金,以美元为中心的资本主义世界货币体系解体,形成了多国或地区货币国际化的趋势。1976年,国际货币基金组织形成了新的国际货币体系——牙买加体系,货币制度进入信用货币制时代,国际储备呈现多元化,固定汇率制与浮动汇率制并存。

在这一时期,美元的地位虽然有所衰落,但是在国际贸易、国际

投资、国际储备，以及各国货币钉住对象的选择中仍占有主导地位。信用货币制度下，美联储成功维持美元币值长期相对稳定，增强了世界各国持有美元的信心。同时，美国政府对金融创新的长期鼓励，促进了国内金融市场不断完善与繁荣，尤其是20世纪70年代以来的美国金融自由化实践全面提高了金融市场的广度、深度，促使纽约最终成为全球最大的国际金融中心，美国也实现由工业、贸易大国向金融强国转变，国际金融代替国际贸易成为推动美元国际化的主要方式。此外，20世纪80年代起，拉美地区一些国家爆发了金融危机，导致其国家货币大幅贬值，为了解决这一问题，拉美地区的小型开放国家希望寻求美元庇护，以期规避货币贬值风险和经济金融波动风险，由此拉美各国开始推动美元化进程。另一方面，由于拉美区域各国政治经济发展极度不平衡，尤其是美国处于绝对主导地位，其他弱小国家对本国货币极度不自信，选择长期持有美元作为保值资产，也在一定程度上促进了美元的国际化。然而，随着金融自由化、全球化趋势加剧，美元发行缺乏约束性导致全球范围流动性过剩，催生了巨大的资产价格泡沫，进而引发多次金融危机。20世纪70年代以来，新古典经济学的自由主义思潮逐渐占据主导地位，在各国金融领域内表现为减少管制，鼓励自由化与金融创新，金融市场对经济发展的作用越发重要，同时，从国际经济活动来看，交易频繁、金额巨大的国际金融市场逐渐超越传统的国际贸易市场。在此新背景下，美国经常项目逆差持续增加，其他国家则积累起巨额的美元储备，导致各国货币供给与信贷急剧增长，创造了80年代后期日本以及90年代韩国、泰国、马来西亚、印度尼西亚等国家的经济繁荣、资产价格膨胀，但是，当经济增长难以支撑资产价格上涨时，随之爆发了一系列金融危机。另外，在各国金融体系与全球金融市场迅速发展的背景下，美国通过经常项目逆差向世界范围大量输出美元，不仅催生了各国的资产价格泡沫，引发多次区域性金融危机，同时，美国又通过金融项目顺差回收输出的美元以保持国际收支平衡，但是也催生了国内资产价格泡沫，直接引发2007年的次级贷款危机，以及2008年的全球性金融危机。

日元国际化起步于20世纪60年代，这一时期正是金本位与固定汇率制度瓦解，信用本位与浮动汇率制度确立，以及金融自由化、全球化迅速发展的时期。"二战"后，日本充分利用世界先进的科学技术成果与有利的国际环境，以"贸易立国"为基本发展战略，创造了长达百年经济高速增长的奇迹，到20世纪70年代成为仅次于美国的经济大国。随着日本经济实力增强、贸易顺差扩大，日元国际化便成为必然趋势。1960年非居民被允许在日本的外汇银行开立可以自由兑换、转账的"自由日元账户"，这标志着日元国际化正式起步；1964年日本加入IMF，并实现日元经常项目可兑换，1973年实行浮动汇率制度，逐步放松金融项目管制，1980年日元实现了金融项目可兑换，之后又推出一系列措施实现金融市场自由化，1991年日元在全球外汇储备中的比重达到8.5%。但是随着90年代日本经济泡沫破灭，日元国际化进程也陷于停滞。泡沫破裂的主要原因在于，经常项目持续顺差使日元存在长期升值的压力，且日本实行浮动汇率制度，使得日元呈长期持续升值的趋势。日元升值致使国际投资者形成升值预期，而日本贸然开放金融项目的自由化改革又为国际资本投机日元提供便利，国际资本流入使国内流动性过剩，推动房地产、股票等资产价格上涨，通过金融加速器的扩张效应发挥作用，进一步助推经济繁荣与资产价格膨胀，由此加剧产业空心化与经济、金融泡沫等问题。1989年以后政府经济政策转向紧缩直接引发经济、金融泡沫破灭，与此同时，金融加速器的收缩效应、产业间关联效应，以及多米诺骨牌效应共同发挥作用，致使经济、金融、政府债务危机迅速加剧、蔓延；产业空心化产生的经济结构问题导致长期的经济衰退危机；资产价格泡沫破灭形成的巨额不良债权问题导致严重的银行危机；过度的经济刺激政策导致政策失效问题以及主权债务危机。

"二战"后，欧洲各国在法德两国领导下寻求欧洲经济、金融的复兴之路。1957年，联邦德国颁布《德意志联邦银行法》确立了德意志联邦银行的中央银行地位,并享有独立制定、执行货币政策的权限,在此基础上,德国马克币值长期保持稳定,为未来建立以德国马克为核心的欧洲货币体系奠定基础。1965年4月,法国、联邦德国、意大利、荷兰、比利时和卢森堡6国签署了《布鲁塞尔条约》,其发展目标是实现商品、服务、劳动力和资本的自由流动,促进欧洲统一市场形成。1972年,欧洲共同体与欧洲自由贸易联盟签订建立自由贸易区协议,涉及贸易、投资、资本流动、金融自由化、劳动力流动等方面,形成了一个以西欧为中心的经贸网络,为欧洲一体化进程提供良好的区域环境。1973年联邦德国、法国、荷兰、比利时、卢森堡和丹麦等国组成欧洲货币联合浮动集团,使得联邦德国马克在欧洲的影响力继续增强,形成了以马克为核心的货币区。1993年,随着欧洲货币联盟核心内容——《马斯特里赫特条约》正式生效,欧洲共同体正式易名为欧洲联盟,欧洲经济一体化进程进一步深化。至2002年7月1日,欧洲货币联盟的正式启动与欧元的全面流通,标志着欧元国际化最终实现。但是随着欧元区经济一体化、金融自由化进程加剧,以及存在欧元发行缺乏约束性、欧元区货币汇率统一决策而财政分散决策等问题,导致欧元区经常项目收支逆差、产业空心化与虚拟经济膨胀等问题严重,导致了欧洲主权债务危机的爆发。

四、货币国际化及相关风险比较分析

关于货币国际化的实现条件,可以发现,在货币国际化的准备时期,维持币值稳定与建立自由兑换、流通的货币制度是货币国际化的必要条件,在货币国际化过程的初期,国际贸易支付、结算、计价等活动是推动货币国际化进程的主要途径;货币国际化过程的中后期,随着全球经济、金融体系的建立与成熟,国际金融投资、资本跨国流动、金融产品交易逐渐成为推动货币国际化进程的主要途径。同时,比较发现货币国际化模式主要归纳为三类:一是以英镑和美元为代表,在经济贸易优势基础上,借助国际货币制度演变为国际货币的模式;二是以欧元为代表的借助区域经济贸易一体化发展,从区域内统一货币发展为国际货币的模式;三是以日元为代表的通过发展实体经济、推动金融深化以及资本开放推动货币国际化的模式。

表 3-2 货币国际化及相关风险比较分析

国际货币	货币国际化的实现条件	货币国际化进程中的风险	货币国际化进程中的经济危机
英镑	1820 年经济实力居全球首位;依托发达的国际贸易和金融基础;借助国际货币规则确立地位;国际化初期以对外投资和借贷形式从资本项目流出,以出口收款等方式从经常项目回流	经济增长缺乏动力;国外资本过度输出;国内产业投资不足	1947、1949、1951、1955、1956、1957、1961、1963、1964、1992 年相继爆发 10 次英镑贬值危机
美元	利用外部战争造成的特殊条件;充分发挥国际贸易和金融市场优势;利用布雷顿森林体系等国际规则制造货币国际化有利条件;国际化初期以对外投资和借贷形式(如马歇尔计划)从资本项目流出,以出口收款等方式从经常项目回流	国际收支逆差;黄金储备减少;国内投资资金不足;债务规模增加;通货膨胀高	1960—1973 年,美元爆发多次贬值危机,最终导致布雷顿森林体系解体;20 世纪 70 年代,美国滞胀危机;2007 年,次贷危机;2008 年,全球金融危机
日元	以全球主导性货币为目标,提升本币在国际贸易和金融交易中使用比重,以借助金融自由化和金融深化为推手;推动货币在资本项下走出去,同时扩大本国产品出口方式实现本币在经常项目下回到国内	汇率浮动,货币大幅升值,经常项目持续顺差,资本开放过度,流动性过剩,金融泡沫	1989—1991 年日本金融泡沫破裂
欧元	区域化货币安排;利用区域贸易、投资和金融市场,走货币区域化道路;20 世纪 70 年代后欧洲各国经济增长强劲,经济总量较大	欧元区内国家间失衡;欧元发行缺乏约束性;经常项目收支逆差;产业空心化与虚拟经济膨胀	2008 年,冰岛主权债务危机;2009—2010 年,希腊主权债务危机;2010 年,西班牙、爱尔兰、葡萄牙和意大利等国主权债务危机;2011 年,欧洲主权债务危机

关于英镑、美元、日元、欧元的国际化经验及其发行国发生的经济金融危机,可以通过对比发现:英镑与布雷顿森林体系下的美元都面临"特里芬难题",导致两国经常项目顺差减少或逆差增大,一方面影响国内总需求与总供给,引发经济危机,另一方面动摇两种货币的国际地位,引发货币危机。欧元与20世纪70年代后的美元都是通过经常项目逆差与金融项目顺差的组合保持国际收支平衡,并向世界输出欧元与美元,这种货币国际化模式导致欧元区与美国虚拟经济膨胀、产业空心化的问题,当遭遇冲击时容易引发银行危机与经济危机,另外经常项目收支与财政收支赤字状况容易引发货币危机与主权债务危机。日元国际化进程中,日元升值背景下流入的国际资本与扩张性财政和货币政策导致国内流动性过剩,商品与资产价格快速上涨,形成虚拟经济泡沫与产业空心化问题。急剧的紧缩性财政与货币政策冲击导致虚拟经济泡沫破灭,经济危机与银行危机随即爆发。

在世界经济出现百年未有之大变局形势下,依托中国综合实力的不断提升,十多年来人民币国际化曲折前进,成为主要的国际货币、国际使用范围进一步扩大、人民币国际化指数重回上升通道、跨境贸易人民币结算范围不断扩大、金融开放不断增强、越来越多国家将人民币纳入官方储备。我国"一带一路"建设的深入发展不仅使人民币在国际贸易中的计价结算中保持稳定的需求,还对人民币汇率的构成起到一个有力的支撑作用,进一步改善了我国的跨境资本流动,从而使人民币的贬值预期进一步消退,使人民币在我国经济基本面回升向好的大背景下,保持人民币对美元相对较强的态势。同时,中国于2021年正式完成RCEP协定的核准程序,将进一步促进区域经济一体化。但随着单边主义、保护主义、逆全球化此起彼伏,国际货币竞争更加激烈,增加了人民币国际化进程的难度。在人民币国际化进程中,除了同样需要考虑英镑和美元遇到的"特里芬难题"应对策略之外,还需保持经常项目及金融项目的国际收支平衡,同时稳步推进金融市场开放,提升金融管理能力,警惕货币国际化历程中经济危机的产生和经济泡沫的膨胀。这给我国人民币国际化进程带来了一定的启示，我国的人民币国际化进程应渐进式推进，创造适合人民币国际化发展的一系列合适条件，以此为基础推动人民币国际化进程。

五、人民币国际化博弈分析

货币国际化历程中遇到的各种经济危机告诉我们，世界货币的背后是国与国之间全方位的较量。人民币国际化进程中的博弈格局类似在位者与进入者之间的博弈，美元、日元、欧元等现行的国际货币可以视为一个在位者联盟，人民币则是进入者。人民币要实现国际化至少需被全世界大部分国家和地区官方与民间广泛使用，也就是说要实现人民币执行结算货币、投资货币和国际储备货币的功能。而要成功实现上述三种功能，人民币至少需要具备如下三个要素：一是较高的国际认可度，这需要我国具备强大的经济和政治实力作为后盾，在国际各个领域中占据重要的地位；二是较高的币值稳定性，包括对内币值稳定（国内物价稳定）和对外币值稳定（汇率稳定）两个部分；三是较高的流动性，货币的自由兑换需要发行该货币的国家或地区具有成熟开放的资本市场。目前，人民币与美元、欧元在货币管理系统、国际货币职能等方面仍存在一定差距。

1. 货币管理系统——跨境支付系统

目前全世界只有实际的美国控制的 SWIFT 支付系统在服务全球的资金结算，美国对他国的制裁也多依赖 SWIFT 支付系统，通过国际清算通道进行国际支付来限制被制裁对象，例如，美国禁止了与伊朗金融机构进行重大金融交易的外国金融机构（包括外国政府拥有或者控制的金融机构）在美国开立或维持账户，切断了与伊朗之间的支付结算通道，彻底隔绝了伊朗同他国的金融往来，致使伊朗经济遭受重创。为了防止这种情况的发生，中国人民银行从2012年开始组织建设人民币跨境支付系统（CIPS），2015年10月，CIPS（一期）投产并引入实时全额结算模式，支持客户和金融机构汇款等支付业务，满足了全球各主要时区跨境人民币贸易、投融资业务的结算需要。2017年10月，"债券通"开通，CIPS可满足其结算需要，以中国香港为节点连接中国内地与多个不同经济体市场，支持国际通行的付款交割结算（DVP），涵盖了现券买卖、发行承销、债券回购等金融市场业务类型，满足了国际投资者在不改变业务习惯下投资内地债券市场的需求。2018年5月，CIPS（二期）上线，引入了定时净额结算机制，系统运行时间由原来的5×12小时延长至5×24小时+4小时，全面覆盖了全球各时区的金融市场，支持当日结算。这是除了美国控制的SWIFT支付系统之外唯一的跨境支付系统。另外，德国、法国、英国和伊朗合作开发的贸易往来支持工具（INSTEX），以欧元为结算货币，只是采用易货交易的机制，使得欧盟与伊朗之间只存在货物流转，资金的流动仅限在国内的进出口商之间。这种方式可有效规避美国的制裁，但其作用和功能远远不能和SWIFT、CIPS相提并论。

2. 结算货币职能

根据SWIFT 2021年8月公布的全球支付货币排名显示，美元仍然位居全球第一，份额达40.04%；欧元份额达到37.95%，但欧元的份额包括欧元区乃至整个欧盟内部贸易结算，如果剔除部分加成，与美元相比仍存在不小的差距；英镑国际支付占比份额为5.72%；日元国际支付占比份额为2.73%；人民币国际支付份额只有2.15%，目前位居第五，与美元和欧元差距甚远。这意味着许多非美元经济体仍然选择使用美元进行国际交易。尽管亚洲经济体倾向于把中国作为其最大的贸易伙伴，但它们在这些交易中仍有很大一部分是以美元作为首选货币的。当然，可以预见人民币作为国际结算货币的份额将会不断扩大。2017年习近平总书记出席"一带一路"国际合作高峰论坛时宣布,"中国将向丝路基金新增资金1 000亿元人民币,鼓励金融机构开展人民币海外基金业务,规模预计约3 000亿元人民币,中国国家开发银行、进出口银行将分别提供2 500亿元和1 300亿元等值人民币专项贷款,用于支持'一带一路'基础设施建设、产能、金融合作。"丝路基金成立时是400亿美元,现在通过增资人民币,借"一带一路"项目,把人民币顺利带出,以扩大人民币作为结算货币的份额。

3. 投资货币职能

近年来,人民币对美元和欧元汇率波动加大,直接影响人民币投资货币的作用。按照人民币汇率指数变动的规则,人民币汇率变动主要是盯住包含了美元、欧元、日元、韩元、英镑等在内24种货币,并且给不同货币分配了不同权重,其中美元权重为18.79%,欧元权重为18.15%。而美元指数(USDX)的"货币篮子"中,包含了六种货币,分别是:欧元权重57.6%;日元权重13.6%;英镑权重11.9%;加拿大元权重9.1%;此外还有瑞典和瑞士的货币。欧元指数盯着的"一篮子货币"中包含了五种货币,其中,美元权重44.28%;英镑权重24.19%;日元权重21.55%,之后就是瑞士和瑞典的货币。由于美元、欧元的"样本货币"长期未更新,未纳入人民币,即人民币对两者是没有直接影响力。近年来,随着我国金融实力的进一步增强,关于人民币投资功能的举措也不断推出,但仍在可控范围内,如外商直接投资、人民币合格境外机构投资者、人民币合格境外有限合伙人(RQFLP)、投资境内银行间债券市场、境内企业在离岸市场发行人民币计价债券、投资上海黄金交易所、投资上海原油期货等。同时,亚洲基础设施投资银行的成立对增强人民币对国际金融体系的话语权,保障人民币国际化具有重要影响。

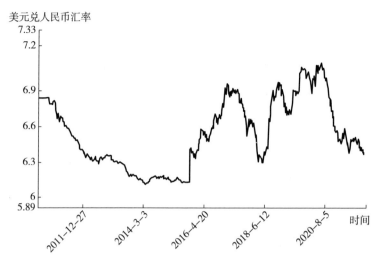

图 3-6　人民币汇率中间价

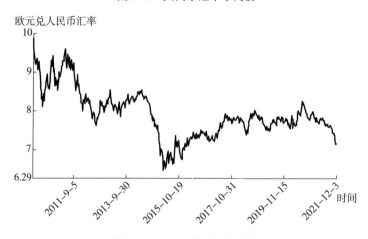

图 3-7　人民币汇率中间价

数据来源：中国人民银行。

4.储备货币职能

2016 年 10 月 1 日，国际货币基金组织正式宣布人民币加入特别提款权货币篮子。特别提款权的价值是由美元、欧元、人民币、日元、英镑这五种国际储备货币所构成的一篮子货币的当期汇率确定，所占权重分别为41.73%、30.93%、10.92%、8.33%和8.09%。人民币在SDR的权重中位列第三，欧元位列第二，美元始终位列第一。目前，全世界约60%的外汇储备都是美元，欧元的占比约为20%，英镑和日元分别占有一定的比例，人民币在全球外汇储备中所占比例大约为2%，可以看出美元仍是世界主要储备货币。但是人民币成为国际储备货币毕竟不过才五年时间，目前全球已有70多个央行或货币当局将人民币纳入外汇储备，在我国综合国力稳步提升的大背景下人民币成为国际储备货币是大势所趋。

目前，人民币国际化已具备一定的实现条件，如国际经济实力不断增强、国际地位不断提升、对外贸易发展迅速且长期顺差、在汇率制度的不断完善下人民币汇率相对稳定、金融市场改革稳中推进、人民币区域化流通取得一定进展等。如今的人民币已是全球第五大国际支付货币、第三大贸易融资货币、第八大外汇交易货币以及第五大国际储备货币。但是，由于国际化的货币能够直接或间接获得铸币收入，对世界政治经济格局发展变化产生影响，人民币国际化毫无疑问会对在位国际货币的既得利益造成一定的损害和威胁，受在位国际货币发行国的打压就不可避免。2009年美国在《国家情报战略报告》中已经将中国列为挑战美国利益的四个主要国家之一，2017年《美国国家安全战略报告》将中国定位为"战略竞争者"，其主要依据之一是"中国正在实施的基础设施投资与贸易战略将助长其地缘政治野心"，2018年美国海外私人投资银行（OPIC）与澳大利亚、美国、印度和日本讨论建立合作伙伴关系并制定一个联合区域基础设施计划，作为"一带一路"倡议的替代方案，2019年美国将中国列为汇率操纵国，且近年来对部分中国产品增加关税，中美贸易摩擦不断，多次施加压力逼迫人民币升值。除了在位国际货币的打压之外，也可以看到人民币和美元、欧元之间仍存在一定的差距，人民币存在着国际流通量和存量不足、国内资本市场开放程度仍需扩大、国内金融体系尚待健全等问题。同时，在货币国际化进程中，面对某些不利因素的冲击，如错误的经济政策、大宗商品价格的剧变、国际资本的大量流出、投机性资本的外汇供给等，货币国际化可能会放大对经济造成的负面影响，导致经济危机的爆发。具体来说，贸易品外币与本币价格、非贸易品价格、人民币汇率、国内外利差等冲击因素会通过一系列传导诱发货币风险、经济增长风险、银行风险、主权债务风险等。因此在推动人民币国际化进程中需要对可能发生的风险进行控制、预警及监测，以更好地推动人民币国际化。

第五节　本章小结

根据上述分析可以看出，我国自开始推动人民币国际化以来，通过完善相关基础设施建设、扩大经常项目人民币跨境使用、拓宽人民币跨境投融资渠道、稳步开展双边货币合作和增强人民币储备货币职能五个方面的努力，实现了人民币连续多年稳居我国跨境收付货币的第二位，并且人民币的国际使用稳步增长、人民币资本项目可兑换程度稳步发展、人民币合作效果显著和人民币跨境使用基础设施进一步完善，这些均在不同方面体现了人民币国际化推进的成果。除此之外，为全球提供足够的清偿力、积极承担国际社会责任和进一步放宽外商准入条件也是我国未来人民币国际化的推进方向。

通过以上分析认为，目前从货币职能角度来衡量，人民币国际化还处在以结算货币为主的阶段，但同时也在大力推进人民币职能的不断扩大，即作为投资货币和储备货币的阶段，包括进一步拓宽人民币跨境投融资渠道及增加人民币作为储备货币规模等举措。

根据货币发展的一般规律，结合货币国际化变迁路径中的发生经济危机的经验教训，货币国际化及金融自由化改革一方面能够带动经济实现飞速增长，另一方面也为金融脆弱性埋下了隐患。基于此，结合我国的实际国情,人民币国际化的路径选择应坚持"有次序、小步走、渐进式"的整体原则,以避免在条件不具备的情况下过早推动货币自由化对我国经济造成的巨大冲击。同时我们也应该认识到,人民币国际化不会一蹴而就,它是一个长期且渐进的过程。随着我国经济金融的不断发展,人民币在逐渐走向国际化的过程中所面临的金融风险并不是一成不变的,这就要求我们必须做好人民币国际化进程中的金融风险识别、测度、预警及防范工作。下一章将从人民币国际化的宏观经济效应分析入手,通过发现其负面效应及风险点,为后续人民币国际化进程中的金融风险识别提供理论依据。

第四章

人民币国际化的宏观经济效应分析

第四章 人民币国际化的宏观经济效应分析

根据第三章人民币国际化进程的现状分析可以看出，2008年金融危机后，随着中国GDP不断增长，为了规避单一倚重美元带来的潜在风险，我国开始且稳步加快推进人民币国际化进程。然而，结合我国当前的经济发展规模、金融市场环境以及相关制度建设来看，人民币国际化将会是一个渐进深入的长期过程。在金融市场建设等条件尚不完全具备的前提下，贸然推进人民币国际化势必会给我国经济、金融等带来输入性的系统性金融风险，并由此引发更大风险。同时我们也应该意识到，人民币国际化的推进是一把"双刃剑"：一方面能够提升我国国际地位、增加我国国民收入、加快完善国际货币体系，为我国及全球经济发展注入新的动力；另一方面则会加剧金融市场波动、加大我国货币政策调控难度等，而不合时宜的推进也会进一步加剧这种负面影响。

因此，分析人民币国际化对我国经济会产生哪些正面效应和负面效应，准确识别造成负面效应的所有金融风险因素及其形成机理和影响，并严格控制以规避其可能带来的危害就显得至关重要。

第一节　人民币国际化的宏观经济效应分析

本章将对人民币国际化在推进过程中产生的宏观经济效应进行梳理，将本币实现国际化对宏观经济产生的效应总结为以下七大效应，其中直接效应为汇率效应，间接效应包括利率效应、国际收支效应、投资效应、消费效应、通货膨胀效应以及收入效应（见图4-1）。

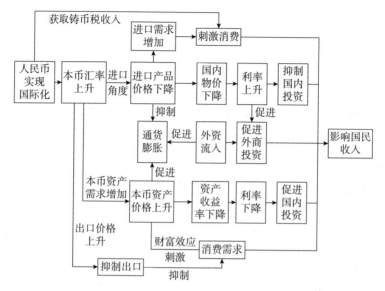

图4-1 人民币国际化的传导效应

下面将根据本币实现国际化对我国经济造成的直接与间接效应进行具体分析。

一、汇率效应

本币在外汇市场上的供需变动决定了本币币值变动，而汇率又直接反映了一国的国际化程度，人民币不断实现国际化的过程实质上是境外投资者和居民不断接受人民币的过程。关于人民币国际化对汇率的影响，Frankel（2012）[70]认为货币国际化会增加投资者对该货币的需求，促进货币价格的上涨。另一方观点认为，货币国际化将使得国外投资者对本国货币的需求改变，进而会影响本币汇率的波动幅度。沙文兵和刘红忠（2014）[47]指出人民币在实现国际化的情形下，本币汇率会上升，并形成汇率有进一步上升的预期，进而又对人民币国际化产生了促进作用。王晓燕等（2012）[186]运用美元数据进行实证研究得出货币国际化会促进本国货币升值，为人民币国际化提供了借鉴。

随着人民币国际化的推进，本币汇率上升，并由此产生进一步上升的预期，使得境外投资者对人民币投资信心增强，汇率上升的预期更为强烈。同时，人民币升值预期越强，人民币未来走势的不确定性就越大。人民币汇率的不断上升以及投资者形成的汇率进一步上升的预期，吸引大量投机资本涌入，外资的流入需要用外币来兑换成本币进行投资，外汇占款增加，导致国内利率下降，由利率平价理论可知，资本会流向利率较高的国家，若此时国内利率低于国际利率，境外投资机构与居民就会选择卖出以人民币计价的资产，致使人民币价值大幅下跌，汇率波动加剧（见图4-2）。

图4-2　人民币国际化的汇率效应传导机制

针对我国发展的实际情况，当前资本项目尚未完全开放，对外资的流入有一定程度的管控，汇率会处于上升趋势。但如上所述，随着人民币国际化进程的推进，资本完全开放，汇率弹性增大时，有可能出现国内外利差加大、资本流出、人民币大幅贬值等情况，带来汇率大幅波动的风险，产生负效应。

因此，人民币要想成功实现国际化需要保持币值的稳定性，防范、预警汇率波动所带来的负面效应，就需要不断完善本币汇率市场化改革机制；同时要不断完善金融市场体制以及不断创新金融产品，使得汇率在一定的稳定区间内有弹性地浮动，促进人民币实现国际化。

二、利率效应

凯恩斯主义者认为，利率是对交易主体放弃流动性并反映资金价格的一种奖励。央行在执行货币政策时，会对利率水平进行调整，以此来调节投资和储蓄，从而调控宏观经济。可以看出，利率是影响宏观经济水平的核心变量。其产生的利率效应主要从以下三个角度来考虑。

第一，人民币国际化会增强投资者对人民币升值的心理预期。人民币汇率上升，从影响进出口的角度来说，将导致以外币计价的进口原材料价格相较国内价格下降，使得成本降低，从而拉低了国内产品的价格，拉低了我国的一般物价水平，若名义利率不变，从而促使实际利率上升。

第二，从投资者的心理预期角度来说，人民币实现国际化，造成人民币汇率上升，本币升值预期将持续，尤其在资本项目开放情况下，会吸引大量资本流入中国。这就导致人民币的需求增加，在供给不变的情况下，利率就会上升。

第三，投资者形成本币升值预期后，会大量购入以本币计价的资产，导致本币获得的收益下降、利率降低，并进一步导致储蓄量降低，最终促进我国的经济增长。但其前提条件是资本流入量保持在一个合适的水平而不过度。若资本过度流入，使得资产价格大幅度上升，资产泡沫产生，过低的利率也会造成杠杆过高、过度消费等现象。如果没有很好的应对措施，这种情况会在一定时间内消失，导致资本流向发生逆转，热钱快速逃离，资产价格大幅度下跌，财富效应消失，给金融市场带来冲击，造成整个宏观经济的衰退（见图4-3）。

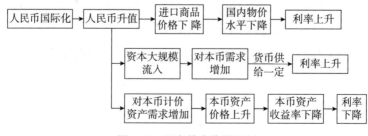

图4-3 利率效应传导机制

综上可知，本书基于进出口角度、投资者心理预期角度以及资产转换角度分析了利率效应，一是从进出口角度，本币汇率上升会使得进口增加，同时限制了产品的出口，国内的商品价格水平下降，利率上升；二是从投资者心理预期的角度，升值预期增加会吸引外资流入，在货币供给不变的情况下，会促使利率上升；三是从资产转换的角度，我国资本账户没有实现自由兑换，国内以外国货币计价的资产比较少，利率降低传导效果不强，因而长期来看利率会有上升趋势，但随着资本账户逐步开放，我国外币资产的不断增加，资产转换渠道导致的利率下降效应会不断增强，因而又会使利率下降。由于考虑的角度不同，本币实现国际化对国内利率的变化也不同，但这并不矛盾，因为人民币实现国际化会经历一个漫长的过程，不同的阶段不同的因素会影响利率的变化。

当前尚处于人民币国际化的初级阶段，利率在一定时期内会呈上升趋势。但是随着人民币国际化进程加速，资本开放度的提高，利率市场化改革的持续推进，可能会出现利率的过度波动；利率过度上升会提高企业融资成本以及资本的大量流入；利率大幅下降会使得资本大量流出，经济衰退。所以利率大幅波动都会引起经济的震荡，带来一系列的负效应。因此在人民币国际化进程中，推进其从结算货币到投资货币再到储备货币的进程中，以及一系列金融制度的深化和改革必将带来更为复杂的风险，因此对风险的研究和预警就成为推进人民币国际化进程中最重要的一个环节。

三、国际收支效应

国际收支是指在一定时期内，因经济贸易交易或债权债务关系变动而引起的一国所有货币收支。国际收支能够反映国家对外政治经济情况，衡量一个国家在全球经济中的地位，当一国的国际收入与其国际收支相等时，称为国际收支平衡。

根据IS-LM-BP模型，IS曲线与LM曲线的交点代表经济内部均衡，BP曲线上的点代表经济外部均衡。如果三条曲线相交，则意味着经济的内部和外部同时实现了均衡。人民币国际化意味着人民币不断地流出国外，境外投资者愿意持有更多的本币或以本币计价的资产，从而增加了对本币的需求。在货币供给不变的情况下，LM曲线会向左上方移动至LM_1，这时LM_1曲线与IS曲线相交于新的均衡点，但是偏离了BP曲线，使得国际收支出现失衡（见图4-4）。

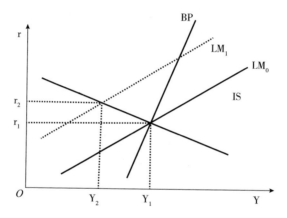

图4-4　人民币国际化对国际收支的影响

截至2018年末，中国外汇储备达到30 727.1亿美元。其中，美元资产占比70%。若美元发生通货膨胀则会给我国带来极大的损失。长期以来，我国国际收支持续顺差，外汇储备不断增加，基础货币增多，导致通货膨胀压力。随着人民币国际化推进的不断深入，人民币开始更多地被应用于履行交易结算职能，因此可以相应减少我国的外汇储备量。同时，本币国际化程度逐渐提高，也会使货币投机行为减少，可以直接使用人民币进行交易，进而大大降低巨额的外汇储备所带来的风险。

对于进出口的影响，人民币国际化通过汇率波动影响了进出口部门的商品价格。价格波动进一步影响进出口商品的交易量。本币汇率上升导致出口减少而进口增加。一方面，人民币国际化的实现，人民币将面临升值的压力,人民币的购买力将逐渐增强,国际贸易中外币计价的进口商品价格将下降。国内对进口商品的需求增加。另一方面,在人民币汇率上升的同时,外币计价的人民币商品国际价格上升,而且由于我国的大部分出口商品都是劳动密集型的,且有价值低、替代性高的特性,削弱了我国商品的国际竞争力,出口受到限制。

对资本项目的影响,人民币升值,会吸引国际热钱和国际资本的流入,导致资本项目顺差,同时,以人民币交易结算,有利于降低交易成本与汇兑风险,促进国内的对外投资,造成资本项目逆差。但目前人民币国际化还处于初级阶段,我国资本项目也尚未完全开放,外资流入通过QFII、RQFII渠道流入,对外投资通过QDII、离岸金融市场等渠道流出。国家鼓励对外投资,不断通过资本项目通道使人民币流出,推进人民币成为国际货币。

综上可知,本币实现国际化通过对汇率的影响进而影响我国的经常项目与资本项目,汇率的上升,导致本币的购买力增强,使得以外币标价的进口商品价格降低,进口产品的成本下降,会促进进口的增加。同时,本币汇率上升,还会引起大量的外资进入国内,导致资本项目处于顺差状态。因而,本币汇率的增加会导致经常项目下进口量增加,出口量减少,资本项目下,外资涌入,资本项目处于顺差状态。但是在此过程中,随着人民币国际化进程的推进,资本开放度的增大以及汇率波动幅度的增大人民币结算量将越来越大;作为投资和储备货币,世界对人民币需求量也会日益增大。这样就会带来如图4-1所示的负面效应,即为了满足世界的货币需求量,国内出现收支失衡;同时人民币汇率的持续升值也会影响国内的出口;外资的大量流入也会产生波动,引发系统性金融风险,给宏观经济带来一系列负效应。所以对于人民币国际化我们不仅要了解其对经济发展,金融深化改革带来的正效应,更应清楚地认识到此过程所产生的负效应和可能引发的金融风险。这就需要我们提前认识到风险并做好预警和防控。

四、投资效应

投资效应是综合性效应，这里主要从成本效应和财富效应两方面进行具体分析。

1. 成本效应

相对成本效应指的是当我国企业在外的投资生产成本较产品进口成本低时，我国企业会扩大在外的投资规模。因此，当我国货币汇率上升时，即相对其他国家的货币升值时，跨国企业在外能够以较低的成本获取劳动力和资本，因而我国会加大对外的投资规模。同时，人民币实现国际化后，我国在进行交易时可以直接使用本币，这使得我国对外投资企业可以使用自有资金或者从本国金融机构融通资金，从而降低了融资成本，增加了企业的境外融资渠道，增强了我国的境外投资优势，同时更有助于企业缓解货币错配的风险，降低融通资金的成本与时间成本。此外，本币未实现国际化之前，国内外贸企业在进行贸易往来时，需要通过各项手续，如进口购汇、付汇以及出口收汇和结汇等，往往给企业带来更多的交易风险。随着人民币国际化的不断推进，在贸易结算中直接使用人民币进行结算能够有效规避汇兑风险，降低交易费用，促进中国对外贸交易及国际投资的发展。

2. 财富效应

当一国的货币汇率发生变动时，相对其他国家来说，该国在进行对外投资时内部财富会发生变化，进而该国会因为财富的变化而改变投资的方向。随着人民币国际化不断推进，货币汇率处于上升的趋势，此时我国的财富相对外国是增加的，因而对外投资企业财富增加，进而会相应增加对国外的投资。同时，财富效应也使得我国企业获得更多的资本可以进行再投资。因此，通过财富效应，我国货币汇率的上升会使得我国增加对外投资，融资成本的降低也会促使更多企业参与到对外投资中，促进我国对外投资的增长。在人民币国际化进程中，本币面临升值压力，通过利率效应使得利率长期也面临上升压力，从一定程度上增加了我国的融资成本，因而会抑制我国投资的增长，但同时，我国货币币值上升，也会吸引大量外资流入，增加我国市场的资金流动性，将资金投资到实体经济中，直接促进我国的投资额；若资金流到虚拟经济中，进而提升资本市场的资产价格，q 值上升。托宾 q 理论指出，q 值上升，企业就能以更少的股票买到更多的资产，企业会加大投资，从而间接增加了我国投资额。

综上可知，随着人民币国际化的不断推进，一方面在贸易结算中直接使用人民币进行结算能够有效规避汇兑风险，降低交易费用，促进中国对外贸易及国际投资的发展，同时货币汇率的上升趋势使我国财富相对外国增加，从而对外投资也相应增加。另一方面，本币升值压力使得利率也面临上升压力，导致我国融资成本增加，进而抑制对外投资，给我国宏观经济带来负面影响。这就需要我们在推进人民币国际化的过程中，持续关注资本流动风险、汇率风险及利率风险等，做好风险预警和防范工作。

五、消费效应

长期以来，相比于发达国家，我国的消费水平一直处于较低水平，呈现储蓄率高、消费不足的现象。如图 4-5 所示，我国消费率在 1978 年为 61.4%，到 2016 年降至 53.6%。制约消费的因素有很多，如产业结构不合理与收入分配不公平等，而随着我国经济的对外开放，在众多影响消费的因素中，本币国际化也成为其中影响因素之一。

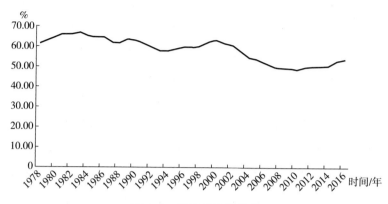

图 4-5 我国最终消费率

第一,在国际交易结算中直接使用人民币是本币实现国际化的目标之一,减少了交易环节,避免了汇兑风险,从而降低了交易成本,促使我国与更多的贸易国之间进行交易,增加国内对国外的产品需求,有利于促进我国居民消费需求的增加,从而推动我国消费需求的增长。

第二,在贸易往来时可以直接使用人民币结算,降低了央行的结汇量,进而降低了外汇储备量,并且可以减少我国向国际货币国家支付的铸币税,从一定程度上降低了其对我国居民消费的抑制作用。

第三,人民币国际化程度持续提升,境外机构投资者及居民对以本币计价资产的需求会增大,人民币的需求大于供给,汇率面临升值压力,财富效应使得国内居民的收入增加,居民的消费需求上升。

第四,从进出口的角度来说,一方面,会相应降低进口原材料的价格,进而使企业的成本降低,企业利润增加,企业员工的收入增加,进而促进其增加消费。另一方面,出口的减少会在一定程度上抑制一国的收入增加,从而抑制了消费。另外,本币实现国际化会对服务业、金融业等各行业提高要求,并使其得到了快速发展,同时也提高了服务贸易以及高附加值的服务业在各行业中所占的比例,促使消费结构不断升级,新的消费领域不断被开拓出来,从而增加了新的消费需求，从而促进了消费的增长。

综上可知，货币国际化通过汇率影响进出口价格，进而影响一国的消费情况。从正面效应来讲，人民币国际化的不断推进能够刺激消费。具体地，在国际贸易结算中，直接使用人民币进行结算，能够有效减少交易成本，降低央行结汇量，进而促进消费增长；本币升值压力使得居民收入相对增加，从而刺激消费需求上升；消费结构升级则会导致新的消费需求产生。从负面效应来讲，本币升值使得我国面临出口压力，从一定程度上抑制了国民收入增加，从而对消费产生负面影响。由此，在人民币国际化推进过程中，还应重点关注汇率变化及其对消费产生的影响，具体涉及汇率风险、资产价格波动风险等。

六、通货膨胀效应

通货膨胀一般是指流通环节的货币供给大于人们对货币的需求，进而导致货币价值下降、物价水平全面而持续上升的现象。人民币实现国际化意味着人民币汇率形成机制逐渐市场化，政府逐步放开对资本项目的管制，实现资本项目的完全放开，以及金融市场逐步完善的过程。在这一过程中，人民币国际化势必会通过不同的渠道对我国的物价产生影响，进而产生不同程度的通货膨胀效应。

1.本币汇率对国内通货膨胀的影响

一方面，人民币国际化进程的不断深入使人民币汇率的浮动幅度、弹性空间加大，汇率变动直接作用于进口商品的价格水平，并且会影响消费者价格指数进而影响国内物价水平。另一方面，资金的变化会影响价格。汇率变动对货币供应量有正负两个方面影响。正面影响：随着本币升值，进口增加而出口减少，央行结汇相对减少，基础货币量和通货膨胀对市场的影响得到遏制。负面影响：当本币升值后，以本币计价的总资产收益率上升，逐利的国际热钱流入国内，外汇持有量增加，市场流动性提高，通胀产生。

2. 资本项目开放对通货膨胀的影响

资本账户开放对通胀的影响主要是指资本对国内价格传导的直接影响。在人民币国际化进程持续推进时，金融市场逐步开放必然伴随着各国资本的流动，而各国资本的大量流入在很大程度上增加了外汇储备。央行外汇储备有所增加，使得基础货币增加，本币供给增加，国内物价上涨，导致通货膨胀。另一方面，从境外投资者投资偏好来看，投资者会根据一国通货膨胀率的高低相应改变投资方向，改变所持有的币种。人民币实现国际化使得本币会产生升值预期，境外投资机构与居民对人民币计价的资产偏好增强，增加了对本币计价资产的需求，资产价格大幅上涨，产生通货膨胀，通货膨胀效应传导机制见图4-6所示。

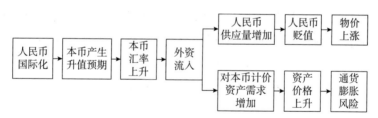

图 4-6 通货膨胀效应传导机制

综上可知，本币实现国际化先从汇率渠道影响我国的进出口以及外资的流动，从而影响我国的通货膨胀水平。一方面，人民币国际化使本币面临升值压力，资本项目的逐步放开，会吸引大量的外资涌入，增加外币兑换的人民币供给量，即基础货币增加，产生通货膨胀压力；人民币的升值趋势，导致投资者增加对本币计价资产的需求，进而促使国内资产价格上升，产生通胀压力。另一方面，汇率的上升导致进口产品价格下降，进而国内物价水平下降，从而抑制了通货膨胀，但由于我国进口产品具有较低的需求价格弹性，因而我国不会因为进口产品价格的下降而增加进口产品的消费量，进而大量替代本国的产品从而抑制我国的需求水平，从进口价格降低渠道抑制通货膨胀的效应较弱。

可见，尽管汇率上升能够通过抑制进口商品价格进而抑制通胀水平，但由于我国进口产品的特性，这一抑制作用相对较弱。更多的是本币升值吸引短期资本大量涌入，使得国内资产价格上升、基础货币投放增加，从而加大通胀压力。尤其随着人民币国际化进程的加速，资本开放度进一步提高，利率市场化改革不断推进，利率的过度波动导致资本的大规模流入和流出，由此引发经济金融动荡，带来一些负面效应。因此在人民币国际化进程中，特别是随着人民币作为国际货币的职能不断扩大，应警惕一系列金融制度深化改革所带来的风险，这里主要涉及利率风险、汇率风险以及资产价格波动风险等。

七、收入效应

人民币国际化的收入效应主要体现在两个方面。一方面，货币发行国能够赚取铸币税收入。铸币税是货币发行国获得与其面值相等的商品和服务减去发行成本后的余额。国际铸币税的收入通常划分为经常部分收益和资本部分收益（Cohen，2012），经常部分收益主要指通过向国际市场发行本国货币，用以换取各类实际商品获得的收益；资本部分收益指通过向国外进行投资获得的投资收益。一方面，人民币国际化意味着非居民将持有人民币，中国将以较低的发行成本购买货币面值等值的商品或者劳务，从而获得了铸币税收入。另一方面，中国是美国最大的债权国以及贸易出口国，我国实现货币国际化后，也会减少向美国缴纳铸币税，从而增加收入。另一方面，由国内生产总值的支出法可知，一国的GDP由消费、投资、政府支出以及进出口决定。由以上分析可知，人民币国际化会对宏观经济变量产生影响，进而会对一国的国民收入产生影响。例如人民币国际化带来的人民币升值，一方面使得进口商品的价格相应下降，增加了国内对进口商品的需求，刺激了消费；另一方面人民币升值会吸引外资进入，造成外汇占款增加，本币供给增加，导致利率下降，促进投资的增加，使得国民收入大幅增加。

综上，一是人民币国际化会获得铸币税，同时减少了我国向美国支付的铸币税额，这在一定程度上增加了政府财政收入，进而增加一国的福利水平，促进收入的增长，但一国铸币税收入的增加也会给国家带来一定的通货膨胀压力，从而抑制经济的增长。二是，从国内生产总值的支出角度，投资、消费的增加都会促进国内生产总值的增长，但人民币升值带来的出口减少，短期内会在一定程度上抑制国民收入的增长。因此，从短期来看，本币实现国际化会抑制收入的增长；但长期来看，会促进我国国民收入的增长。

根据上述分析可以看出，人民币国际化的收入效应同样包含了正反两面。从正面效应来讲，一是在国际贸易结算中直接使用人民币进行结算能够降低央行结汇量，通过减少我国向国际货币发行国支付铸币税，进而增加我国国民收入。二是，随着人民币国际化进程的不断深入，人民币作为国际货币也将获得铸币税收益，从而增加国民收入。此外，本币升值压力使得居民收入相对增加，通过刺激本国消费和投资增加国民收入。从负面效应来讲，本币升值使得我国面临出口压力，在一定程度上抑制了国民收入增加，从而对消费产生负面影响。由此，在人民币国际化推进过程中，还应重点关注汇率变化及其对消费产生的影响，具体涉及汇率风险、资产价格波动风险等。

综上所述，本书将人民币国际化对宏观经济产生的影响归纳总结为汇率效应、利率效应、国际收支效应、投资效应、消费效应、通货膨胀效应以及收入效应七大类。通过具体分析可知，人民币国际化一方面可以通过影响汇率及进出口价格，长期刺激消费和投资增长。但另一方面，人民币国际化会使本币面临升值压力从而加剧汇率波动，同时导致资本项目逆差减小甚至处于顺差状态，短期资本涌入造成通胀压力。可以发现，人民币国际化的推进是一把双刃剑：在提升我国国际地位、增加我国国民收入，以及加快完善国际货币体系的同时，还会加剧金融市场波动、加大我国货币政策调控难度等。尤其随着资本开放力度的进一步加大以及利率与汇率市场化等一系列改革措施落实，由此引致的金融风险也愈加复杂。鉴于此，分析人民币国际化对我国经济会产生哪些正面效应和负面效应，并准确识别造成负面效应的所有金融风险因素对于后续严格控制以规避其可能带来的危害就显得至关重要。因而，下一节将通过实证分析，对上述各金融因素对宏观经济影响的程度及方向等进行进一步探讨。

第二节　人民币国际化的宏观经济效应实证分析

一、指标选取说明

诸多文献在对人民币国际化进行衡量时，主要采用以下指标：一是境外人民币存款规模；二是人民币作为储备货币在国际储备中的比例；三是人民币债券；四是人民币国际化指数。而本书选择以境外人民币存款规模来衡量人民币国际化程度，主要考虑以下原因：目前，人民币在境外流通履行国际结算和交易的功能，其形式主要以人民币境外存款规模为主要形式，数量的大小与本币国际化的程度密切相关。没有选择人民币国际化指数的原因在于需要计算的指标比较多，且人民币国际化程度还不够高，只能获得2010年之后的数据，且样本容量数据较少不能满足实证分析所需的样本容量，因此本书选择本币境外存量来衡量本币国际化程度。现阶段人民币境外存量形式主要有人民币存款、人民币现金和人民币计价债券等几种形式，其中以人民币存款为最主要的形式，并且人民币存款规模相对另两种形式占比较大。另外采用对境外人民币存款规模进行估算，能够从相关官方网站获得公开数据，可以满足本书实证的需要。

为研究宏观经济与人民币国际化二者之间的量化关系，结合上一节关于人民币国际化推进过程中的宏观经济效应分析，我们首先需要建立一些指标从总体上衡量宏观经济。通过上文分析发现，人民币国际化一方面能够提升我国国际地位、增加我国国民收入，以及为我国及全球经济发展注入新的动力；另一方面却会加剧金融市场波动、加大我国货币政策调控难度等，而不合时宜地推进也会进一步加剧这种负面影响。具体地，本书将人民币国际化产生的宏观经济效应归为汇率效应、利率效应、国际收支效应、投资效应、消费效应、通货膨胀效应以及收入效应七类。基于此，本书主要选取国内生产总值、汇率、通货膨胀率、利率、消费、投资、进出口额八个指标衡量我国的宏观经济，主要原因有两点，一方面，从经济理论角度来说，由于汇率的变化是人民币实现国际化最直接的表现，本币实现国际化需要本币不断流出国外，因此会直接影响汇率的变化，汇率的变化会通过各种渠道影响我国的进出口、利率、物价以及资本流动，这直接会影响到我国的消费投资情况，进而对我国经济增长总量产生影响，且以上八个指标代表了宏观经济的不同方面，同时这八个指标之间也存在着交互动态影响关系。另一方面，从实证角度来说，这八个指标的数据在公开官方网站较易获取，可以获得较充足的样本容量数据，满足实证要求。因此，为了清楚而全面地了解本币实现国际化对我国经济各个方面产生的动态效应，本书选取了以上八大指标，下面依次对各指标进行说明。

第一，国内生产总值。国内生产总值是衡量一国总体经济状况的重要指标。人民币实现国际化，会通过投资、消费、进出口等各种渠道影响我国的经济增长情况。

第四章　人民币国际化的宏观经济效应分析

第二，汇率。汇率是指一国货币表示另一国货币的价格，由外汇市场的货币供给与需求决定。汇率变动是人民币实现国际化最直接的表现，汇率变动会直接影响进出口、利率、物价、资本流动的变动，进而对一国经济产生影响，因此，汇率指标的选取至关重要。

第三，通货膨胀率。通货膨胀率是衡量一国物价水平和币值稳定性的重要指标，也是宏观经济政策实施效果的重要指标，一国通货膨胀率的高低会影响境外投资者持有该货币或以该货币计价的资产的信心，进而会影响到货币国际化的进程。本币国际化，人民币汇率会变动，货币的供需情况受到影响，进而影响通货膨胀率和消费需求。

第四，利率。利率本质上为资金的价格，政府往往通过调节利率的高低来实现对宏观经济的调控，利率的高低反映货币供需匹配的情况，利率通过控制投资，调节通货膨胀以及失业率等，影响一国经济的发展情况。而人民币国际化意味着人民币在境外的流通量不断增加，间接影响了国内的货币供给，影响利率，进而影响我国的宏观经济。因此，利率是影响宏观经济的重要指标。

第五，消费。消费在宏观经济学中，指个人用于消费品的支出总额，它体现了一国经济是否繁荣，这里主要选用社会消费品零售总额代表个人消费情况，它是衡量宏观经济的一个基本变量。

第六，投资。投资与利率密切相关，它指经济主体投入一定资金在未来时期内获得的资金增值，它是推动经济增长的重要指标，在人民币实现国际化进程中，人民币币值长期处于升值状态，必定会对人民币计价资产的投资需求产生影响，本书选取固定资产投资同比增长率代表投资指标。

第七，进出口额。进出口额是指一定时期内，一国由国外进口或向国外出口的商品与服务的总值。

进出口额是衡量往来贸易规模大小的重要指标，人民币实现国际化，以本币进行结算的贸易规模扩大，随着人民币汇率的发生变动，会直接影响进出口产品的成本，进而影响进口与出口量。选取进口额与出口额,可以直观地分析人民币国际化对进口与出口的影响情况,从而影响我国的贸易收支。

二、人民币境外存量的估算

关于境外人民币存款规模测算,主要分为直接法和间接法两大类,相比较而言,直接法缺乏准确性,数据选取不全面,而间接法基于持续性的宏观经济数据,运用计量经济分析方法进行间接估计,测算结果更具可靠性。因而本书将采用间接法进行估算。本书借鉴王雪和王聪(2016)[49]、沙文兵和刘红忠(2014)[47]及余道先和王云(2015)[33]等采用的扣除本地需求法来估算人民币在境外的流通规模,且余道先(2015)[33]和沙文兵(2014)[47]在测算人民币境外存量数据时,得出的结论是1997年前后货币需求模型存在结构性变化,其货币需求函数缺乏长期稳定性,这与间接测算法前提相违背。同时,结合由扣除本地需求法求得的人民币境外流通量的变化趋势,本书以2003年作为分段点,根据此方法估算2003年以来的人民币境外流通规模,并将样本数据划分成了两个阶段,第一阶段为1992年第一季度至2003年第四季度,在这一阶段人民币境外流通规模很小,因此可以忽略,即假定人民币在这一阶段只在境内流通;第二阶段为2004年第一季度至2017年第四季度,在该阶段,人民币境外存量不断提高,估测出第一阶段货币需求函数,然后将第二阶段相应数据代入估算第二阶段本币在外流通的规模,利用此阶段的实际货币供应量 M_0 减去第一阶段境内流通规模的估算值得到的余额,表示为此阶段的人民币境外流通规模。如此划分,也保证了第一阶段有足够大的样本容量,得到的需求函数较为稳定,确保估计结果较为可靠。

由凯恩斯货币需求函数可知,货币需求主要有两部分:一是与收入有关的交易需求;二是与利率相关的投机需求。借鉴Ball(2012)的做法,将境内货币需求函数设定为:

$$\ln\eta(M_t/P_t) = \alpha + \beta_1 \ln Y_t + \beta_2 i_t + \mu_t \quad (4-1)$$

在公式 4-1 中，β_1 表示货币需求的长期收入弹性，β_2 表示货币需求的利率半弹性，μ_t 表示为随机干扰项。这里利率半弹性的定义，见公式（4-2）：

$$\log(Y) = a + b \times \log(X_1) + c \times X_2 \quad (4-2)$$

其中，b 为 Y 对 X_1 的弹性，100c 为 Y 对 X_2 的半弹性，由于只是模仿了弹性的概念，不是真正的弹性，所以为半弹性。

M 代表货币需求量。用流通中的现金 M_0 衡量，每个季度 M_0 数据由各个月份存量数据求算术平均数得到。P 为一般价格水平，用消费者价格指数（CPI）来衡量，每个季度 CPI 指数同样使用相应月度 CPI 的算数平均值来表示。$\ln\eta M$–$\ln\eta P$ 表示真实的货币需求，下文用 $\ln m_0$ 表示。国民收入采用剔除通货膨胀因素的实际 GDP 来衡量，$\ln y$ 表示 GDP 的自然对数形式。i 为利率水平，选取名义定期（一年）储蓄存款利率（整存整取），由于国内利率较少变动，本书参考沙文兵和刘红忠（2014）[47] 的方法，在确定月度数据时，如果本月上半月利率发生了调整，则使用调整后的利率数据代表当月的利率；如果利率调整发生在下半月，则采用调整前的利率；如果当月没有对利率进行调整，则使用上月调整后的利率作为本月的利率，季度利率由月度利率平均得出。

1. 第一阶段：境内货币需求函数的估计

对于时间序列数据，首先需要进行各变量的平稳性检验，避免因某个变量不平稳而造成伪回归现象，导致估计结果的准确性降低。因此，本书采用 ADF 检验方法对各个变量进行平稳性检验，见图 4-7、图 4-8 及图 4-9。

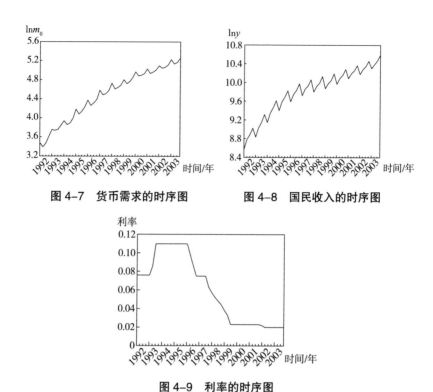

图 4-7　货币需求的时序图　　图 4-8　国民收入的时序图

图 4-9　利率的时序图

由图 4-7、图 4-8 及图 4-9 可知，各变量时序图都有较大的波动性，是非平稳序列。对各变量进行 ADF 单位根检验，检验结果见表 4-1。由表 4-1 检验结果可知，各变量的二阶差分序列均在 10% 的显著性水平下拒绝原假设，即二阶差分序列不存在单位根，为同阶单整序列，可以进行协整检验。

表 4-1　各变量 ADF 检验

变量	ADF 值	1% 临界值	5% 临界值	10% 临界值	Prob	平稳性
$\ln m_0$	−4.049 661	−3.605 593	−2.936 942	−2.606 857	0.003	平稳
$D\ln m_0(-1)$	−2.295 907	−3.592 462	−2.931 404	−2.603 944	0.177 9	非平稳
$D\ln m_0(-2)$	−30.411 33	−3.592 462	−2.931 404	−2.603 944	0.000 1	平稳
$\ln y$	−0.963 249	−3.592 462	−2.931 404	−2.603 944	0.757 8	非平稳
$D\ln y(-1)$	−1.246 368	−3.592 462	−2.931 404	−2.603 944	0.645 5	非平稳

续表

变量	ADF 值	1% 临界值	5% 临界值	10% 临界值	Prob	平稳性
Dln$y$（-2）	-109.560 5	-3.592 462	-2.931 404	-2.603 944	0.000 1	平稳
i	-0.621 888	-3.581 152	-2.926 622	-2.601 424	0.855 5	非平稳
Di（-1）	-3.894 761	-3.581 152	-2.926 622	-2.601 424	0.004 3	平稳
Di（-2）	-6.092 992	-3.592 462	-2.931 404	-2.603 944	0	平稳

表 4-2　协整检验（Johansen 迹检验结果）

H0：协整向量个数	特征值	迹统计量	5% 临界值	相似概率
0 个 ***	0.626 718	71.199	29.797 07	0
最多一个 *	0.411 464	28.825 9	15.494 71	0.000 3
最多两个 *	0.130 862	6.030 874	3.841 466	0.014 1

由表 4-2 可知，在 5% 的显著性水平下，非平稳变量 $\ln m_0$、$\ln y$、i 之间至少存在一个协整关系，得到的协整方程为：

$$\ln m_0 = 0.530\ 665 + 0.802\ 372 \times \ln y - 2.825\ 509 \times I \quad (4-3)$$

t 统计值：（1.681 336）　（15.004 35）　（-3.441 723）

$R^2 = 0.947\ 001$　$F = 402.035\ 4$　$P = 0.000\ 000$

分析（4-3）方程可知，R 值为 0.947 001，且 P 值为 0，说明解释变量对被解释变量有很高的解释程度，方程在整体上显著。同时，从理论上来分析，货币需求的长期收入弹性 $\beta_1 > 0$，货币需求的利率弹性 $\beta_2 < 0$，符合相关货币需求理论，即收入增加导致货币需求增加，而利率上升导致货币需求减少。

2. 第二阶段：人民币境外流通规模的估算

由（4-3）协整方程可知，$\ln m_0$、$\ln y$ 与 i 三者之间存在长期均衡关系。由第一阶段的货币需求函数，将 2004 年第一季度至 2017 年第四季度相应的变量数据带入第一阶段的回归模型中，预测出下一阶段真实货币需求 M_0 的自然对数，并与实际 $\ln M_0$ 相比较，计算出人民币境外存量。因此，由扣除本地需求法得到的人民币境外存量见图 4-10 所示。

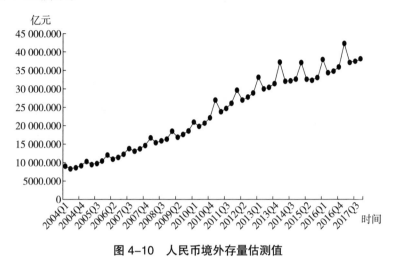

图 4-10　人民币境外存量估测值

从图 4-10 可以看出，人民币境外存量从 2004 年至 2017 年呈不断地缓慢上涨的趋势。从 2004 年的第一季度到 2017 年第四季度上涨了将近 326.96%。可见，随着人民币国际化进程的加速发展，人民币境外存量将大幅增加。

三、人民币国际化宏观经济效应实证分析

上文从理论上介绍了人民币实现国际化对我国产生的经济效应，为了进一步验证这些宏观经济效应，本书采用 SVaR 模型来研究本币国际化对我国经济产生的影响。

1. 数据选取及处理

根据前文关于人民币国际化推进过程中的宏观经济效应分析，本书选取了产出、汇率、利率、通货膨胀率、投资、消费以及进出口

额作为宏观经济的衡量指标，依次表示为 GDP、E、r、CPI、I、C、Im、Ex，以上文测算的人民币境外存量作为人民币国际化的衡量指标，选取 2004—2017 年的季度数据。汇率 E 采用的是直接标价法下美元兑人民币汇率，若本币贬值则数值上升，本币升值则数值下降；利率 r 主要采用的是一年期定期存款利率（整存整取）；CPI 指数主要是以上年同月为基期的月度数据，季度数据为相应月度数据的平均值；I 选用固定资产投资额当季同比增长率数据，C 选用社会消费品零售总额月度数据，Im、Ex 分别为进出口额的月度数据，GDP 数据主要采用 CPI 平减的实际 GDP，季度数据为相应月度数据的平均值。原始数据来源于国家统计局和 Wind 数据库。

2. ADF 检验

SVaR 是对 VaR 的扩展与改进。相比于 VaR 只考虑变量之间的滞后期关系，SVaR 模型不仅考虑了各变量之间的滞后期关系，还考虑到了各变量之间的同期影响关系。因此本书构建 AB 型 SVaR 模型研究当期人民币国际化对我国当期宏观经济产生的影响，AB 型的 SVaR 模型要求变量之间均有随机平稳过程，具备平稳性，因此首先要对上述变量进行 ADF 检验。

表 4-3　ADF 检验结果

变量名	检验类型	ADF 统计量	结论
LNRMBDEP	(t, c, 7)	0.857 314	非平稳
DLNRMBDEP	(t, c, 6)	−4.247 321	平稳
LNGDP	(t, c, 4)	−1.908 178	非平稳
DLNGDP	(t, c, 4)	−2.315 285	非平稳
DLNGDP (−2)	(t, c, 2)	−116.774 8	平稳
LNE	(0, c, 1)	−1.847 245	非平稳
DLNE	(0, 0, 0)	−4.034 17	平稳

续表

变量名	检验类型	ADF 统计量	结论
r	(0, c, 1)	−2.704 768	非平稳
DR	(0, c, 1)	−4.011 775	平稳
i	(t, c, 1)	−3.018 541	非平稳
DI	(t, c, 3)	−5.981 899	平稳
lnsc	(t, c, 7)	0.365 1	非平稳
DLNSC	(t, c, 7)	−3.634 169	平稳
lnim	(0, c, 5)	−1.937 284	非平稳
DLNIM	(0, c, 1)	−7.531 212	平稳
lnex	(0, c, 5)	−2.474 684	非平稳
DLNEX	(0, 0, 4)	−2.725 5	平稳
lncpi	(0, 0, 8)	0.007 625	非平稳
DLNCPI	(0, 0, 7)	−5.823 321	平稳

由表 4-3 的 ADF 检验结果显示，各变量原始数据的自然对数是非平稳时间序列，经过一阶差分后检验为平稳序列，变量 LNGDP 经过二阶差分后变为平稳序列，因此本书选取 DLNGDP 的数据构建 SVaR 模型。

3. 构建 SVaR 模型

SVaR 模型即结构向量自回归模型，是建立在 VaR 模型的基础之上，将所有的变量看作内生变量，不仅反映变量之间的滞后关系，也反映了变量之间的当期结构性关系，弥补了 VaR 的不足之处。本书选择 SVaR-AB 模型，可以明确建立系统内各变量之间当期结构性关系，并且能够清晰地观察到一个变量的标准差冲击下，其他变量的响应情况。因此本书采用 SVaR-AB 模型研究人民币国际化对宏观经济各指标的影响情况。

（1）模型滞后阶数的选择

建立 SVaR 之前要先建立 VaR 模型，确定模型的滞后阶数。一般情况下，滞后阶数的确定依据 AIC 信息准则和 SC 准则确定。本书采用此准则确定的最优滞后阶数，结果见表 4-4。

表 4-4　最优滞后阶数选择结果

Lag	LogL	LR	FPE	AIC	SC	HQ
0	764.351 1	NA	1.10E−24	−29.621 61	−29.280 7	−29.491 34
1	1 226.854	743.631 3	3.68E−31	−44.582 49	−41.173 39	−43.279 77
2	1 374.386	185.138 6	3.63E−32	−47.191 6	−40.714 3	−44.716 44
3	1 530.135	140.479 5	4.69E−33	−50.122 94	−40.577 45	−46.475 32
4	1 807.249	152.141*	2.06e−35*	−57.813 6*	45.199 99*	52.993 62*

注：*表示该准则下选择的最优滞后阶数。

由表 4-4 确定结果可知，AIC 信息准则和 SC 准则确定的最优滞后阶数一致，选择最优滞后阶数为 4 阶，并且建立 4 阶 SVaR 模型。

（2）模型的平稳性检验

确定了模型的最优滞后阶数后，首先进行 ADF 检验，以保证脉冲响应以及方差分解的顺利进行。图中的黑点表示 SVaR 模型特征根的倒数。因此，由图 4-11 可知，全部特征根的倒数均在单位圆内，建立的 4 阶 SVaR 模型是稳定的。

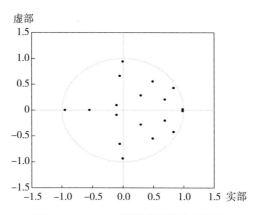

图 4-11　SVaR 模型单位根检验结果

（3）协整检验

协整检验对于在时间序列数据非平稳的情况下，当各变量被检测为同阶单整时可以进行，目的在于检验变量之间是否存在长期稳定关系。由表4-5的ADF检验结果可知，各变量均为1阶单整序列，因此满足进行协整检验的前提条件，可以进行协整检验，检验结果如表4-5所示。

表4-5 协整检验结果

假设的协整关系个数	特征值	迹统计量	0.5显著性水平临界值	概率**
无协整关系*	0.961 996	545.447 1	197.370 9	0.000 1
至多一个协整关系*	0.919 732	378.674	159.529 7	0.000 0
至多两个协整关系*	0.862 76	250.032 6	125.615 4	0.000 0
至多三个协整关系*	0.654 602	148.745 6	95.753 66	0.000 0
至多四个协整关系*	0.589 831	94.529 58	69.818 89	0.000 2
至多五个协整关系*	0.357 157	49.079 07	47.856 13	0.038 2
至多六个协整关系	0.278 773	26.544 48	29.797 07	0.113 3
至多七个协整关系	0.167 385	9.877 631	15.494 71	0.290 3
至多八个协整关系	0.010 44	0.535 242	3.841 466	0.464 4

由表4-5协整检验结果可知，在5%的显著性水平下，人民币境外存量、GDP的增长率、汇率、利率、CPI、投资增长率、消费以及进出口之间存在六个协整方程，因此得到下列标准协整方程，各变量之间存在长期的均衡关系（括号内数据为标准差），如公式（4-4）所示：

$LNRMBDEP = 1.202\ 812 \times LNE + 5.590\ 737 \times R + 0.291\ 962 \times LNIM - 0.542\ 704 \times LNEX + 0.266\ 296 \times I + 0.424\ 297 \times LNSC + 0.500\ 519 \times LNCPI + 8.269\ 880 \times DLNGDP$ （4-4）

(0.165 61) (1.961 22) (0.044 24) (0.110 76)

(0.122 08) (0.083 37) (0.228 28) (0.530 96)

（4）SVaR 模型估计

SVaR 模型是对向量自回归模型的改进与扩展，它不仅研究了各变量之间的滞后关系，还进一步研究了变量之间的同期结构关系，弥补了 VaR 模型的缺陷。首先在建立模型前需要对模型进行参数估计，获取约束条件，通常采用 t 规则进行估计，即 $t \leq k(k+1)/2$。按照此规则需要对模型施加 $k(k+1)/2$ 个约束条件。以保证模型的有效估计。因此，本书共包含 9 个变量，需要施加 45 个约束条件。因此 SVaR-AB 模型的 A，B 矩阵形式如 4-5：

$$A_0 Y_t = C + \phi_1 Y_t - 1 + \phi_2 Y_t - 2 + \cdots + \phi_p Y_t - p + \mu_t \quad (4-5)$$

其中 $A_0 =$
$$\begin{bmatrix} 1 & 0 & 0 & 0 & 0 & 0 & 0 & 0 & 0 \\ C(1) & 1 & 0 & 0 & 0 & 0 & 0 & 0 & 0 \\ C(2) & C(9) & 1 & 0 & 0 & 0 & 0 & 0 & 0 \\ C(3) & C(10) & C(16) & 1 & 0 & 0 & 0 & 0 & 0 \\ C(4) & C(11) & C(17) & C(22) & 1 & 0 & 0 & 0 & 0 \\ C(5) & C(12) & C(18) & C(23) & C(27) & 1 & 0 & 0 & 0 \\ C(6) & C(13) & C(19) & C(24) & C(28) & C(31) & 1 & 0 & 0 \\ C(7) & C(14) & C(20) & C(25) & C(29) & C(32) & C(34) & 1 & 0 \\ C(8) & C(15) & C(21) & C(26) & C(30) & C(33) & C(35) & C(36) & 1 \end{bmatrix}$$

$B =$
$$\begin{bmatrix} C(37) & 0 & 0 & 0 & 0 & 0 & 0 & 0 & 0 \\ 0 & C(38) & 0 & 0 & 0 & 0 & 0 & 0 & 0 \\ 0 & 0 & C(39) & 0 & 0 & 0 & 0 & 0 & 0 \\ 0 & 0 & 0 & C(40) & 0 & 0 & 0 & 0 & 0 \\ 0 & 0 & 0 & 0 & C(41) & 0 & 0 & 0 & 0 \\ 0 & 0 & 0 & 0 & 0 & C(42) & 0 & 0 & 0 \\ 0 & 0 & 0 & 0 & 0 & 0 & C(43) & 0 & 0 \\ 0 & 0 & 0 & 0 & 0 & 0 & 0 & C(44) & 0 \\ 0 & 0 & 0 & 0 & 0 & 0 & 0 & 0 & C(45) \end{bmatrix}$$

其中 $C(N)$ 为待估的参数，$C(1) \sim C(36)$ 表示为各变量之间的相关关系，因此，使用软件 Eviews6 得到的 SVaR 短期约束条件结果见表 4-6。

表 4-6 SVaR 短期约束条件估计结果

参数	系数	标准误差	z 统计量	概率
$C(1)$	−0.143 086	0.084 929	−1.684 765	0.092*
$C(2)$	0.004 312	0.012 266	0.351 592	0.725 1
$C(3)$	−0.204 557	0.176 199	−1.160 94	0.245 7
$C(4)$	0.889 935	0.119 5	7.447 162	0.000 0***
$C(5)$	−0.310 745	0.139 426	−2.228 741	0.025 8**
$C(6)$	−1.110 156	0.227 194	−4.886 382	0.000 0***
$C(7)$	−0.023 451	0.053 059	−0.441 971	0.658 5
$C(8)$	−0.141 02	0.041 037	−3.436 457	0.000 6***
$C(9)$	0.022 503	0.019 683	1.143 313	0.252 9
$C(10)$	−0.433 551	0.286 002	−1.515 902	0.129 5
$C(11)$	−0.923 715	0.195 722	−4.719 531	0.000 0***
$C(12)$	0.253 504	0.189 451	1.338 093	0.180 9
$C(13)$	1.439 972	0.299 82	4.802 794	0.000 0***
$C(14)$	0.233 871	0.069 641	3.358 252	0.000 8***
$C(15)$	0.417 087	0.059 405	7.021 045	0.000 0***
$C(16)$	−11.354 71	2.009 122	−5.651 577	0.000 0***
$C(17)$	−10.481 59	1.715 157	−6.111 153	0.000 0***
$C(18)$	1.981 411	1.822 979	1.086 908	0.277 1
$C(19)$	20.932 09	2.868 295	7.297 745	0.000 0***
$C(20)$	2.292 296	0.790 438	2.900 031	0.003 7***
$C(21)$	−0.598 208	0.658 556	−0.908 363	0.363 7
$C(22)$	−0.313 346	0.093 738	−3.342 793	0.000 8***
$C(23)$	−0.200 025	0.083 58	−2.393 208	0.016 7**

续表

参数	系数	标准误差	z 统计量	概率
$C(24)$	−0.248 932	0.137 115	−1.815 499	0.069 4*
$C(25)$	0.008 058	0.027 268	0.295 518	0.767 6
$C(26)$	−0.038 834	0.021 067	−1.843 299	0.065 3*
$C(27)$	−0.037 515	0.113 08	−0.331 759	0.740 1
$C(28)$	−0.499 037	0.176 085	−2.834 071	0.004 6***
$C(29)$	−0.134 318	0.036 514	−3.678 569	0.000 2***
$C(30)$	−0.091 867	0.031 706	−2.897 495	0.003 8***
$C(31)$	−0.038 407	0.217 813	−0.176 328	0.860 0
$C(32)$	0.023 25	0.041 995	0.553 631	0.579 8
$C(33)$	−0.117 333	0.032 514	−3.608 679	0.000 3***
$C(34)$	0.055 291	0.026 989	2.048 639	0.040 5**
$C(35)$	0.173 585	0.021 674	8.008 847	0.000 0
$C(36)$	0.653 818	0.108 092	6.048 707	0.000 0
$C(37)$	0.019 259	0.001 907	10.099 5	0.000 0
$C(38)$	0.011 681	0.001 157	10.099 5	0.000 0
$C(39)$	0.001 642	0.000 163	10.099 5	0.000 0
$C(40)$	0.023 558	0.002 333	10.099 5	0.000 0
$C(41)$	0.015 77	0.001 561	10.099 5	0.000 0
$C(42)$	0.012 735	0.001 261	10.099 5	0.000 0
$C(43)$	0.019 81	0.001 961	10.099 5	0.000 0
$C(44)$	0.003 818	0.000 378	10.099 5	0.000 0
$C(45)$	0.002 947	0.000 292	10.099 5	0.000 0
Loglikelihood 1510.559				

注：*、** 和 *** 分别表示在 10%、5% 和 1% 的显著性水平下显著。

由表4-6可知，A矩阵中 $C(1)$、$C(4)$、$C(5)$、$C(6)$ 以及 $C(8)$ 在10%、5%以及1%的显著性水平下显著，说明当期境外人民币存量的变化会影响当期汇率、通货膨胀率、投资、消费及产出增长的变化。境外人民币存量对其他变量的影响表现不显著，说明变量之间存在滞后关系，当期影响并不显著。

4. 脉冲响应分析

在上述的协整检验中，我们得出各变量之间存在长期均衡关系，SVaR估计中得知少数几个变量之间存在当期影响关系，大部分变量之间存在滞后效应。为了进一步研究人民币境外存量的变动在短期内对宏观经济变量的影响情况，本书分别进行了脉冲响应分析，结果如下。

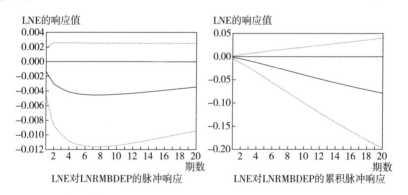

图4-12 汇率（LNE）对人民币境外存量的脉冲响应以及累积脉冲响应

图4-12分别表示给境外LNRMBDEP一个单位的冲击，LNE的响应以及累积响应。由以上脉冲响应图可知：当LNRMBDEP受到一个单位的冲击时，LNE立刻产生负向反应，然后一直缓慢下降，在第4期达到最低值，并在第4期以后稳定在最低值 −0.041，从累积脉冲响应来看，负效应具有持久性以及长期性，且负效应程度较大。由于汇率使用的是直接标价法，数值下降表明人民币汇率上升，从中国的

发展实际来说,随着人民币国际化的不断推进,我国资本项目还没有完全开放,政府对于资本项目还存在一定的管制,因此长期来说,人民币会处于不断升值趋势,这与经济理论是相符的,在资本项目未实现完全开放的情况下,人民币在外汇市场上的需求大于供给,人民币汇率将持续上升。人民币作为国际计价结算货币,使用范围和地区在不断扩大;而且随着中国经济总量和国际货币地位的不断提高,目前已经成为第五大储备货币;随着人民币国际化的推进,人民币从结算货币到投资货币再到国际储备货币进程的不断推进,投资者持有人民币资产的偏好不断增强,投资者对人民币币值的预期将不断上涨。

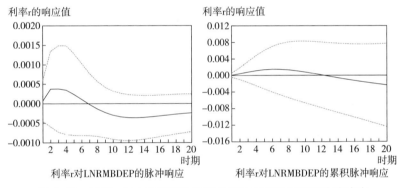

图 4-13 利率 r 对人民币境外存量的脉冲响应以及累积脉冲响应

图 4-13 分别表示给 LNRMBDEP 一个单位正的冲击情形下,利率的脉冲响应以及累积脉冲响应。由以上脉冲响应图可知:当给 LNRMBDEP 一个单位正的冲击后,r 立刻产生正向反应,并在第 2 期达到最大值为 0.0048,然后开始缓慢下降,在第 7 期以后出现了负向反应,并趋于稳定。从累积脉冲响应图来看,r 对于 LNRMBDEP 的冲击先呈现正的响应再变为负的响应,响应具有持久性,但响应比较微弱。从经济理论上来说,随着人民币实现国际化,在短期内人民币面临升值的压力,人民币升值会导致进口增加,出口减少,进而导致国内供给增加,物价下降,人们更多地将货币用于消费和投资,进而市场利率上升,同时,利率的上升也会吸引外资进入,会继续推高利

率，这时政府为了抑制利率过快上升，会采取宽松的货币政策，使得利率下降，防止投机行为的发生。由此可知，在人民币国际化的进程中，利率的变化更多地体现为政府实施货币政策进行调控的行为，降低境内外利差，缩小国际游资的套利行为。

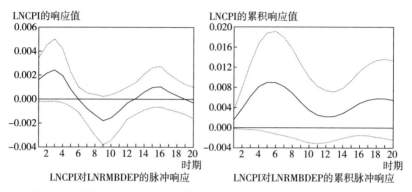

图 4-14 通货膨胀率对人民币境外存量的脉冲响应以及累积脉冲响应

由图 4-14，LNRMBDEP 对 LNCPI 的脉冲响应图来看，当 LNRMBDEP 受到一单位正的冲击时，lncpi 先产生正的效应，在第 2 期达到最大值为 0.025，第 6 期以后变为负响应，之后不断上升，在第 13 期以后变为正的响应，上升一阶段后正效应逐渐减弱。从累积脉冲响应来看，通货膨胀率对于境外人民币存量的冲击产生正的响应，经过一段时间的波动逐渐减弱趋于稳定。从经济理论来看，人民币境外存量增加，人民币面临升值压力，政府倾向于采取宽松的货币政策，导致物价上涨；同时在货币供给一定的情况下，人民币境外存量增加造成国内的货币供给减少，又引起物价下降；但随着人民币国际化的不断推进，人民币面临持续升值，吸引了大量的外资流入，从而增加了国内的流动性。同时，人民币的购买力增强，投资与消费增加，使得国内在短期内产生了通货膨胀的趋势。从长期来看，在本币国际化的进程中，国内会面临一定程度的通货膨胀压力。

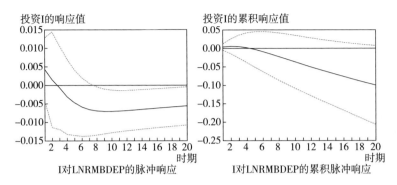

图 4-15 投资（I）对人民币境外存量的脉冲响应以及累积脉冲响应

由图 4-15，LNRMBDEP 对 I 的脉冲响应来看，当 LNRMBDEP 受到一单位正的冲击时，I 立刻产生正的反应并达到最大值 0.04，之后逐渐下降，在第 3 期以后变为负的响应，在第 8 期达到最低值 -0.075，并在以后趋于稳定，从累积脉冲响应来看，负响应具有持久性和长期性。首先说明 I 代表的是投资同比增长率，因此说明，随着人民币境外存量的增加，人民币汇率增加，导致大量外资进入国内进行投资，投资同比增长率增加。但同时利率上升、融资成本增加，后利率又下降导致部分外资流出，又导致投资增长速度降低。并且由于当前我国的资本项目还存在一定的管制，政府为了防止因国际热钱涌入而冲击金融市场，会采取相应措施管控外资的进入，由此随着人民币国际化的推进，投资增长速度不断下降。

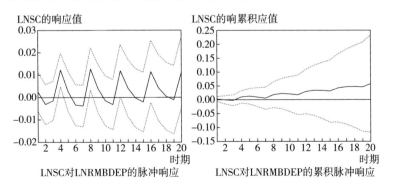

图 4-16 消费（LNSC）对人民币境外存量的脉冲响应以及累积脉冲响应

由图4-16，LNRMBDEP对LNSC的脉冲响应图来看，LNSC对于LNRMBDEP的反应具有波动性。当LNRMBDEP受到一单位正的冲击时，LNSC立刻产生正的响应，之后经历了不断的上升和下降阶段。从累积脉冲响应图来看，正向响应具有长期性，但响应比较微弱。这说明，随着人民币境外存量的增加，人民币不断升值、人民币的购买力增强、财富效应使得国内的居民收入增加，会刺激消费，但同时面临通货膨胀的压力，消费又将呈现下降的趋势。但由于人民币升值，降低了进口的成本，增加了进口商品的需求，因而增加消费需求，因此具有波动性，不过从长期来看，人民币升值对于消费具有刺激作用，然而刺激作用相对来说较小。

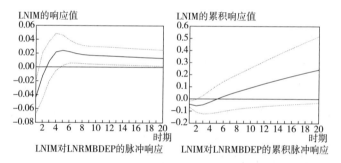

图4-17 进口（LNIM）对人民币境外存量的脉冲响应以及累积脉冲响应

由图4-17，LNRMBDEP对LNIM的脉冲响应来看，当LNRMBDEP受到一单位正的冲击时，LNIM立刻产生负的响应，达到最低值-0.04，随后逐渐上升，在第4期达到最大值0.021，之后正响应变弱，并保持平稳状态。但从累积脉冲响应来看，正响应具有长期性与持久性，随着滞后期增加响应较强烈。这说明，随着人民币实现国际化，人民币汇率上升，使得进口产品的成本降低，同时也降低了进口企业的生产成本和进口产品的价格，然而由于生产和消费价格的黏性作用，一开始进口量基本没有变化，而由于以本国货币计价的进口产品的相对支出减少，因此在一开始进口额是减少的，即为负效应。但随着滞后期的增加，价格降低的优势开始显现，进口量开始大幅度增加，因此进口额又呈现大幅上升的趋势。

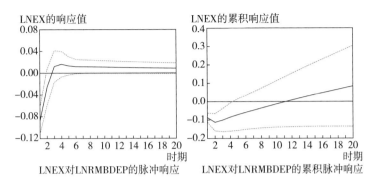

图 4-18　出口（LNEX）对人民币境外存量的脉冲响应以及累积脉冲响应

由图 4-18，LNRMBDEP 对 LNEX 的脉冲响应来看，当 LNRMBDEP 受到一单位正的冲击时，LNEX 立刻产生负的响应，达到最小值为 -0.081，之后负效应不断减弱，在第 3 期变为正的响应达到最大值 0.015，然后趋于稳定，但正响应比较微弱。从累积脉冲响应来看，在前 11 期为负的响应，之后变为正响应。这说明，人民币国际化使得人民币相对外币汇率上升，使得出口商品的价格相对提高，由于出口的产品大多为劳动密集型产品，产品具有较低的附加值，具有较强的可替代性，因而出口商品在国际贸易中失去竞争力，从而限制了出口。长期来看，人民币币值会不断趋于稳定，且升值压力迫使国内的出口商进行产品升级与技术创新，从根本上降低生产成本，降低出口产品的价格，促进国内产品的出口，从而改善国际贸易条件。

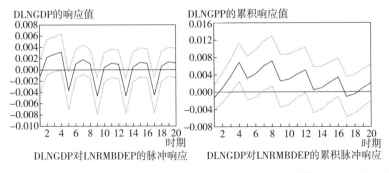

图 4-19　国内生产总值（DLNGDP）对人民币境外存量的脉冲响应以及累积脉冲响应

由图4-19脉冲响应可知：当LNRMBDEP受到一单位冲击时，国内生产总值受到其冲击具有波动性，开始立刻产生负向响应，之后不断上升，然后不断上下波动，最后逐渐趋于稳定。且从累积脉冲响应来看，国内生产总值对于人民币境外存量的正向响应具有波动性但也具有长期性和持久性，但响应持续降低。需要说明的一点是，为了满足变量的平稳性，作者对LNGDP做了差分处理，故模型中变量的实际含义为国内生产总值的增长率。因此，当人民币境外存量增加时，国内生产总值在短期内增长的速度具有波动性，在短期内会抑制GDP的增长，长期来看会促进GDP增长。短期内，人民币升值限制了出口的增加，因而抑制其增长；长期内，消费投资的增加，以及铸币税收入的获得都会刺激GDP增长。但目前阶段由于我国利率与汇率还未完全实现市场化，金融市场还不完善，随着人民币的升值预期增加，大量国际热钱涌入，政府为了防止金融市场泡沫，会采取稳健性的货币政策来调控GDP的过快增长，因此具有一定的波动性，与当前的实际经济形势是相符的。

5. 方差分解分析

利用方差分解可以分析一个结构性冲击对内生变量影响的贡献度，贡献度采用百分比来表示。根据变量冲击下贡献度不同，可以分析结构冲击对内生变量的重要程度，因此，对于人民币境外存量的方差分解分析如表4-7。由表4-7可知，人民币境外存量的变动主要是从它自身的变动来解释，而且随着时间的变动它自身的贡献度在减弱，其次是汇率对于人民币境外存量的贡献度最大，呈增强的趋势，利率、投资、消费以及进口对于其变动的贡献度在不断增加，且增长速度较快，通货膨胀率、出口与产出的贡献度在减弱。因此方差分解的结果表明：除了它自身以外的贡献度，人民币汇率对人民币境外存量的变化解释力度最大，可见，汇率的变化是人民币境外存量变化的主要来源。

表 4-7 方差分解分析

时期	标准误差	人民币境外存量	汇率	利率	投资	消费	通货膨胀率	进口	出口	国内生产总值
1	0.019 26	100.000	0.000	0.000	0.000	0.000	0.000	0.000	0.000	0.000
2	0.025 67	93.127 72	1.894 33	1.708 01	0.214 91	0.052 99	0.642 86	1.429 63	0.384 17	0.545 38
3	0.029 37	85.133 66	1.704 43	1.335 74	4.296 85	0.701 45	3.600 15	1.898 54	0.329 53	0.999 66
4	0.038 06	84.864 88	1.684 27	2.287 16	3.203 41	1.885 01	2.373 07	2.038 01	0.675 79	0.988 4
5	0.045 06	81.073 58	2.213 99	2.674 15	3.536 38	4.723 09	2.547 68	2.035 36	0.490 19	0.705 6
6	0.050 23	75.827 94	1.900 77	2.359 35	7.794 03	5.555 22	2.967 75	2.528 89	0.405 43	0.660 64
7	0.054 86	70.391 8	1.997 72	2.615 56	10.186 08	7.441 94	3.382 14	2.884 21	0.383 34	0.717 21
8	0.061 33	61.033 82	5.559 5	4.000 58	11.387 75	11.139 3	2.862 9	3.088 22	0.318 15	0.609 81
9	0.069 02	55.204 97	9.365 24	6.529 05	11.104 17	12.102 5	2.277 85	2.673 54	0.259 63	0.483 03
10	0.075 1	48.882 04	18.430 79	6.594 69	10.462 47	10.612 1	1.924 92	2.326 51	0.250 28	0.516 18

四、实证结果分析

根据对人民币境外存量与各变量的协整检验结果可知,各经济变量与境外存量存在长期均衡关系。通过对 SVaR 模型的参数进行估计发现,当期人民币境外存量的变化会影响当期汇率、通货膨胀率、投资、消费,以及产出增长的变化,而当期利率、进口、出口的变化不明显,存在滞后效应。

具体地,根据脉冲响应图逐一分析人民币境外存量的变动在短期内对各宏观经济变量的影响。由脉冲响应图 4-12 可知,汇率对于本币境外存量的一个单位性冲击会产生负向响应,且具有持久性与长期性,这说明了随着我国本币境外存量不断增加,本币汇率长期面临上升趋势。由脉冲响应图 4-13 可知,利率对于本币境外存量的一个单位性冲击,会先产生正向响应,后又变为负向响应,但响应幅度较小,说明随着我国本币境外存量的增加,利率会先上升后下降,且上升与下降幅度较小,最后趋于平稳。由累积脉冲响应图 4-14 可知,通货膨胀对于本币境外存量的一个单位性冲击会产生正向响应,响应幅度较大且具有长期性与持久性,说明随着我国本币境外存量的增加,会造成一定程度的通货膨胀压力。由脉冲响应图 4-15 可知,投资对于本币境外存量的一个单位性冲击,会产生正向响应后又变为负向响应,且响应具有持久性,这说明随着我国本币境外存量的增加,我国投资增长速度由快变慢,但一直处于增长趋势。由累积脉冲响应图 4-16 可知,消费对于本币境外存量的一个单位性冲击,会产生正向响应,但响应幅度较小,并且具有持久性,这说明随着我国本币境外存量的增加,长期来说会刺激消费的增长,但增长幅度较小。由累积脉冲响应图 4-17 和图 4-18 可知,进出口对于本币境外存量的一个单位性冲击,进口在前 5 期产生微弱的负向响应,在第 5 期之后变为正向响应;而出口在前 11 期为负向效应,第 11 期后变为正向响应,响应幅度较小。这说明随着我国本币境外存量的增加,我国由于价格黏性作用，进口额会微弱地减少，后由于价格优势作用大幅度增加，出口先大幅度地降低，后因出口产品创新与技术升级，降低了产品成本，所以造成出口小幅增加。由累积脉冲响应图 4-19 可知，GDP 对于本币境外存量的一个单位性冲击，会在前 4 期产生负向响应，后产生正向响应。这说明随着我国本币境外存量的增加，会在短期抑制 GDP 增长，长期来说会促进 GDP 的快速增长。

综上，对于本币境外存量的一个单位性冲击，不同金融因素产生的响应有所不同。根据实证分析结果，汇率会产生负向响应，通货膨胀及消费会产生正向响应；而利率和投资则先产生正向响应，一段时期后变为负向；GDP 恰好相反。较为特殊的是进出口，负响应和正响应会在一段时期内交替变化。可见，人民币境外存量的变动在短期内对宏观经济变量的影响较为复杂。

在此基础上，进一步通过方差分解分析结果可知，在人民币境外存量的变化中本币汇率变化的贡献度最高，且呈现增强的趋势，其他变量的贡献度相对来说较小。因此，可知汇率的变动会直接影响到人民币国际化的实现程度，且两者之间相互影响。

第三节　本章小结

根据上述实证分析结果可以看出，人民币国际化对宏观经济既有正面影响，也有负面影响。从正面效应来看，人民币国际化通过影响汇率及进出口价格，可以长期刺激消费和投资增长。从负面效应来看，人民币国际化使本币面临升值压力由此加剧汇率波动，同时导致资本项目逆差减小甚至处于顺差状态，短期资本涌入造成通胀压力。综合起来，投资和消费的增加都会促进 GDP 增长，而本币升值带来的出口减少，则会在短期内给经济增长造成一定压力。但长期来看，人民币国际化能够促进经济增长及国民收入增加。值得注意的是，随着我国经济发展及人民币国际化进程的不断深入，伴随着全球经济金融环境的不断改变，上述利率、汇率、进出口等金融因素也处于持续不断的动态变化中，使得问题更加复杂。鉴于此，在正确分析人民币国际化宏观经济效应的同时，还应重点关注其可能带来的负面效应及风险。由此有效识别、测度和预警造成这些负面影响的风险因素，对人民币国际化中的风险防范和控制就显得意义重大，具体将在本书第五、六、七章分别进行阐述。

第五章

人民币国际化进程中的金融风险识别和传导

第五章　人民币国际化进程中的金融风险识别和传导

第一节　人民币国际化进程中的金融风险识别

基于Cohen（1971）和Hartmann（1998a）对国际货币的定义，关于货币国际化的界定主要被概括为两个层面。第一，广义与狭义层面。前者强调货币使用的空间，指一国货币被非居民在货币发行国境外持有或使用以履行国际货币职能的情形；后者则强调经济交易的参与主体，它指一种货币在没有该货币发行国参与的国际经济交易中履行国际货币职能的现象。第二，动态与静态层面。前者表示国际货币的各种职能在境外实现的程度；后者指一种货币由非国际货币演化为国际货币的渐进过程。不管以何种口径划分，货币国际化都意味着一种主权信用货币在境外被广泛接受并充当国际经济交往中的一般等价物，履行部分或全部国际货币职能的状态或过程。现阶段，人民币国际化主要表现为两个发展进程，一是人民币的开放进程，二是人民币的国际化进程。人民币的开放是要逐渐实现人民币的自由兑换、人民币汇率自由浮动以及资本境内外的自由流动。而人民币国际化既包含了人民币在使用范围上"周边化—区域化—全球化"的逐步扩展，也包含了人民币在货币职能上由"结算货币—投资货币—储备货币"的不断完善。

结合货币国际化理论和美元、英镑、欧元等货币国际化经验可以发现，货币国际化在给主权国带来潜在收益的同时，也会引致一些特有的风险。具体可以概括为以下四点。第一，从宏观层面来看，由于经济全球化和金融自由化，一国货币币值变化不仅受本国经济波动影响，还受到国际经济波动影响。货币国际化的一个重要条件是开放资本项目，以实现本币和外币进出自由化。有利于本币和外币流动的套利机会出现，会引起本币大量流出或外币大量流入，而不管哪种形式的资金大量流动都会导致主权国国际收支失衡，造成热钱大量流入或是资本大量外逃的情况发生，从而造成资本项目开放风险。第二，从微观层面来看，随着货币国际化进程的深入，本国与全球金融市场间的联系更加紧密，各类风险传染渠道错综复杂，受全球金融危机冲击的影响更为显著。金本位制下，以黄金为基础的货币体系尽管存在明显的通胀和通缩波动，但从价格长期稳定的观点衡量，其相比其他货币体系更为稳定。随着全球经济贸易的快速发展，金本位制由于无法提供充足的流动性而逐渐退出历史舞台。布雷顿森林体系解体后，美元本位制的国际货币体系加剧了金融风险扩散，并导致了国际金融危机频发。美元利率的调整往往会对一些经济体，特别是和美国经济联系比较密切或者货币与美元挂钩的经济体造成冲击。尤其当这些经济体宏观政策不谨慎、金融体系不完整、金融市场不发达时，货币和金融危机就会爆发。离岸金融市场是在境内金融环境薄弱、尚不具备资本项目完全开放的前提下，推进货币国际化的重要途径，在这一过程中，离岸金融市场成了金融危机传导至国内的重要渠道。同时，离岸市场的快速发展还可能导致境内外利率、汇率体系的二元化，市场套利和套利风险的存在也会影响到货币政策的有效性。此外，随着各类市场主体需求的不断转变，金融工具也在不断地创新发展。这一方面为全球金融危机传染提供了新的渠道，其高杠杆等特性还会进一步放大风险。第三，从政策层面来看。一方面是面临货币政策的协调机制问题，本国货币政策的制定和执行不仅要考虑国内经济金融环境，还需要关注国外经济金融变化，使得本国货币政策调控更加复杂，调控效率大打折扣，产生货币政策操作风险。另一方面则还会面临财政政策操作风险，当经济发展处于低迷时期，政府实施积极的财政政策，就可能过度的财政赤字，进而影响投资者对持有人民币的信心，导致资本大规模外流，反之同理。第四，货币竞争与大国博弈。一国货币国际化发展到一定程度，必然面临已有的主要国际货币的制约和阻力，其背后既是不同货币在交易成本、安全性及便利性上的比较，更是两国在经济、金融、贸易乃至政治军事实力方面的较量。由此可以看出，货币国际化进程中充满太多不确定性因素。

伴随人民币国际化的加快推进，中国经济与外界的联系将会越来越紧密。既然人民币国际化有其特殊性，那么在人民币国际化进程中所面临的金融风险除了具有货币国际化进程中一般金融风险的特性外，也有因人民币国际化的特殊性而产生的特殊风险。

通过第四章对人民币国际化的宏观经济效应分析可以发现，人民币国际化进程的不断推进，要求资本项目更加开放，实现利率与汇率市场化以及完成与之配套的一系列金融体制改革。在此进程中，我国的经济发展势必会受到一定程度的影响，且如果政策实施不当，还可能会引起一系列的金融风险。从上一章的实证结果可以看出，在我国经济发展的不同时期，人民币国际化会有不同的正面效应和负面效应。因此正确识别人民币国际化的负面效应和其中的风险点，并有针对性地采取风控措施或制定政策就显得至关重要。同时，中国特殊的国情和制度因素也决定了人民币国际化进程中金融风险的独特性。因此，深入研究人民币国际化进程中金融风险的生成具有重要意义。具体地，本书主要依据人民币国际化在不同阶段中的具体措施，如为全球提供足够的清偿力、汇率形成机制改革、"一带一路"倡议、人民币证券投资、加入特别提款权、放宽外商直接投资准入条件、人民币跨境支付及收付信息管理系统建设等政策，将人民币国际化进程中的金融风险归纳为资本账户开放风险、经常账户收支失衡风险、汇率过度波动风险、货币政策操作风险、财政政策操作风险、货币竞争风险、金融资产价格过度波动风险、危机传染加重风险、国内金融机构经营风险九大金融风险（见图5-1）。

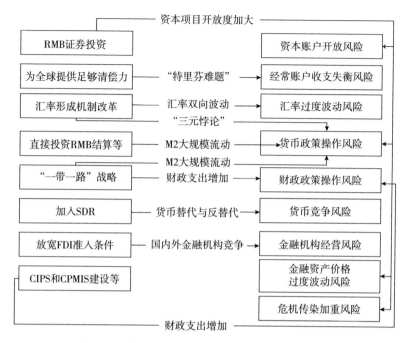

图 5-1 人民币国际化进程中的金融风险生成图

根据图 5-1,随着人民币国际化的不断推进,资本账户和资本市场进一步开放,由此带来资本账户开放风险。而随着资本开放力度的加大,国际资本的流动方向和规模更加不可预期,进而导致汇率波动风险及金融资产价格波动风险。考虑到货币政策溢出效应和外部约束,货币政策调控难度也将增加,由此带来货币政策操作风险加剧。同时,更多优质的国外金融机构将进入中国市场,使国内金融机构面临竞争压力,从而引致国内金融机构经营风险。除此之外,伴随着汇率机制市场化程度的提升,资本项目逐步放开也使得我国金融市场与外界的联动性加强,风险传染可能性也随之增强,进而导致危机传染风险。

与此同时,在推进人民币国际化的过程中,一方面需不断完善相关基础设施建设,包括推动人民币跨境支付系统(CIPS)、人民币跨境收付信息管理系统(RCPMIS)的建设等;另一方面为提升人民币在国际中的地位和影响力,我国还需积极参与全球政治、经济和军事等多方事务。这两者都意味着政府财政支出增加，由此引发财政赤字的可能性加大，进而导致财政政策操作风险。

随着人民币国际化进程的不断深入，人民币的国际货币地位崛起势必将引发与已有强势货币及发达国家之间的摩擦和较量，同现有国际货币展开职能方面的竞争，从而带来货币竞争风险。同时，人民币作为国际货币还需为全球提供足够清偿力，而"特里芬难题"指出，储备货币发行国无法同时保证为世界提供清偿力和自身币值稳定，即人民币在国外大规模的使用通过持续的贸易赤字来提供，此时难以保证币值稳定，由此将导致经常账户收支失衡风险和汇率波动风险。

可以看出，随着人民币国际化进程的不断深入，人民币作为国际货币的职能不断扩大，面临的金融风险也愈加复杂。下面将对这些风险来源进行一一识别，并结合相关风险指标及其传导机制进行具体描述。

一、资本账户开放风险

在人民币国际化进程中，我国目前在逐步推进资本项目可兑换。资金的自由流动提高了跨境投资和交易的便利性，有利于企业最大限度地利用低成本的境外资金，降低了实体经济筹集资金的成本，发挥了助力经济转型发展的作用。但是，资本的大规模流动会对一国经济产生不利影响。资本的大规模流入，本质上是负债，最终很可能大规模流出，这会使我国经济产生剧烈波动。一方面，资本大量流入会引起外汇供给大于需求，造成本币名义汇率与实际汇率的偏离，导致本币估值过高。同时国际资本将进一步进行套利投机。此外，资本大量流入还会引起信贷规模的大量增加，可能导致经济扩张过快。内外两个方向的资金流入金融市场，将会推高资产价格，产生价格泡沫。另一方面，资本大量流入引起外汇储备的增加，进一步引起货币供给的上升，极易导致通货膨胀，对经济产生不利影响。

为了抑制资产泡沫，政府必然会采取调控政策，届时利率上升，会引起资产价格的降低，并且前期的信贷扩张将出现大量坏账，违约风险上升，而通货膨胀使资产的实际收益降低，出现这种局面时，国内投资环境已经恶化，资本就会大规模流出（见图5-2）。

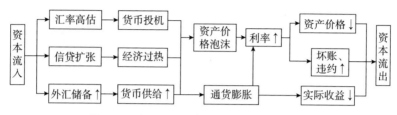

图 5-2　资本大规模流入对经济的影响渠道

从资本大规模流出来看，后果也十分严重。一是，资本大量流出意味着对本币失去信心，会导致本币的贬值；二是，国内资本存量减少，此时增加货币供应收效甚微，宏观政策效果将大打折扣；三是，会导致国际收支严重失衡，外汇储备大幅减少。如不能及时稳定币值，增强外界对本币的信心，资本外流和经济恶化将不断恶性循环。

随着人民币国际化进程的深入，以及国内外居民对人民币的信心大幅提升，在人民币投资货币阶段（即第二阶段），以人民币计价的金融资产交易不断增加，同时人民币跨境投融资渠道进一步拓宽，资本流动风险进一步扩大。

二、经常账户收支失衡风险

过去我国长期存在贸易顺差，人民币面临长期升值压力，币值坚挺，因此积累了巨大的外汇储备。同时，我国出口商品的竞争力较强，因此，经常账户收支失衡的风险相对不高。但是，随着人民币国际化程度提高，之后这一风险却有可能会出现。

在人民币国际化的早期，对欧美等强国维持一定的贸易顺差，对亚洲周边国家维持一定的贸易逆差，实际上是有利于保持币值的稳定并一定程度上对外输出本币，有利于扩大人民币的国际使用。但在人民币国际化的后期，可能很难避免贸易赤字问题，人民币在国外大规模的使用是通过持续的贸易赤字来提供的，这使得维持币值稳定变得困难，并造成"特里芬难题"。在本币疲软的情况下，资本账户可能没有足够的盈余来弥补贸易逆差，经常项目逆差大容易带来国际收支失衡风险，长期收支失衡会导致失业率上升和经济衰退，与此同时，人民币国际化也会受阻。

结合上一节的分析，当前资本和经常账户双顺差的格局已经改变，2015—2016年我国出现较大程度的资本净流出（见图5-3），我们发现虽然经常账户顺差能够弥补一部分，但我国仍然面临资本流失。2017年相关政策收紧，资本外流情势逆转。但是由于新冠疫情的暴发，2020年我国资本又出现了较大程度的净流出。总体上，我国未出现较严重的国际收支失衡风险，随着人民币国际化的深入推进，还需重点监督管理此类风险。

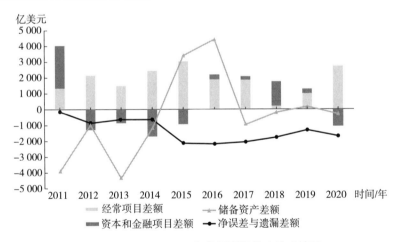

图5-3　2011—2020年我国国际收支构成情况

在人民币国际化推进的初始阶段（即人民币结算货币阶段），人民币开始受到国内外居民的普遍认可，具体表现为在国际主要能源产品、大宗商品交易及其他大范围的国际贸易中使用人民币进行计价和结算，经常项目下人民币跨境使用进一步扩大，由此导致经常账户收支失衡风险显著增加。

三、汇率波动风险

人民币国际化过程中还伴随着汇率波动风险，也应当重点观察，它会造成人民币币值不稳，一方面影响了国内贸易和投资，另一方面也动摇了外界信心，阻碍人民币国际化的推进。

汇率波动的影响因素很多，多种因素叠加之下可能会出现剧烈波动。首先，汇率制度的选择影响汇率波动，汇率制度历经改革，但美元指数的强弱仍然是汇率调整无法回避的主要外部压力来源。其次，离岸市场汇率水平会影响汇率波动，在岸市场对汇率可以管理，离岸市场的汇率是完全自由化的，由货币供求影响汇率水平，也就意味着离岸和在岸市场往往存在汇率差，容易引起套汇行为，最终通过套汇抵消汇率差异，如果离岸市场规模越大，汇率波动会更加剧烈。最后，汇率波动受国内外利差及资本流动影响，国内外利差越大，资本逐利性越强。前文也已分析，资本大量流入会导致汇率高估，而资本大量流出则会引起本币贬值，在离岸市场规模扩大与资本项目开放的基础上，汇率对资本流动十分敏感，因此波动也就更加剧烈。此外，随着人民币国际化进程的不断深入，人民币作为国际货币还需为全球提供足够的清偿力，而"特里芬难题"则指出储备货币国无法在为世界提供流动性的同时保持币值稳定，由此可能进一步加剧汇率波动风险。

汇率的剧烈波动，特别是货币贬值，将带来非常不利的影响。一方面，国际贸易受到不利影响，进出口额减少，经常项目和资本项目出现巨额赤字，国际收支失衡，国内经济下滑；另一方面，如果为了规避汇率波动带来的损失采用美元进行计价与结算，或者减少外汇储备，不利于人民币国际地位的稳定。

"8·11"汇改以来,人民币汇率波动不断加剧(见图5-4)。汇改引发贬值,并被预期不断强化,但汇率不再一味升值,减轻了升值压力,结束了易升难贬的局面。2017年5月,央行将逆周期因子引入人民币汇率定价中,人民币兑美元汇率由弱走强,贬值趋势逆转,极大增强了市场的信心,扭转了易贬难升的局面,人民币汇率贬值预期有效释放。2019年以来,中国外汇交易中心(CFETS)人民币汇率指数为91.39,受中美贸易摩擦等外部因素的影响,人民币汇率波动加大,境内人民币汇率双向浮动,弹性显著增强。

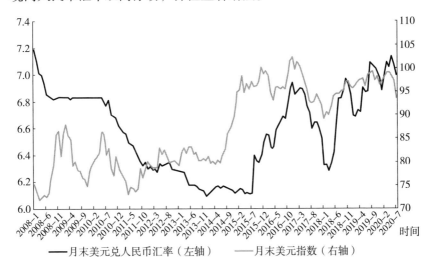

图5-4 2008年1月—2020年7月人民币汇率变动与美元指数变动

汇率波动风险贯穿人民币国际化推进的各个阶段。在人民币结算货币阶段,汇率的剧烈波动易使国际贸易受到影响,经常项目账户面临失衡风险;在人民币投资货币阶段,汇率的大幅波动会造成国际资本频繁大量流动,使国际收支失衡,不利于国内经济稳定;在人民币储备货币阶段,汇率的剧烈波动使得其他国家或地区的政策当局放弃人民币计价结算,甚至减少人民币储备资产。因此,在人民币国际化进程中,应重点监控和防范汇率波动的风险。

四、货币政策操作风险

根据第二章"法悖论"的相关分析,独立的货币政策、固定汇率和资本的自由流动不能同时实现。

在开放经济、固定汇率制的背景下,利率调整所起到的效果将被资本流入流出所抵消。假设在经济不景气时期采取宽松的货币政策,利率会降低,资本也会外流。为了保持汇率稳定,需要在外汇市场卖出外汇储备来买入本国货币,利率调整的效果将大打折扣。

在金融市场开放、浮动汇率制下,货币政策如何对经济发挥调节作用的传导路径见图5-5所示。

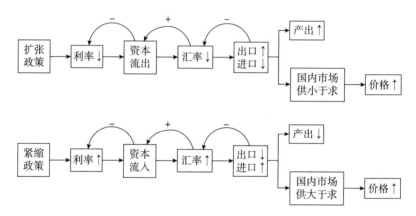

图5-5 开放经济中浮动汇率制下货币政策调节经济的渠道

货币政策首先影响利率,其次影响资本流动,资本流动影响汇率变动,进而影响贸易变动,而贸易变动逆向影响汇率变动,汇率变动同向影响资本流动,资本流动弱化利率变动。如在扩张政策中,利率下降引起资本流出,资本流出使汇率下降,汇率下降利于出口增加,出口增加反过来减缓贬值趋势,汇率下降导致资本进一步流出,而资本流出反而减缓利率下降趋势。因此可以得出,货币政策对经济的调节不再是通过调节利率刺激投资,而是通过调节利率影响资本流动和汇率变化,进一步影响贸易收支,从而影响产出和物价,换句话说,是通过外部的调节达到经济平衡，此时，货币政策是独立的，但是效果可能与预期出现偏差。因为，资本流动引起的资本项目变动与贸易影响的经常项目变动是否能完全匹配，政策对产出的影响是否稳定，汇率持续单向变动是否合理，尤其在本币贬值的情况下，对本币的国际地位是否会有不利影响，多方不确定影响之下，货币政策的执行效果可能会被削弱。

在人民币国际化不断深化的过程中，由"三元悖论"理论可知，随着资本开放度不断加大，固定汇率会抵消货币政策效果，因此需要逐渐加大汇率变动的弹性空间。所以为了保持货币政策的相对独立性，我们应尽可能寻找资本有限流动和汇率合理波动之间的平衡。在人民币国际化初期，香港是规模最大的离岸市场，对于离岸市场的调控还属于可以控制的范围内。然而，随着投融资途径的进一步增加、资本金融项目的进一步放开，人民币的国际化已经进入投资货币阶段。此时，国外人民币的库存增加。考虑到货币政策存在外部约束以及溢出效应，调控难度将放大，货币政策操作风险将显著增大。此时，要保持汇率的相对平稳，货币政策的独立性和有效性将受到影响。

五、财政政策操作风险

在人民币国际化过程中，随着资本项目的逐步开放，宏观政策的制定和实施势必会受到一定影响，人民币国际化过程中的财政政策风险主要表现为扩张性财政政策风险。为了提高人民币在国际中的地位和影响力，中国应该进一步扩大自身在世界政治、经济贸易、军事等领域的影响力，这意味着政府财政开支就会增加，而一旦财政收入不足以弥补支出便会出现财政赤字。然而，过度的财政赤字将使得外国投资者对人民币的信心受到影响。当投资者信心不足、持有意愿下降时，就会造成资本外逃，本国货币价值下跌，人民币的国际地位也会下降。因此，使用扩张性的财政政策刺激经济的效果可能会下降。此外，发行人民币债券对国家经济发展有利，能够进一步提升人民币的国际认可度。然而，大量的债券发行意味着偿还本息的压力加大，这也可能影响他国对人民币的信心。财政政策操作风险伴随着资本项目开放度的扩大而增加，因而在人民币投资货币阶段需要重点防范。

六、货币竞争风险

人民币国际化进程中，应当注意识别货币竞争风险。我国面临的货币竞争风险可能表现为两个方面：一方面，随着人民币国际地位的提升，会受到来自美元等强势货币的挤压或阻碍，货币强势国家可能会设置贬值、过度发行或贸易和投资壁垒，使人民币处于不利的地位，例如中美贸易摩擦等。另一方面，美元等强势货币在世界范围内具有较强的货币惯性，国际货币地位高，国际贸易定价权大。对于起步较晚的人民币来说，这些无疑是需要克服的巨大困难。

货币替代或反替代是货币竞争的最终表现。目前，由于币值稳定和贸易计价结算，我国对周边国家存在一定程度的货币反替代，但是随着美元等强势货币升值，又存在替代风险。简而言之，货币替代是外币代替本币发挥货币职能的现象，其发生受两个方面的影响：第一，开放的经济环境，资本能够自由流动，这样货币兑换才能顺利进行；第二，该国出现本币收益率降低、币值下降或产生通货膨胀预期等情况，可以认为货币替代是人们避险保值的一种行为。

货币替代对一国的经济会产生不利影响，一是，大量货币兑换会引起汇率的剧烈波动；二是，政府企图通过扩张的货币政策调控经济的愿望将无法实现，因为通货膨胀预期会引发大规模货币替代，调控效果将被削弱；三是，政府的铸币税收入会因为货币替代而减少，政府财政收入减少，赤字增加；四是，货币替代会阻碍货币国际化的发展。

使用外币存款与货币供应量的比值作为货币替代率，对我国的货币替代现象进行考察。由于目前对货币替代率没有阈值上的界定，所以本书认为货币替代率越小越好。从图5-6可以看出，在人民币升值区间货币替代率是波动下降的，2011年以后，货币替代率有波动上升趋势。随着人民币国际化进程的不断深入，人民币在全球范围内所承担的货币职能不断深化，根据格雷欣法则所指出的"劣币驱逐良币"，人民币的反替代可能性增加，由此带来的货币竞争风险加剧。

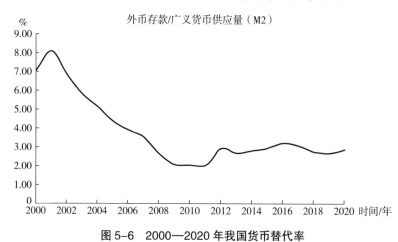

图5-6 2000—2020年我国货币替代率

七、金融资产价格波动风险

人民币国际化自开始推进以来，随着资本项目的逐步开放，我国金融市场面临的不确定性增加，受到人民币离岸市场和其他境外市场的影响也更大，整体上，我国金融市场还较为脆弱，外来冲击易使金融资产价格出现剧烈波动。

从前文分析也可以得知，金融资产价格受两个因素影响。首先，资本流动与汇率变动，二者之间存在正反馈。例如预期汇率上涨、短期资金流入，这将继续导致汇率上涨和短期资金流入，短期资金进入房地产和股票市场投机，并推动其他市场上涨。如果预计汇率下跌，短期资金将迅速退出,引发房市和股市的资产价格剧烈波动,甚至引发危机。这一点可以从 2015 年股市的波动中得到印证。其次,流动性增加和大量资金流入可能导致国内信贷扩张、外汇资金释放和政策宽松。房地产和股票市场的流动性过高会导致资产泡沫和大量资本外流。资产价格也会剧烈波动。

以上证综指收益率的波动率作为股市波动率,以间接法计算短期资本流动,对短期资本流动和股市波动情况进行分析,数据经过标准化处理,如图 5-7 所示,随着资本项目开放,股票价格与短期资本流动波动的相关性明显增强,2015 年尤为明显。

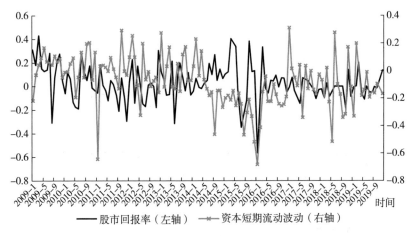

图 5-7 2009—2019 年股市波动与短期资本流动波动情况

随着人民币国际化进程的不断深入,以人民币计价的金融资产如股票、债券、基金、信托和其他金融衍生品等交易量不断增加,人民币跨境投融资渠道进一步拓宽。新冠疫情以来,金融资产价格波动风险显著增大,2020 年 3 月美股 2 周内触发 4 次熔断更是引发全球股市暴跌。

八、危机传染风险

金融自由化的背景下,一国金融危机可能会在世界范围内传播并产生影响，2008年的世界金融危机就是如此。从传播渠道来看，外部的金融风险主要通过贸易和资本两个渠道对我国经济产生影响。一方面，当外部发生金融危机时，我国的进出口贸易将受到冲击，贸易规模萎缩，实体经济萎靡不振。为了刺激出口，政府可能采取本币贬值的策略，但这又会给资本账户带来巨大压力，致使资本大量流出，引发恐慌，并且国际收支巨额逆差，会严重影响国内经济发展。另一方面，外部的债务危机和融资问题引起流动性需求，如果国内政策增加流动性，以应对非居民自身出售资产换取流动性的危机，非居民对人民币资产产生强烈的卖出倾向。考虑到容易受群体影响的投资者，人民币资产的价格可能会大幅波动，甚至导致国内金融危机。

我国在历次金融危机中受到的冲击较小，主要得益于严格的资本管制。但是，随着人民币国际化进程的深入，在人民币投资货币阶段，资本项目开放程度和汇率机制市场化程度不断提高，我国金融市场与外界的联动性加强，风险传染可能性也随之增强。尤其是新冠疫情以来，贸易保护主义抬头、全球经济不景气、地缘政治冲突频发，国际经济金融形势更为复杂。后来随着新冠疫情的不断蔓延，国际金融风险在国家和地区之间的传染效应更是显著增长。

九、国内金融机构经营风险

人民币国际化进程中，我国也致力于深化国内金融体系改革，但是往往很难在国内金融体系完全健全的前提下推进人民币国际化，通常是在很多条件并不充分的情况下渐进式地推进人民币国际化，并在推进的同时继续深化国内金融体系改革。但是，在人民币国际化进程中，政府采取了各方面的改革措施，如放宽外商进入中国市场的准入条件等。这使得更多优质的国外金融机构进入中国市场，而在尚不完全健全的国内金融体系下，国内金融机构和国外发展较为成熟的金融机构相比不具备核心竞争力，具体表现为在脱离了国内金融支持政策保护的情况下，国内金融机构客户资源和业务量显著下降，国内商业银行外汇敞口加大等，最终导致国内金融机构盈利状况恶化，甚至被国外金融机构所并购。国内金融机构经营风险随着资本项目开放度加大以及人民币境外投融资渠道进一步拓宽而逐渐凸显。

第二节　人民币国际化进程中的金融风险传导

上文已经对人民币国际化进程中的金融风险生成进行了全面的分析，得出人民币在国际化进程中主要存在资本流动风险、经常账户收支失衡风险、汇率波动风险、货币政策风险、财政政策风险、货币竞争风险、资产价格波动风险、危机传染风险和国内金融机构经营风险。而金融风险之间也存在彼此影响、紧密相关和互为因果等关系，如资本流动和汇率波动之间存在同向变动关系并互为因果，如货币政策通过资本流动和汇率波动发挥作用，如资本流动和汇率波动与金融资产价格之间相互影响等。但由于不同国家经济发展水平、国内金融体系健全程度和宏观经济政策选择等各方面的不同，各国货币国际化进程中所生成金融风险的传导机制不完全相同，因此，在完成人民币国际化进程中金融风险生成分析的基础上，本书仍需对人民币国际化进程中所产生的金融风险传导展开深入研究，这对于人民币国际化进程中金融风险测度和预警指标体系的构建具有重要的理论指导意义。具体地，本书根据人民币国际化进程中所生成的九类金融风险影响我国实体经济和金融体系的方式，将人民币国际化进程中的金融风险传导总结为经常项目、资本项目和宏观经济政策传导三大类传导途径（见图5-8）。

一、经常项目传导路径

人民币汇率波动风险主要通过经常项目途径传导至国内实体经济和金融体系（见图 5-8）。

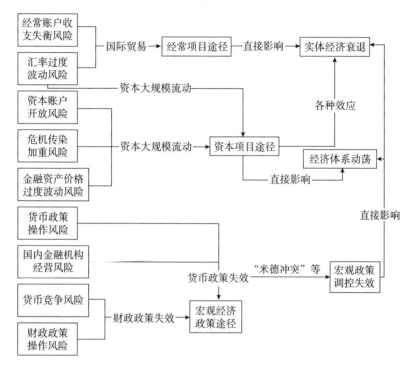

图 5-8　人民币国际化进程中的九大金融风险及三条风险传导路径图

近年来，我国经常项目一直保持顺差状况，我国 2018 年的对外贸易依存度为 33.99%。人民币汇率的剧烈波动主要作用于国内外贸依赖型企业，并对我国国际贸易产生直接和强烈的影响。同时，我国的对外贸易依存度较高，因此人民币汇率的剧烈波动将对我国实体经济产生重大影响。金融是实体经济的"晴雨表"，可以衡量实体经济的发展状况，因此，实体经济的衰退必将进一步传导至金融体系，导致金融体系动荡。具体地，人民币升值有利于我国贸易进口，但不利于贸易出口，这一经济行为使得国内产品的外部需求和内部需求同时迅速降低，而产品需求的迅速降低将导致出口依赖型企业的供给相应降低，最终导致国内实体经济衰退，导致金融体系动荡。人民币贬值有利于我国贸易出口，但不利于贸易进口，这一经济行为使得国内产品的外部需求和内部需求同时激增，而产品需求的激增将导致出口依赖型企业的供给相应增加，最终导致国内实体经济过热，并使得金融体系泡沫变大（见图5-9）。

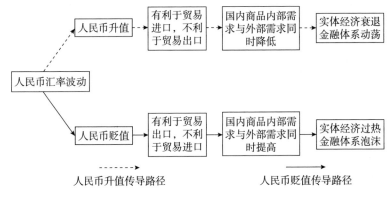

图5-9 经常项目传导路径图

二、资本项目传导路径

人民币汇率波动风险、资本账户开放风险、外部金融危机传染风险和金融资产价格波动风险主要通过资本项目途径传导至国内金融体系和实体经济。其中，外部金融危机传染风险和金融资产价格波动风险是由资本账户开放风险衍生而来的，因此，外部金融危机传染风险和金融资产价格波动风险也主要通过资本项目途径传导至国内金融体系和实体经济（见图5-10）。

人民币汇率的剧烈波动导致人民币投机行为大幅增加，并进一步导致我国资本大规模流动；资本账户开放程度的扩大使得跨境资金在我国资本市场上大规模流动。一方面，资本大规模流动通过使得消费增加和投资减少的方式作用于实体经济，而金融这一晴雨表最终反映实体经济的发展状况；另一方面，在国内监管体系并不完善的条件下，资本大规模流动将直接导致金融体系动荡，金融是现代实体经济的核心，是实体经济的血脉，因此，金融体系的动荡必将传导至实体经济，而在实体经济中的体现就是重要且有意义的项目得不到相应的资金支持，最终导致实体经济衰退。资本大规模流动作用于实体经济的具体机制有：一是人民币升值预期将使得国外的个人和机构投资者大量购入人民币资产，导致国外资本大规模流入、国内资产价格上升、利率水平下降，并分别通过财富效应和使得储蓄减少两种方式虚增国内消费水平；二是人民币贬值预期将使得国外的个人和机构投资者大量抛售人民币资产，导致国外资本大规模流出，并通过资产负债表效应、"Q效应"和使得名义利率上升等方式减少国内投资水平。资本大规模流动作用于金融体系的具体机制为：资本大规模流入使得我国利率水平和资产收益率下降，进一步使得投资者风险偏好增加和国内信用过度膨胀，导致经济"非理性繁荣"，而随着资产价格泡沫的破裂，金融机构出现大规模亏损和破产，最终通过债务紧缩效应导致实体经济衰退；反之同理。

当资本账户开放风险衍生出外部金融危机传染风险和金融资产价格波动风险时，其传导途径和资本账户开放风险的传导途径略有不同。具体地，资本账户开放程度的扩大使得我国与外部的联系更加紧密，当外部爆发系统性金融危机时，国内居民和投资者更容易受到外部负面情绪影响，并产生恐慌情绪，这一行为降低了国内公众对经济发展的信心，从而进一步导致国内消费需求和投资需求大幅下降，最终使经济陷入低迷，且一旦金融危机传导至我国，由此引起的最直接的反应就是金融中介机构资产负债表严重恶化和资本市场交易额大幅下跌，最终导致国内金融体系剧烈动荡，实体经济衰退。资本账户开放程度的扩大更容易导致大量国际游资攻击我国资本市场，导致国内金融资产（如股票、债券、期货、基金和房地产）价格剧烈波动，而这些金融资产价格的过度波动容易在群众中产生恐慌情绪，造成银行等金融中介机构的挤兑，最终导致金融机构倒闭，实体经济衰退（见图5-10）。

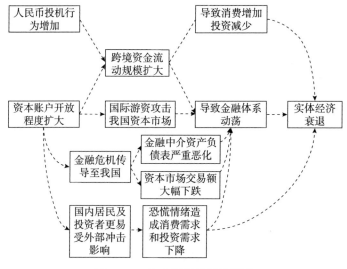

图5-10　资本项目传导路径图

三、宏观经济政策传导路径

人民币汇率波动风险、货币政策操作风险、财政政策操作风险、国际货币替代风险和国内金融机构经营风险主要通过宏观经济政策途径传导至国内宏观经济政策调控效果，并最终传导至国内实体经济和金融体系（见图5-11）。

人民币汇率波动风险、货币政策操作风险和财政政策操作风险分别容易导致汇率政策、货币政策和财政政策失效；国际货币替代风险容易导致三大宏观经济政策失效；国内金融机构经营风险容易导致货币政策失效。现实经济情况中，根据上文所述的"三元悖论"理论，汇率政策、货币政策和财政政策三大宏观经济政策相互作用，并进一步导致国内宏观调控政策失调，其作用机制实质为"米德冲突"，即在汇率政策失效的条件下，我国仅能依靠单一的支出增减政策（货币政策和财政政策)对经济进行调节,这将容易引起经济内外部均衡之间的冲突,并且最终传导至经济和金融系统,表现为金融体系动荡,实体经济衰退。除此之外,当需要某一类型的财政政策或货币政策和既定的货币政策或财政政策相匹配时,财政政策或货币政策失效,不能起到应有的作用,便产生政策不匹配问题,进一步导致我国的各项宏观调控政策失调乃至失效,最终对国内实体经济和金融体系的稳定产生影响,甚至加深目前所面临的相关问题(见图 5-11)。

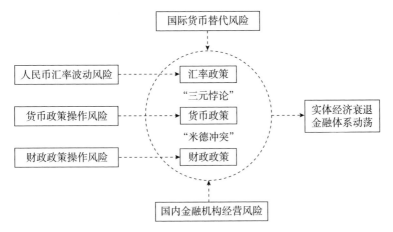

图 5-11 宏观经济政策传导路径图

第三节 本章小结

根据上一章对人民币国际化宏观经济效应的分析结果,尤其是负面效应及其风险点,本章通过结合人民币国际化在不同阶段中的具体措施,将人民币国际化进程中的金融风险归纳为资本账户开放风险、经常项目收支失衡风险、汇率过度波动风险、货币政策操作风险、财政政策操作风险、金融资产价格过度波动风险、危机传染加重风险、国内金融机构经营风险、货币竞争风险九大类。同时,考虑到不同国家的经济发展水平、国内金融体系健全程度和宏观经济政策选择等各不相同，由此导致的各国货币在国际化进程中金融风险的传导机制也不尽相同。因此，本章还根据人民币国际化进程中的金融风险影响我国实体经济和金融体系的具体方式，进一步将人民币国际化进程中的金融风险传导途径总结为经常项目、资本项目和宏观经济政策传导三类。下一章将以这九类金融风险为依据，通过有筛选地构建人民币国际化进程中的金融风险测度与预警指标体系，从而实现对人民币国际化推进过程中我国经济金融运行状态的动态监测与预警。

第六章

人民币国际化进程中的金融风险测度与预警

第六章 人民币国际化进程中的金融风险测度与预警

随着人民币国际化的不断推进，资本开放度进一步提高，由此带来的金融风险也愈加复杂。一方面货币政策风险、资产价格波动风险、汇率波动风险及资本流动风险等日益加剧；另一方面也会产生诸如货币替代风险等其他新的金融风险。因而，如何正确测度人民币国际化进程中的金融风险水平，不仅对动态监测人民币国际化推进过程中我国经济金融与运行是否处于安全状态意义重大，同时也对后续人民币国际化进程中的金融风险预警和防范至关重要。上一章根据人民币国际化进程中的金融风险识别分析，将人民币国际化进程中的金融风险归纳为九大类，本章将以此为依据，通过有筛选地构建金融风险测度及预警指标体系，进而实现对人民币国际化进程中金融风险水平的测度和预警。

第一节 人民币国际化进程中的金融风险测度分析

信号分析法、模型法和压力指数法是目前研究金融测度的三种主流方法。随着风险测度理论的发展和数据可得性的提高，金融风险测度方法不断优化。其中，信号分析法主要依据已经发生过金融危机的国家的经验数据作出判断，因此其适用性较窄，尤其是对于像我国这种未爆发过金融危机的国家而言，该方法的适用性更低。在模型法中，GARCH 模型构建的基础是市场之间的波动性溢出，以残差之间的相关性为主,不能够准确代表系统性金融风险;CVAR模型一般只能用于识别系统重要性金融机构,而不能得到整个系统的金融风险;STV模型则未考虑到金融机构之间的内在联系和相互作用;其他模型也存在相应的问题。因此,模型法不适用于研究人民币国际化进程中的金融风险测度。而压力指数法主要从整体角度对系统性金融风险进行测度,从理论角度出发,运用相关变量较为实时全面地反映系统性金融风险水平;从实际操作角度来看,金融压力指数所需相关变量的数据可得性较高,较适用于研究人民币国际化进程中的金融风险测度。因此,本节将首先构造金融压力指数,并据此对人民币国际化进程中的金融风险展开测度。

一、金融压力指数构建原则

上一章对人民币国际化进程中所产生的九大金融风险及其主要的三条传导途径开展了深入研究,这对人民币国际化进程中金融风险测度指标体系的构建具有重要的理论指导意义。本节将在前文研究基础上,借鉴国内外相关文献研究成果,依据以下四项原则构建人民币国际化进程中金融风险测度与预警指标体系。

1. 针对性

选取的风险指标应当具有一定针对性,即立足于所识别的人民币国际化进程中的几类风险,以风险的发生、影响因素和传播路径为着眼点,选取经济意义合理的指标。

2. 重要性

选取的风险指标应对风险有较强的解释能力,并不是广泛地选取所有相关指标，应当在相关指标中选取与风险变化相关性最高的指标，即选取重要指标。

3. 灵敏性

风险测度和预警指标应当具有一定的灵敏性，即灵活变化，对风险的细微变化有较强的敏感性，从而迅速做出变化并反馈，这样才能动态有效地评估风险。

4. 可操作性

可操作性是指风险指标能以合理的途径从外界及时获取准确的资料，能够被观察和量化是实证研究和风险预警的重要前提条件。

二、金融压力指数指标筛选

在上述原则的指导下，结合我国人民币国际化的实际情况，选取能直接衡量特定风险或与特定风险相关程度较大的测度和预警指标，如与风险的影响因素、传导路径等有显著关系的指标。同时，考虑到国内金融机构经营风险与资本项目开放度直接相关，具体地说，人民币国际化进程中的各方面改革措施，如放宽外商进入中国市场的准入条件等，使更多优质的国外金融机构进入中国市场，导致在尚不健全的国内金融体系下，国内金融机构客户资源和业务量显著下降，最终造成其盈利状况恶化，甚至被国外金融机构所并购。因此，为避免重复，本章删除了九大金融风险中的"国内金融机构经营风险"。此外，为更加有效地预警人民币国际化进程的金融风险，本章详细区分了经常账户收支失衡风险与汇率波动风险下的指标选取。综合上述考量，最终确定 37 个指标，具体经济意义分析如下。

资本流动风险方面，选取FDI同比增长率和FDI/GDP等指标。其中，FDI相关指标的变化，可以反映外部对我国的投资意愿和信心；短期资本流动/GDP能够反映短期资本流动对我国经济金融的冲击，短期资本流动数据利用外汇储备增量扣除外商直接投资净增加、贸易顺差和外债净增加间接计算得到的；资本账户差额/GDP主要反映了一定时期资本流动的方向和规模；证券投资项下资本流入/流出反映外部资本对我国证券投资的变化趋势；由于人民币境外投资（ODI）数据统计期间较短，无法获得较长时期的高频数据，因此不予考虑。

经常账户收支失衡风险方面，选取经常账户差额增长率、进出口增长率、外汇储备增长率、经常项目差额/GDP、外汇储备/GDP和采购经理指数（PMI）。经常项目差额的顺差或逆差能够反映我国对外的债权或债务情况，经常项目差额的变化能够反映国内外经济联系的变化；外汇储备的相关指标能够反映我国对外支付和调节国际收支的能力；进出口增长率和进口PMI能够反映出口及进口变化情况，反映经常项目收支变化。

汇率过度波动风险方面，选取汇率波动率、实际有效汇率指数、实际汇率偏离和国内外长短期利差指标。其中，汇率波动率以美元兑人民币月加权平均汇率为基础建立GARCH（1，1）模型获取；实际汇率偏离是以美元兑人民币月加权平均汇率减去经HP滤波法得出的趋势值算出，实际上代表汇率波动；国内外利差的变动将引起汇率的变动，分别以中美1年期和10年期国债利差作为国内外短期和长期利差。

货币政策操作风险方面，选取外汇占款/M2、外汇储备/进口额和M2/GDP指标，这三个指标能影响或反映央行基础货币的投放情况。

财政政策操作风险方面，选取财政收支差额/GDP、外债余额/GDP和短期外债/外汇储备指标，财政收支差额反映我国财政的基本情况与经济发展的适应情况，外债余额/GDP反映我国外债整体风险，衡量了经济增长对外债的依赖程度；短期外债/外汇储备则对我国短期外债风险及清偿能力进行了度量。

货币竞争风险方面，选取外币存款/M2、外币存款/(外币存款+M2)和CPI同比变化率，前两个是常见的衡量货币替代风险的指标，CPI同比变化率用于反映我国通货膨胀情况，而通货膨胀是引发货币替代的重要因素。

金融资产价格过度波动风险方面，选取房地产、外商证券投资和股票市场相关指标，国外资本流入通常会引起汇率波动，汇市与股市、楼市关联性较强，资本进入房市、股市通常会引起市场价格剧烈波动。其中，股价指数波动率是通过对股票价格指数月度收益率序列建立GARCH（1,1）模型获得。

金融危机传染加重风险方面，主要从传染渠道的角度出发，选取对外贸易依存度、资产证券化程度、资本账户开放程度、国际原油价格变动率和出口/进口指标。其中，资本账户开放程度为资本账户下直接实际投资、证券投资和其他投资总和与GDP的比值，资产证券化程度为股票总市值/GDP。

对选取的37个指标进行编码，具体见表6-1。

表6-1 人民币国际化进程中金融风险测度与预警指标体系

风险类别	预警指标	
资本流动风险（X_1）	FDI同比增长率	X_{11}
	证券投资项下资本流入/流出	X_{12}
	FDI/GDP	X_{13}
	短期资本流动/GDP	X_{14}
	资本账户差额/GDP	X_{15}
经常账户收支失衡风险（X_2）	经常账户差额增长率	X_{21}
	经常项目差额/GDP	X_{22}
	外汇储备增长率	X_{23}
	外汇储备/GDP	X_{24}
	进口增长率	X_{25}
	出口增长率	X_{26}
	进口PMI	X_{27}

续表

风险类别	预警指标	
汇率过度波动风险（X_3）	汇率波动率	X_{31}
	实际有效汇率指数	X_{32}
	国内外短期利率差	X_{33}
	国内外长期利率差	X_{34}
	实际汇率偏离	X_{35}
货币政策操作风险（X_4）	外汇占款/M2	X_{41}
	外汇储备/进口额	X_{42}
	M2/GDP	X_{43}
财政政策操作风险（X_5）	财政收支差额/GDP	X_{51}
	外债余额/GDP	X_{52}
	短期外债/外汇储备	X_{53}
货币竞争风险（X_6）	外币存款/M2	X_{61}
	外币存款/（外币存款+M2）	X_{62}
	CPI同比变化率	X_{63}
金融资产价格过度波动风险（X_7）	房价增长率/GDP增长率	X_{71}
	房地产投资/GDP	X_{72}
	房地产投资增长率	X_{73}
	外商证券投资总额增长率	X_{74}
	股价指数波动率	X_{75}
	股票流通市值/（M2-M1）	X_{76}
危机传染加重风险（X_8）	对外贸易依存度	X_{81}
	资产证券化程度	X_{82}
	资本账户开放程度	X_{83}
	国际原油价格变动率	X_{84}
	出口/进口	X_{85}

三、金融压力指数指标权重确定

根据前文所述,在确定人民币国际化中八类金融风险测度与预警指标的基础上,本书将采用主成分分析法和 CRITIC 赋权法对上述 37 个指标先后进行降维和赋权处理,通过金融压力指数的合成实现对人民币国际化进程中金融风险的测度和预警分析。

1. 构建方法

(1) 主成分分析法

主成分分析法通过研究样本数据矩阵的内部结构关系,使原有指标通过线性组合转变为少数几个互不相关的综合指标。因此,借助主成分分析法可以利用较少的几个综合指标反映庞大的指标体系,并且尽可能反映原始数据更多的信息。

考虑到上一节选取的测度与预警指标体系较庞大,每个指标反映风险的角度和形式不同,且各指标之间又不可避免存在一定的相关性,信息上可能出现重叠,为了避免这个缺陷,同时也为了提高后续估计准确性,本书将首先使用主成分分析法对指标体系进行降维处理。

(2) CRITIC 赋权法

结合文献分析,确定权重对于利用子系统指标合成金融压力指数而言至关重要。根据赋权依据,一般可分为主观赋权法和客观赋权法两类,前者依赖专家的经验判断,后者则依赖客观资料。考虑到前者的主观随意性较大,本书将使用客观赋权法来确定指标权重。

常见的客观赋权法中,熵权法、离差及均方差法等主要依据指标间的变异性来确定权重,而 CRITIC 赋权法在此基础上,还考虑了各指标间的冲突性。因此,本书选取 CRITIC 赋权法来确定测度指标的权重。

2. 数据来源与预处理

本书开始于 2016 年，故样本区间最初选取 2007 年 1 月—2017 年 12 月的月度数据，并对 2018 年 1 月—2019 年 6 月的风险状态进行预警，将其与实际运行状态进行比较从而检验模型有效性。每个测度和预警指标都有 132 个观察值，如无月度数据则使用季度数据，数据主要来源于中国人民银行官网、Wind 数据库、CEIC 数据库及中国国家统计局官网。

在进行实证分析前，数据预处理如下。

（1）考虑到多数指标为月度公布，因而所有指标统一采用月度数据。对季度数据（如 GDP、外债余额等）借助 Eviews 软件进行低频转高频，对日度数据（如股指、原油价格等）则通过取月平均值得到月度数据。

（2）对缺失值，借助 Eviews 软件通过基数样条插值法（Cardinal Spline）补齐数据，如房地产投资等缺失 1 月份数据的指标。

（3）建立 GARCH 模型得到汇率波动率和股指波动率。这里以汇率波动率为例，介绍利用 GARCH 模型获取指标波动率的过程。

第一，通过 ADF 检验对美元兑人民币月加权平均汇率的原始数据平稳性进行考察，通过描述性统计检验对其分布进行考察，并检验其自相关性，检验结果如表 6-2、表 6-3 和图 6-1 所示。

表 6-2 人民币汇率的平稳性检验结果

ADF 检验统计		t 统计量	P 值
		−2.222 450	0.025 7
测试临界值	1% level	−2.580 065	—
	5% level	−1.942 910	—
	10% level	−1.615 334	—

由表 6-2 得出，在 5% 的显著性水平下，美元兑人民币月加权平均汇率是平稳序列。

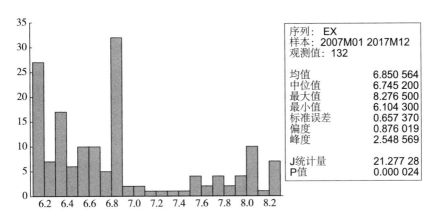

图6-1　人民币汇率的描述性统计检验结果

由图6-1得出，在1%的显著性水平下，JB统计量较大，P值较小，明显存在厚尾特征，不符合正态分布。

表6-3　人民币汇率的自相关性检验结果

滞后阶段	自相关系数	偏自相关系数	Q统计量	P值
1	0.982	0.982	153.49	0.000
2	0.963	−0.063	301.92	0.000
3	0.942	−0.041	444.99	0.000
4	0.920	−0.045	582.38	0.000
5	0.898	−0.035	713.87	0.000
6	0.873	−0.043	839.21	0.000
7	0.849	−0.001	958.57	0.000
8	0.828	0.055	1 072.7	0.000
9	0.806	−0.017	1 181.6	0.000
10	0.784	−0.025	1 285.3	0.000
11	0.761	−0.041	1 383.7	0.000
12	0.737	−0.031	1 476.8	0.000
13	0.714	−0.018	1 564.5	0.000
14	0.689	−0.018	1 647.1	0.000
15	0.665	−0.023	1 724.3	0.000

续表

Lag	AC	PAC	Q-Stat	Prob
16	0.639	−0.031	1 796.3	0.000
17	0.613	−0.041	1 863.0	0.000
18	0.587	−0.018	1 924.5	0.000
19	0.560	−0.023	1 980.9	0.000
20	0.533	−0.012	2 032.5	0.000

由表6-3得出，第一，滞后20阶的范围内，P值都显著为0，说明美元兑人民币月加权平均汇率存在显著自相关性。

第二，尝试将该汇率与其不同滞后期进行回归，依据赤池信息准则选取最优模型。通过代入不同滞后期试验，最终发现汇率与其滞后一期的拟合程度最好，模型估计结果如表6-4所示。

表6-4 汇率自回归模型的估计结果

变量	系数	标准误差	t统计量	P值
C	7.387 355	0.770 598	9.586 519	0.0000
AR（1）	0.998 855	0.004 768	209.477 1	0.0000

对汇率自回归模型的残差项进行滞后几期的ARCH效应检验，结果如表6-5所示。在10%的显著性水平下均拒绝原假设，残差存在显著的ARCH效应，因此可以建立GARCH模型，汇率的一阶自回归模型即条件均值方程。

表6-5 模型残差项滞后n期的ARCH检验结果

期数	F统计量	P值	观测值数量*R^2	P值
1	8.114 068	0.005 0	7.806 150	0.005 2
2	4.053 869	0.019 3	7.847 460	0.019 8
3	2.696 174	0.048 1	7.878 002	0.048 6
4	2.558 975	0.041 1	9.895 048	0.042 2
5	2.578 024	0.028 8	12.327 61	0.030 6
6	2.164 097	0.049 8	12.486 41	0.052 0

第三,建立 GARCH(p,q)模型。由于不符合正态分布,尝试 student-t 分布或 GED 分布,这里参数 p 和 q 仅取 1 和 2,如果多个模型估计结果都可靠,则依据赤池信息准则选择最优。最终确定符合 GED 分布的 GARCH(1,1)模型最为合适。

$$H_t = 0.000\,199 + 0.288\,843\varepsilon_{t-1}^2 + 0.535\,920H_{t-1} \quad (6-1)$$

$$(3.786\,760) \quad (2.412\,534) \quad (5.144\,083)$$

$$(0.000\,2) \quad (0.015\,8) \quad (0.000\,0)$$

提取模型(6-1)的条件方差数列,计算标准差,即得到汇率波动性指标。

获得股价指数波动率数据的过程与上述程序类似,这里不再赘述。

(4)对指标进行正向化处理。与风险呈正向变动关系的指标保留原始数据,反之则通过取原始数据的相反数来进行正向化处理。

3. 主成分分析

这里借助 SPSS 软件实现 PCA 分析,具体步骤如下。

(1)描述性统计与标准化处理

考虑到指标单位和量纲的差异,结合表 6-6 的描述性统计结果,首先对各指标进行标准化处理。这里采用标准差标准化法,具体公式如(6-2)所示。

$$x_t = \frac{X_t - \mu}{\sigma} \quad t = 1,2,\cdots,132 \quad (6-2)$$

其中,X_t 为 t 时期指标 X 的原始值,μ 为指标 X 的均值,σ 为指标 X 的标准差,经过处理 x_t 都符合标准正态分布。

表 6-6 预警指标的描述性统计结果

风险类别	预警指标	均值	标准差	分析数量
X_1	X_{11}	8.066 1	20.980 2	132
	X_{12}	−1.020 5	16.561 1	132
	X_{13}	0.014 6	0.004 9	132
	X_{14}	−0.029 5	0.100 1	132
	X_{15}	−0.030 2	0.037 1	132
X_2	X_{21}	−0.008 4	0.017 5	132
	X_{22}	0.728 9	0.373 0	132
	X_{23}	0.017 6	0.148 3	132
	X_{24}	−0.016 2	0.139 9	132
	X_{25}	−0.038 0	0.030 2	132
	X_{26}	−0.062 7	1.271 2	132
	X_{27}	51.573 5	2.707 2	132
X_3	X_{31}	−1.804 3	1.450 3	132
	X_{32}	−0.878 0	0.804 2	132
	X_{33}	0.001 4	0.001 6	132
	X_{34}	109.601 2	12.729 3	132
	X_{35}	−0.000 1	0.016 1	132
X_4	X_{41}	0.241 5	0.055 3	132
	X_{42}	−22.349 4	3.869 3	132
	X_{43}	3.389 0	1.676 1	132
X_5	X_{51}	0.196 2	0.106 0	132
	X_{52}	0.190 5	0.073 5	132
	X_{53}	−0.013 6	0.110 9	132
X_6	X_{61}	2.733 4	0.414 3	132
	X_{62}	2.659 1	0.392 6	132
	X_{63}	2.799 2	2.087 1	132
X_7	X_{71}	0.090 6	0.058 9	132
	X_{72}	−0.035 1	0.123 6	132
	X_{73}	0.339 4	0.891 4	132

续表

风险类别	预警指标	均值	标准差	分析数量
X_7	X_{74}	0.066 1	3.197 1	132
	X_{75}	102 118.828 2	132 742.863 4	132
	X_{76}	0.856 0	2.447 1	132
X_8	X_{81}	1.213 3	0.141 2	132
	X_{82}	0.445 2	0.094 4	132
	X_{83}	1.116 3	0.614 9	132
	X_{84}	−0.032 4	0.023 2	132
	X_{85}	78.466 5	27.075 8	132

（2）因子分析的适用性检验

为考察主成分分析的可行性，确定上述指标是否适合做因子分析，这里采用 KMO 和球形 Bartlett 检验分别进行检验，前者检验指标间的偏相关性，后者则检验相关阵是否为单位阵，结果如表 6-7 所示。

从表中可以看出，各类风险指标的 KMO 值均超过 0.6，Bartlett 检验卡方值较大，且均在 1% 的显著性水平下拒绝原假设，故上文确定的各类指标都适合做因子分析。

表 6-7 预警指标的 KMO 和 Bartlett 检验结果

风险类别	KMO	Bartlett	
		卡方统计量	显著性
X_1	0.687 1	121.624 7	0.0000
X_2	0.788 7	109.939 8	0.0000
X_3	0.656 3	270.815 2	0.0000
X_4	0.629 7	21.279 1	0.0000
X_5	0.699 0	28.511 4	0.0000
X_6	0.600 0	11.586 0	0.0007
X_7	0.791 4	34.897 2	0.0000
X_8	0.616 5	103.571 8	0.0000

(3) 总方差解释表的获取

总方差解释表中百分比越高,各主成分对原始指标的解释力度越大。各类风险指标主成分的方差解释情况如表6-8所示。

表6-8 总方差解释表

风险类别	主成分	初始特征值			提取平方和		
		特征值	方差百分比	累积贡献率(%)	特征值	方差百分比	累积贡献率(%)
X_1	Z_{11}	2.100	42.003 3	42.003 3	2.100	42.003 3	42.003 3
	Z_{12}	1.023	20.462 0	62.465 3	1.023	20.462 0	62.465 3
X_2	Z_{21}	1.681	33.609 6	33.609 6	1.681	33.609 6	33.609 6
	Z_{22}	1.443	28.853 5	62.463 1	1.443	28.853 5	62.463 1
	Z_{23}	1.030	20.592 8	83.055 9	1.030	20.592 8	83.055 9
X_3	Z_{31}	2.502	50.038 8	50.038 8	2.502	50.038 8	50.038 8
	Z_{32}	1.104	22.077 6	72.116 5	1.104	22.077 6	72.116 5
X_4	Z_4	1.428	67.593 5	67.593 5	1.428	67.593 5	67.593 5
X_5	Z_{51}	1.360	45.316 5	45.316 5	1.360	45.316 5	45.316 5
	Z_{52}	1.108	36.941 5	82.258 0	1.108	36.941 5	82.258 0
X_6	Z_6	1.293	64.627 1	64.627 1	1.293	64.627 1	64.627 1
X_7	Z_{71}	1.369	27.374 5	27.374 5	1.369	27.374 5	27.374 5
	Z_{72}	1.212	24.242 7	51.617 2	1.212	24.242 7	51.617 2
	Z_{73}	1.013	20.256 0	71.873 2	1.013	20.256 0	71.873 2
X_8	Z_{81}	1.835	36.708 3	36.708 3	1.835	36.708 3	36.708 3
	Z_{82}	1.122	22.442 6	59.150 9	1.122	22.442 6	59.150 9
	Z_{83}	1.024	20.474 2	79.625 1	1.024	20.474 2	79.625 1

由表6-8可得每类风险指标下,所提取的主成分对该类风险的解释力度均超过60%。据此,我们将原有的具体指标通过降维得到了8类综合指标。

(4) 获取主成分系数矩阵

主成分系数矩阵展示了各主成分在不同指标上的载荷,据此可得到各主成分的表达式。以资本流动风险预警指标为例，其主成分系数矩阵如表6-9所示。

表6-9 资本流动风险预警指标的主成分系数矩阵

预警指标		X_{11}	X_{12}	X_{13}	X_{14}	X_{15}
主成分	Z_{11}	0.624 0	0.188 0	0.871 0	0.519 0	−0.805 0
	Z_{12}	0.073 0	0.876 0	0.138 0	−0.468 0	0.110 0

表6-9反映了资本流动风险的两个主成分在每个预警指标上的载荷，因此可以得到这两个主成分的表达式，如下所示：

$$Z_{11} = \frac{(0.624\ 0x_{11} + 0.188\ 0x_{12} + 0.871\ 0x_{13} + 0.519\ 0x_{14} - 0.805\ 0x_{15})}{\sqrt{2.100}}$$

（6-3）

$$Z_{12} = \frac{0.073\ 0x_{11} + 0.876\ 0x_{12} + 0.138\ 0x_{13} - 0.468\ 0x_{14} + 0.110\ 0x_{15}}{\sqrt{1.023}}$$

（6-4）

其中，Z_{11}和Z_{12}是提取的两个主成分，x是标准化后的资本流动风险预警指标值。

通过以上几个步骤，用两个主成分表示了资本流动风险5个预警指标的信息。其他七类风险预警指标的主成分系数矩阵和主成分表达式的获取过程与资本流动风险类似，这里不再一一列出。

（5）综合指标的获取

按照各类风险下几个主成分的方差贡献率加权求和可以得到综合指标。以资本流动风险为例，其综合指标可以表示为：

$$X_1 = 0.420\ 0Z_{11} + 0.204\ 6Z_{12}$$ （6-5）

同理可得其他风险类别的综合预警指标，如下所示：

$$X_2 = 0.336\ 1Z_{21} + 0.288\ 5Z_{22} + 0.205\ 9Z_{23}$$ （6-6）

$$X_3 = 0.500\ 4Z_{31} + 0.220\ 8Z_{32}$$ （6-7）

$$X_4 = 0.675\ 9Z_4$$ （6-8）

$$X_5 = 0.453\ 2Z_{51} + 0.369\ 4Z_{52} \quad (6-9)$$

$$X_6 = 0.646\ 3Z_6 \quad (6-10)$$

$$X_7 = 0.273\ 7Z_{71} + 0.242\ 4Z_{72} + 0.202\ 6Z_{73} \quad (6-11)$$

$$X_8 = 0.367\ 1Z_{81} + 0.224\ 4Z_{82} + 0.204\ 7Z_{83} \quad (6-12)$$

将 37 个风险指标处理为 8 个综合测度和预警指标后，需要继续计算各综合预警指标的权重。由于本书选取的各类风险预警指标中存在 GDP、房地产这类受季节影响较大的因素，因此，在对综合指标赋权之前，先通过 Eviews 中的 X-12 季节调整加法模型去除季节影响。

4.CRITIC 赋权法

本书使用 CRITIC 赋权法对 8 个综合测度预警指标进行赋权。其基本思路是指标的权重依赖于指标之间的对比强度和冲突性，前者用同一指标在不同评价方案间取值差异的大小来衡量，具体用标准差 σ_i 表示，数值越小，对比强度越小；后者则主要借助指标间的相关系数进行度量，相关系数越大且为正相关，冲突性越低。具体计算公式为：

$$\omega_j = \frac{C_j}{\sum_{j=1}^{n} C_j} \quad j=1,2,\cdots,n \quad (6-13)$$

式中，ω_j 表示第 j 个指标的权重，C_j 包含了指标变异性和相关性，计算公式如（6-14）所示。

$$C_j = \sigma_j \sum_{i=1}^{n}(1-r_{ij}) \quad i=1,2,\cdots,n \quad (6-14)$$

式中，σ_j 为第 j 个指标的标准差，r_{ij} 为第 j 个指标与第 i 个指标的相关系数。

上述 8 类综合指标的描述性统计结果如表 6-10 所示。

表 6-10 综合预警指标的统计性分析

综合预警指标	样本量	最小值	最大值	均值	标准误差
X_1	132	−1.743 9	0.953 1	0.000 2	0.565 7
X_2	132	−2.550 0	2.190 0	0.000 1	0.752 9
X_3	132	−1.140 0	2.420 0	0.000 2	0.824 3
X_4	132	−1.390 0	1.210 0	−0.000 2	0.734 5
X_5	132	−2.460 0	2.760 0	0.000 0	0.655 4
X_6	132	−2.940 0	1.510 0	−0.000 1	0.595 1
X_7	132	−1.650 0	2.120 0	0.000 2	0.464 8
X_8	132	−1.430 0	1.320 0	0.000 8	0.621 0

获取 8 类风险综合预警指标的相关系数矩阵，如表 6-11 所示。

表 6-11 综合预警指标的相关系数矩阵

相关系数	X_1	X_2	X_3	X_4	X_5	X_6	X_7	X_8
X_1	1.000 0	−0.562 7	0.310 9	−0.423 2	0.400 2	−0.118 8	0.098 5	0.217 3
X_2	−0.562 7	1.000 0	−0.142 5	0.399 3	−0.226 2	−0.023 2	−0.104 4	−0.135 7
X_3	0.310 9	−0.142 5	1.000 0	−0.037 7	0.569 5	−0.362 6	0.117 3	0.178 9
X_4	−0.423 2	0.399 3	−0.037 7	1.000 0	−0.363 4	0.181 4	0.073 5	−0.452 9
X_5	0.400 2	−0.226 2	0.569 5	−0.363 4	1.000 0	−0.384 8	−0.038 1	0.498 3
X_6	−0.118 8	−0.023 2	−0.362 6	0.181 4	−0.384 8	1.000 0	−0.028 0	−0.193 6
X_7	0.098 5	−0.104 4	0.117 3	0.073 5	−0.038 1	−0.028 0	1.000 0	−0.063 9
X_8	0.217 3	−0.135 7	0.178 9	−0.452 9	0.498 3	−0.193 6	−0.063 9	1.000 0

通过将 8 类风险综合预警指标的标准差和相关系数的数据代入公式（6-14），计算 C_j，并根据公式（6-13）得出每一类综合指标的权重，如表 6-12 所示。

表 6-12 综合预警指标的权重

综合预警指标	X_1	X_2	X_3	X_4	X_5	X_6	X_7	X_8
ω	0.107	0.157	0.141	0.150	0.115	0.127	0.087	0.116

四、金融压力指数合成

本节将在前文权重计算的基础上进一步合成金融压力指数（Financial Stress Index，简称 FSI），用于反映人民币国际化的综合金融风险大小，具体合成如公式（6-15）所示。

$$FSI_t = \sum_{j=1}^{8} \omega_j X_{j,t} \quad j=1,2,\cdots,8 \quad （6-15）$$

将具体数据和对应权重代入上式，得到 2007 年 1 月—2017 年 12 月期间的月度金融压力指数的测算结果，见图 6-2 所示。

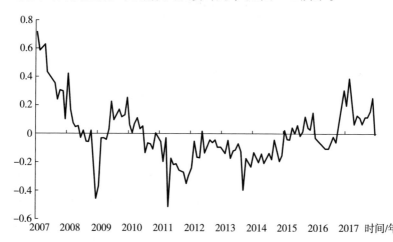

图 6-2　2007—2017 年金融压力指数变化趋势

可以发现，我国在 2007—2008 年年中、2009 年年中—2010 年年中、2015 年及 2016 年年底—2017 年年底这 4 个时间段内，金融压力指数较高，说明这些阶段我国人民币国际化的有关金融风险可能较大。

为了在统计测度的基础上实现具体的风险级别的判断，我们还需要在具体金融压力指数测算的基础上,结合具体指数值或区间条件,进一步确定某一时段是否处于高风险时期。常用的方法包括以历史均值的 1.5 倍或 2 倍标准差作为阈值、以均值的百分数作为临界值以及某个已发生过的金融危机时期的指数作为参考三种方法进行判断。第二种方法缺乏相关的统计学意义,同时我国在货币国际化进程中并未发生较大规模的金融危机,因而后两种方法不适用。本书选取第一种方法,即认为:在人民币国际化进程中,当金融压力指数超过历史均值的 2 倍标准差时,将该时期视为人民币国际化进程中的金融风险较高的时期,否则,视为较低风险时期。具体地,本书将识别金融压力指数压力区间的指标做出如下设置:

$$FSIT_t = \frac{FSI_t - \mu}{2\sigma} \quad (6-16)$$

当该指标大于 0 时,处于压力较大时期,该指标小于 0 时,处于压力较小时期。计算该指标,其变化趋势和高压力区间见图 6-3 所示。

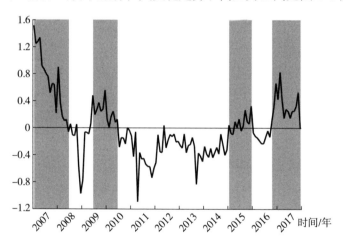

图 6-3　2007—2017 年金融压力指数的高压力区间(FSIT)

为进一步考察各类风险对整体金融风险的影响程度及其变化,本书绘制了 8 类风险堆积面积图与金融压力指数曲线(见图 6-4)。

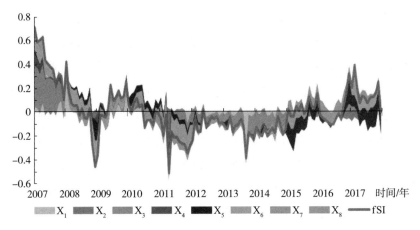

图 6-4 人民币国际化进程中的金融风险与金融压力指数变化

五、金融风险测度结果分析

综合上述测算结果及区间分析可得：

（1）样本期内，FSI 多数处于 [-1.0，0.4] 的区间内，说明在人民币国际化推进过程中，整体金融风险可控，分析原因主要是我国采取渐进式的人民币国际化战略以及审慎的开放政策。

（2）人民币国际化在初始阶段的金融风险水平逐步显现并扩大，2007 年次贷危机爆发对我国经济金融系统产生的负面影响清晰地说明了这一点。我国 2007—2008 年 FSIT 指数显著大于 0，资本流动风险、汇率波动风险、货币政策风险、资产价格波动风险和危机传染风险较高。

（3）人民币国际化进程中的综合金融风险自 2012 年以来逐步扩大，并于 2017 年达到峰值。分析原因主要是这一阶段汇率波动风险较高。在人民币国际化前期，资本有限开放的前提下，外资流入，央行为维持币值稳定，对汇率进行对冲操作，抵消了货币政策效应。因而随着资本开放度的加大，为了维持货币政策的有效性，汇率弹性空间需要不断扩大。"8·11" 汇改使人民币汇率有弹性地双向浮动成为新常态。同时,随着人民币国际化进程的深入,资本开放度进一步加大、人民币国际地位逐渐崛起、中美贸易摩擦以及新兴市场货币贬值的风险侵袭,使得这一时期汇率波动风险偏高。

第二节 人民币国际化进程中的金融风险预警分析

上文测度结果表明,在后续人民币国际化推进过程中,我国还应重点关注并防范汇率波动风险、货币政策操作风险、财政政策操作风险和金融资产价格波动风险,防止其扩大造成的不利影响。因此,本节将进一步借助马尔科夫区制转移模型对我国未来一定时期人民币国际化进程中的金融风险进行预警。

一、模型设定

根据第二章对三种风险预警模型的比较,Logit 模型的优点在于克服了 KLR 等模型对风险事件预警的缺陷,但对数据要求较高,经济指标之间容易存在多重共线性。同时,在被解释变量转为离散变量时,容易造成信息损失,降低预警的水平。BP 神经网络模型的优点在于对任意复杂的非线性的关系或定量和定性信息进行处理,但可能出现"学习过度",导致预测能力下降。此外,其预测结果也无法用理论去解释,不能描述其经济含义。马尔科夫区制转移模型的优点在于能够解决指标非线性关联的问题,也避免了模型设计者主观设置不准确的风险。据此,本节将通过建立马尔科夫区制转移模型来实现风险预警。模型具体形式如公式(6-17)所示。

$$FSI_t = c_{S_t} + \sum_{i=1}^{p} \varphi_{i,S_t} FSI_{t-i} + \varepsilon_{t,S_t} \qquad (6\text{-}17)$$
$$\varepsilon_{t,S_t} \sim (0, \sigma_{S_t}^2)$$

其中，FSI_t 为包含人民币国际化中金融风险信息的金融压力指数，S_t 表示 t 时期 FSI 的状态，本书假定状态变量 S_t 为一阶双状态马尔科夫链，所以 S_t 只有两种状态，即低风险状态和高风险状态。截距项 c_{S_t} 表示 t 时期 S_t 状态下金融风险的大小，FSI_{t-i} 为金融压力指数的第 i 阶滞后期，φ_{i,S_t} 是 S_t 状态下第 i 阶滞后期的回归系数，ε_{t,S_t} 是 t 时期 S_t 状态下的随机项。

二、模型求解与分析

首先对 FSI 进行 ADF 检验和滞后 20 期的自相关性检验。在 1% 的显著性水平下，检验结果如表 6-13 和表 6-14 所示。从表 6-13 和表 6-14 来看，指数平稳且存在强自相关性，因此，适合建立自回归模型。

表 6-13　金融压力指数的 ADF 检验结果

ADF 统计量		t 统计量	P 值
		−3.590 767	0.000 4
临界值 s	1% level	−2.580 065	—
	5% level	−1.942 910	—
	10% level	−1.615 334	—

表 6-14　金融压力指数自相关性检验结果

滞后期数	自相关系数	偏自相关系数	Q 统计量	P 值
1	0.746	0.746	75.203	0.000
2	0.666	0.246	135.50	0.000
3	0.512	−0.110	171.52	0.000
4	0.400	−0.062	193.58	0.000

续表

滞后期数	自相关系数	骗子相关系数	Q 统计量	P 值
5	0.279	−0.064	204.45	0.000
6	0.245	0.111	212.86	0.000
7	0.177	−0.013	217.29	0.000
8	0.184	0.081	222.10	0.000
9	0.167	0.021	226.10	0.000
10	0.185	0.047	231.07	0.000
11	0.188	0.033	236.24	0.000
12	0.253	0.150	245.68	0.000
13	0.131	−0.306	248.24	0.000
14	0.120	−0.021	250.38	0.000
15	−0.001	−0.134	250.38	0.000
16	−0.068	−0.050	251.09	0.000
17	−0.096	0.129	252.53	0.000
18	−0.082	0.060	253.56	0.000
19	−0.110	−0.057	255.45	0.000
20	−0.037	0.091	255.66	0.000

依据 AIC 准则，通过代入不同滞后期进行拟合发现滞后 2 期的效果最好，估计结果如表 6-15 所示。

表 6-15　最优滞后期的估计结果

变量	系数	标准误差	t 统计量	P 值
AR（1）	0.569 542	0.067 740	8.407 790	0.000 0
AR（2）	0.293 707	0.066 771	4.398 700	0.000 0
Log likelihood	69.227 60	AIC	−0.988 297	—

根据上述估计结果,代入模型(6-17)来建立双状态 MS-AR(2)模型,模型估计结果如表 6-16 所示。

表 6-16 MS-AR(2)模型估计结果

变量	St=1				St=2			
	系数	标准误差	z 统计量	P 值	系数	标准误差	z 统计量	P 值
C	0.508 906	0.114 958	4.426 882	0.000 0	0.276 662	0.136 740	2.023 268	0.043 0
AR(1)	0.346 769	0.091 414	3.793 394	0.000 1	1.047 908	0.207 662	5.046 222	0.000 0
AR(2)	0.723 319	0.106 023	6.822 299	0.000 0	0.779 858	0.257 593	3.027 478	0.002 5

在此基础上,对残差项进行平稳性检验,结果如表 6-17 所示。

表 6-17 残差项 ADF 检验结果

ADF 统计量		t 统计量	P 值*
		−7.306 944	0.000 0
临界值	1% level	−2.580 065	—
	5% level	−1.942 910	—
	10% level	−1.615 334	—

根据表 6-17,残差项平稳,表明模型估计结果可靠。结合表 6-16,根据常数项的大小对区制进行划分,1 区制代表高风险状态,2 区制代表低风险状态。在不同风险状态下,各滞后期的回归系数均显著异于零,表明风险状态无论高低都具有延续性。MS-AR(2)模型同时给出了两种风险状态的转换概率和平均持续期,如表 6-18 和表 6-19 所示。

表 6-18 区制转换概率矩阵

转换概率	St=1	St=2
St=1	0.912 612	0.087 388
St=2	0.039 536	0.960 464

表 6-19　区制平均持续期

期望持续值	St=1	St=2
	11.443 26	25.293 10

可以发现，高风险维持当前状态的概率是 91.26%，平均持续期是 11.44 个月；对应地，低风险是 96.05% 和 25.29 个月，表明风险存在一定的惯性。同时相较而言，低风险的延续性更强，平均持续期也更久。

图 6-5 为金融压力指数区制转换的平滑概率图。

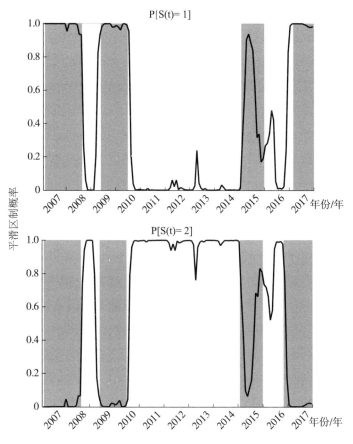

图 6-5　状态转移平滑概率图

可以发现，风险状态的区制变换与 FSI 的波动情况一致，具体地，FSI 较大时对应高风险状态，反之则对应低风险状态。前文所述 2007—2008 年年中、2009 年年中—2010 年年中、2015 年及 2016 年年底—2017 年年底四个时间段，在图中相应处于 1 区制。下面对这四个时间段逐一分析。

第一个压力区间：2007—2008 年年中。由于前期国际经济稳定和国内经济高速发展，我国资本和贸易两账户呈现双顺差格局，因此我国国内货币投放增加，流动性过剩，经济过热和通胀压力较大。在此背景下，央行连续上调存款准备金，货币政策收紧。同时，美元兑人民币汇率持续下降，由 7.8 降至 6.8，人民币强势升值，汇率波动风险上升。

美国次贷危机进一步升级为全球金融危机，金融风险迅速通过贸易和金融渠道扩散，我国不可避免地受到波及，经济受到不利影响，危机传染风险升高。受国际金融市场影响，国内股票市场大跌，资产价格波动剧烈，进一步诱发了资本外流风险。受外部危机影响，我国转而采取刺激经济的有关政策，货币政策由紧变松，之后金融压力逐渐下降。

第二个压力区间：2009 年年中—2010 年年中。由于前期应对危机的宽松政策再次引发了经济过热和结构性通胀，此时金融系统压力较大。2010 年央行不得不重新上调存款准备金，货币政策再次趋紧，货币政策频繁变动及时滞性缺陷，使其实施效果受到影响。

全球金融危机与欧债危机接连爆发，欧盟是我国主要的出口市场之一，受欧债危机影响，我国出口下降，危机传染风险加大。为了应对危机、缓解出口压力，2008 年年中，央行干预了美元兑人民币汇率的定价，维持在 6.8 左右的固定水平长达 2 年，在此期间，汇率风险不断积累。2009 年，FDI 同比增长率连续三个季度为负，一定程度上说明了资本流出严重，资本流动风险增加。这一时期主要是由于美元在危机爆发后，出现短期走强，造成资本从亚洲主要新兴市场撤出，回流至部分发达经济体。

第三个压力区间：2015年。国内经济增长进入新常态，经济增长速度减缓，过剩的传统产业产能需要持续转化出清，企业效益下降，非金融企业杠杆率上升，银行不良资产率回升。国内连续降息降准以释放流动性，但面临货币政策"堰塞湖"难题，流动性注入了资本市场。2015年年初股市的快速上涨并不是由于经济基本面因素，而是流动性和风险偏好的作用，当时QFII、RQII已具备一定规模，沪港通已启动，必然也吸引了一部分热钱流入。2015年6月，去杠杆形势下监管政策越发严格，场内不合规资金纷纷出逃，股票市场调整导致了股市恐慌性暴跌，资产价格波动风险激增。8月，人民币贬值借汇改不断强化，汇率波动风险加大，人民币贬值也使股市进一步下挫。另外，2014年末我国外债余额突增，但经济增速并没有显著提升，因此财政政策风险有所上升。美国退出QE，并且在年末宣布加息，美元资产持续走强，进一步加剧了人民币贬值和股市下跌，国内投资回报率下降也使居民对外币需求上升，人民币替代风险增加。多重因素共同影响下，国内资本大量外流，资本账户出现较大逆差，资本流动风险加大。

第四个压力区间：2016年年底—2017年年底。2016年年底，特朗普当选美国总统和美元再次加息，引发了全球金融市场波动。2017年，美元三次加息、英国脱欧谈判，世界政治经济格局多变。2016年年底，人民币迅速贬值，汇率波动极其剧烈，此时的贬值已经严重偏离经济客观事实，汇率波动风险极大，2017年5月，汇率定价引入逆周期因子才使汇率变动更加合理。美国经济复苏及美元进入加息通道，均加剧了人民币走弱与资本外流之间的恶性循环。2016年资本账户赤字较大、资本外流严重，同时，货币替代风险仍然较大。

我国面临经济增速下滑和经济结构调整等难题，而外债却相对显著增长，处于较高位。有关指标如负债率、债务率和偿债率等，虽然始终处于安全范围以内，我国外债风险还是不应疏忽对待，随着美元强势升值,我国外债的不确定性将加大,财政政策风险可能升高。欧洲主权债务危机的教训在前,货币政策的滞后和缺位导致国内经济增长乏力和经济结构不合理等问题无法解决,为了刺激经济又对债务过度依赖,从而引发财政危机,因此,应当对财政政策风险保持警惕。

上述对我国2007—2017年的金融风险分析从经济意义和拟合的实践效果两方面证明了MS-AR(2)的合理性,下一节据此对未来一段时期的金融风险进行预警。

三、金融风险预警分析

上文建立的MS-AR(2)模型能很好地说明风险变化,但仅表示截至2017年末的风险状态、区制转移概率和平均持续期,无法预警未来的风险情况,这里的概率是状态的稳定概率。因此,本节将借鉴现有预警研究,使用ARMA(p,q)模型预测未来一段时间的金融压力指数数据,代入模型(6-17),进而对未来一段时期的金融风险进行预警。

设定ARMA(p,q)模型中的p和q取值为0—4,根据AIC和HQ准则,最终确定ARMA(4,3)模型最为合适,相关结果如表6-20和表6-21所示。

表6-20 FSI最优预测模型

模型选择	对数似然值	赤池信息准则	施瓦兹准则	汉南奎因准则	估计模型数量
ARMA(4,3)	78.079 064	-1.031 501	-0.813 107	-0.942 756	24

表6-21 模型估计结果

变量	系数t	标准误差	t统计量	P值
AR(1)	0.726 300	0.106 243	6.836 185	0.000 0
AR(2)	0.135 725	0.000 911	148.977 2	0.000 0
AR(3)	-0.840 489	0.081 976	-10.252 87	0.000 0

续表

Variable	Coefficient	Std. Error	t-Statistic	Prob.
AR(4)	0.750 086	0.065 348	11.478 32	0.000 0
MA(1)	0.129 921	0.034 836	3.729 513	0.000 3
MA(2)	0.945 263	0.040 957	23.079 29	0.000 0
MA(3)	−0.295 708	0.137 961	−2.143 414	0.034 1

为明确未来 FSI 的变化是否引起了风险区制的转移，将 FSI 的所有样本数据和预测数据一同代入模型（6-1），结果见图 6-6 所示。

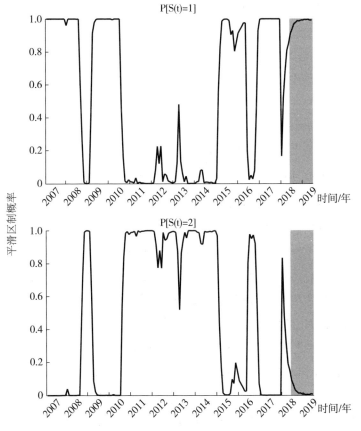

图 6-6　2007—2019 年我国金融风险状态转换的平滑概率图

从图6-6可知，样本区间的风险区制变化与图6-5基本一致，预测区间内我国的金融风险结构发生变化。其中，2018年1月—2018年4月，FSI处于低风险状态，2018年5月以后，金融风险上升处于高风险状态。可见这一时期，金融风险发生了由低到高的区制转换，说明未来一定期间人民币国际化中的金融风险可能较大，风险上升主要与国内外政治经济形势密切相关。

通过将2018年5月—2019年6月的实际金融数据代入上文金融压力指数公式中计算发现，这一时期的实际金融压力指数处于高风险状态，与上述模型预测结果基本一致。由此可见，本书所构建的模型能够有效预警未来一定时期内的金融风险状态。

第三节　本章小结

在第五章关于人民币国际化进程中的金融风险识别分析基础上，本章首先依据针对性、重要性、灵敏性及可操作性原则，有筛选地将指标总体系细分为8个指标子体系（共计37个测度指标），分别是汇率波动风险指标子体系、资本账户开放风险指标子体系、经常账户收支失衡风险指标子体系、货币政策操作风险指标子体系、财政政策操作风险指标子体系、金融危机传染风险指标子体系、货币替代风险指标子体系和金融资产价格波动风险指标子体系。同时，利用主成分分析法和CRITIC赋值法对37个指标先后进行降维和赋权处理，计算得到FSI。在此基础上，通过建立马尔科夫区制转移自回归模型，并结合ARMA模型对未来一段时期内的金融风险进行预警。由于课题开始于2016年，故样本区间最初选取2007年1月—2017年12月的月度数据，并对2018年1月—2019年6月进行预警，将其与实际运行状态进行比较从而检验模型有效性。具体地，首先建立了MS-AR（2）

模型，通过对金融压力指数进行区制划分，判断金融风险的状态变化发现，金融压力指数在2007—2008年年中、2009年年中—2010年年中、2015年及2016年年底—2017年年底处于高风险状态，并且是由不同金融风险同期叠加所致，这也进一步证实了第四章的有关结论。在此基础上，通过ARMA（4，3）模型预测我国2018年1月—2019年6月的金融压力指数数据，并与样本数据一同代入模型，结果显示这一时期金融压力指数从低风险区制向高风险区制转换，这与代入真实金融数据后的实际计算结果基本一致。由此可见，上述模型能够有效预警未来一定时期内的金融风险状态。

  结合上述实证分析结果可以发现，随着人民币国际化进程的不断深入，我国参与国际社会的广度、金融深化的程度以及资本开放度都将进一步提高，由此带来的金融风险也愈加复杂，一方面货币政策风险、资产价格波动风险、汇率波动风险及资本流动风险等加剧，另一方面也会产生诸如货币替代风险等其他新的金融风险。在此过程中，我国持续推进的各项改革措施，如汇率市场化改革，扩大汇率波动的弹性空间等还会进一步带来更大风险。同时，国内外金融体系之间的联系也越发紧密，金融风险在不同金融机构和金融市场之间通过多种渠道相互传染，金融风险之间相互影响，彼此叠加，还有可能进一步放大潜在的金融风险。为此，建立人民币国际化进程中的金融风险控制体系就显得十分必要。此外，上文利用金融压力指数和马尔科夫区制转移自回归模型进行金融风险预警更多着眼于短期，然而人民币国际化是一个长期过程。因此，下一章将着眼于更长期限上，利用系统动力学仿真模型在风险控制策略中的运用及其优势，通过仿真模拟观察控制策略作用后各目标风险的变化情况，从而为制定人民币国际化进程中金融风险控制相关政策建议提供理论和实证依据。

第七章

人民币国际化进程中的金融风险控制

第七章　人民币国际化进程中的金融风险控制

上一章为了对人民币国际化中的金融风险进行测度与预警，利用主成分分析法和 CRITIC 赋权法对指标进行降维和赋权处理，进而得出金融压力指数，据此测度金融风险，进一步建立马尔科夫区制转移自回归模型，结合 ARMA 模型对未来金融风险进行预警[187]。上述预警模型更多着眼于短期，然而人民币国际化是一个长期过程。因此，建立更长期限上的金融风险控制模型就显得十分必要。同时，随着人民币的国际地位和影响力不断扩大，国内外金融体系之间的联系也越发紧密，金融风险通过多种渠道在不同金融机构和金融市场之间相互传染，金融风险之间相互影响，多种风险的叠加有可能进一步放大潜在的金融风险。因此，研究如何利用科学的方法控制金融风险对维护我国金融稳定具有十分重要的理论意义。在此基础上，参照沈悦等（2019）[187] 对金融风险的分类以及指标选取，结合金融风险预警指标体系，本章将金融风险分为国际收支失衡风险、金融资产价格波动风险、汇率过度波动风险、货币政策操作风险以及危机传染风险五大类，并且以此依据实现对人民币国际化进程中金融风险水平的控制。

系统动力学（System Dynamics，简称 SD）是从整体、系统、全局的角度出发，对信息反馈系统进行分析并对信息加以控制的一门学科。它在系统论的基础上，结合控制论、信息论的核心思想，依据从系统实际运行中观察到的信息，建立动态的反馈模型，进而综合研究信息交换与反馈调节，实现对各类目标系统的控制。系统动力学首先从系统的思维观点出发对系统组织进行界定，其次分析系统的内部运行及信息传递的流程，利用可能引起系统变化的因素绘制因果反馈回路关系图与系统存量流量图，在此基础上建立复杂的动态系统。通过研究信息传递、反馈与控制过程中的数量关系建立量化模型，揭示控制系统内部的信息传递和信息反馈的特性和规律，模拟现实的社会系统，结合动态的仿真模型进行不同控制策略的模拟，进而筛选出能够达到控制目的的各种可能策略，从而找到控制金融风险的途径和方法。本书接下来将要利用人民币国际化过程中影响金融风险的主要因素，分析研究金融风险系统的因果关系和反馈回路，对系统边界进行合理有效的赋值，结合各个风险因素的权重系数，建立系统动力学模型，进而实现仿真模拟。

第一节 金融风险控制模型指标选取

一、金融风险分类及指标选取

根据第六章的风险预警指标体系，本章将人民币国际化进程中的金融风险分为国际收支失衡风险、金融资产价格波动风险、汇率过度波动风险、政策操作风险以及危机传染风险五大类。与第六章的不同之处在于，首先由于国际收支状况主要由资本项目和经常项目两个基本部分构成，一国的资本流入流出情况和进出口贸易共同决定该国国际收支是否平衡，因此将资本流动风险和经常账户收支失衡风险划分为国际收支风险；其次将货币政策、财政操作政策以及货币竞争与替代三类风险统一为政策风险。综上，本章最终选取36个变量，构成人民币国际化进程中的金融风险控制模型的风险指标体系，具体见表7-1第二列，具体指标解释同第六章。

表 7-1　金融风险边界指标及赋值

风险类型	风险指标	边界赋值 / %
国际收支失衡风险	FDI 同比增长率	5
	FDI/GDP	2
	资本账户差额 /GDP	4
	短期资本流动 /GDP	1
	资本流入 / 流出	40
	进口 PMI	50
	进口增长率	10
	出口增长率	5
	经常账户差额 /GDP	3
	经常账户差额增长率	7
	外汇储备 /GDP	40
	外汇储备增长率	4
汇率过度波动风险	国内外长期利率差	3
	国内外短期利率差	5
	实际有效汇率指数	105
	汇率波动率	2
	实际汇率偏离	5
货币政策操作风险	外汇占款 /M2	2
	M2/GDP	200
	外汇储备 / 进口额	150
	财政收支差额 /GDP	1
	外债余额 /GDP	1
	短期外债 / 外汇储备	2
	人民币替代率	15
	人民币反替代率	3
	CPI 同比变化率	3
金融资产价格波动风险	股票流通市值 /（M2-M1）	4
	股价指数波动率	200
	房地产投资增长率	1
	房价增长率 /GDP 增长率	50
	房地产投资 /GDP	1

续表

风险类型	风险指标	边界赋值/%
危机传染加重风险	国际原油价格变动率	3
	资产证券化程度	40
	对外贸易依存度	40
	资本账户开放程度	5
	出口/进口	120

由表7-1中的36个系统边界风险指标为基础，构成了本章的系统动力学金融风险控制模型，为了观察金融风险和不同类型风险的变化趋势并对其进行风险控制策略的仿真模拟，需要对每个边界风险指标进行初始赋值，保证边界风险指标能够被有效监测的同时，也覆盖了金融风险能达到的范围。

经过长期以来对经济运行情况以及相关数据的记录，本章选取的部分金融风险指标存在各自的警戒值或经验值，例如：通过经常项目差额/GDP这一指标反映一个国家的国际收支差额，其最佳比值理应趋于0，因为过多的顺差和逆差都可能对国家经济金融的稳定造成影响。基于中国以往数据，经常项目差额基本处于0~3之间；汇率波动率能够直接反映一个国家国际贸易的变动情况，为了使对外贸易维持适度的顺差，汇率过度波动率一般处在0%~5%这一区间内；短期外债与外汇储备的比值，能够衡量一个国家快速偿还短期债务的能力，国际上公认的二者比值的警戒线为80%；CPI同比变化率是反映物价变动和通货膨胀情况的重要指标，根据我国实际经济情况，通货膨胀率多在1%~5%之间浮动，因此综合考虑，我国CPI同比变化率应低于5%；股票市价总值/GDP用以反映市场投资风险程度，大多数情况下二者的比值在40%~80%之间变化。对于国内外利差、外汇储备增长率、进出口增长率、股价指数波动率、财政收支差额等数据，可以参照中国人民银行、外汇管理局、国家统计年鉴等官方公告，同时结合Wind、iFind等数据库中收集总结的经济数据，计算得出各个风险指标的变化情况，选择合适的数值作为金融风险模型的边界值。鉴于不同的计算方式，风险指标之间的单位也各不相同，故指标赋值均统一为变化率的形式。结合以上各种标准，在合理区间内，对系统边界风险指标的赋值见表 7–1 第三列。

二、金融风险控制模型存量流量图

存量流量图是在明确金融风险系统中的目标风险和边界变量后，结合对金融系统内部风险因素以及风险传导路径的分析，通过设置不同变量类型模拟金融风险的积累过程，并反映风险指标之间的数量关系以及这一动态过程的图表。由于系统动力学通过模拟形象地描述了信息或者物质流动与积累的过程，因此根据动态模拟的不同组成元素，系统动力学也包含了不同的变量类型，具体分为状态变量、速率变量、辅助变量和常量，与此对应在 VENPLE 软件中，不同变量的图形也具有不同的特征。

状态变量，代表了在某一指定观测时刻系统的状态，因此又被称为存量，或者水平变量。在存量流量图中用带有边框的矩形符号进行表示，如图 7–1 中的国际收支风险等，也是本书研究的主要目标风险。其计算方法见公式（7–1），具体表示当时间从 t_0 变化到 t_1 时，系统从 t_0 时刻的初始状态，经历了信息或者物质的流入和流出后，在当前时间 t 时的状态。

$$Stock(t)\int_{t_0}^{t_1}\left[Inflow(s)-Outflow(s)\right]ds+Stock(t_0) \qquad (7-1)$$

存量流量，代表存量的变化速率，因此又称为速率变量，通过影响输入和输出对系统内的状态变量起到控制其变化速率的作用，因此又被称为控制变量。在存量流量图中，位于指向状态变量的箭头下方，如图 7–1 中的国际收支风险变化量等。一般由公式（7–2）计算得出：

$$\frac{d(Stock)}{dt} = Inflow(s) - Ouflow(s) \qquad (7-2)$$

辅助变量在反馈结构中具有重要作用，它除了表示速率变量如何转换成为状态变量，还描述了信息或者物质在系统中是怎样传递的，是系统模拟的中间变量。而常量则是指系统中数值保持不变或者可以忽略不计的变量。

1. 国际收支风险子系统

在国际收支风险子系统中，将国际收支风险设置成状态变量，国际收支风险的变化量设置成速率变量，资本流动风险、经常账户收支失衡风险、汇率风险、投资风险、国际收支差额波动、资本账户风险、经常账户风险、外汇储备变动风险、贸易活跃度设置为辅助变量，其余变量：FDI/GDP、FDI同比增长率、短期资本流动/GDP、资本流入/流出、资本账户差额/GDP、资本账户开放程度、经常项目差额/GDP、经常账户差额增长率、外汇储备增长率、外汇储备/GDP、外汇储备/进口额、进口增长率、出口增长率、进口PMI、对外贸易依存度、出口/进口等设置为常量，国际收支风险子系统的存量流量图见图7-1所示。

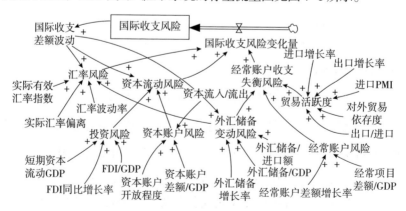

图 7-1　国际收支风险的存量流量图

注：图 7-1 至图 7-6 均为作者绘制。

2. 汇率过度波动风险子系统

在汇率过度波动风险子系统中，将汇率波动风险设置成状态变量，汇率波动风险的变化量设置成速率变量，汇率风险、利率风险、国际收支差额波动、外汇储备变动风险、货币政策风险设置为辅助变量，其余变量：汇率波动率、实际有效汇率指数、实际汇率偏离、国内外长期利率差、国内外短期利率差等设置为常量，汇率波动风险子系统的存量流量图见图 7-2 所示。

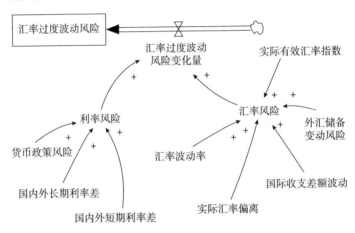

图 7-2　汇率过度波动风险的存量流量图

3. 政策风险子系统

在政策风险子系统中，将政策风险设置成状态变量，政策风险的变化量设置成速率变量，货币政策风险、财政政策风险、货币竞争风险、外汇储备变动风险设置为辅助变量，其余变量：外汇占款/M2、M2/GDP、财政收支差额/GDP、外债余额/GDP、短期外债/外汇储备、外汇/M2、外币存款/M2、CPI同比变化率等设置为常量，政策风险子系统的存量流量图见图 7-3 所示。

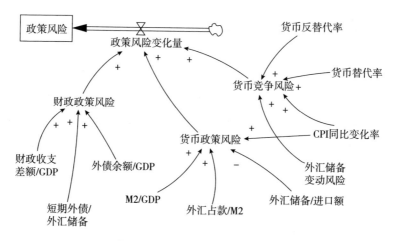

图 7-3　政策风险的存量流量图

4. 金融资产价格过度波动风险子系统

在金融资产价格过度波动风险子系统中，同理将其风险设置成状态变量，风险变化量设置成速率变量，房地产风险、股市风险、国际收支差额波动、利率风险、货币竞争风险设置为辅助变量，其余变量：房价增长率/GDP增长率、房地产投资/GDP、房地产投资增长率、股价指数波动率、股票流通市值/（M2−M1）、资产证券化程度等设置为常量，金融资产价格波动风险子系统的存量流量图见图 7-4 所示。

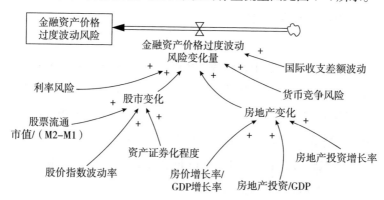

图 7-4　金融资产价格过度波动风险的存量流量图

5.危机传染加重风险子系统

在危机传染加重风险子系统中,将危机传染风险设置成状态变量,其风险变化量设置成速率变量,汇率风险、利率风险、国际收支差额波动、外汇储备变动风险、货币政策风险设置为辅助变量,汇率波动率、实际有效汇率指数、实际汇率偏离、国内外长期利率差、国内外短期利率差等其余变量设置为常量,危机传染风险子系统的存量流量图见图 7-5 所示。

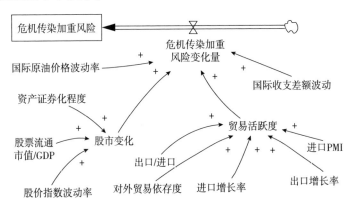

图 7-5 危机传染加重风险的存量流量图

综上所述,根据系统动力学理论,将以上确定的五大风险类型设置为金融风险模型的状态变量,并依据金融风险指标之间的传导关系,利用 VENPLE 软件绘制金融风险控制模型的存量流量图(见图 7-6)。

图 7-6 所示的金融风险控制模型存量流量图中,国际收支风险子系统、汇率波动风险子系统、政策风险子系统、金融资产价格波动风险子系统、危机传染风险子系统作为五大类金融风险,也是本章的目标风险,通过错综复杂的风险指标和金融风险事件的相互交叉作用,将这五个目标金融风险紧密地联系到了一起,充分地展现人民币国际化进程中金融风险的传染和传导过程,子系统中的风险因素相互影响彼此关联,详细地体现了整个金融风险的因果关系和循环反馈回

路。随着人民币国际化的不断推进，资本账户逐渐甚至完全开放，由此可能会给国际收支带来一定的风险。而随着资本逐渐开放，国际资本的流动方向和规模更加不可预期，进而导致汇率波动风险及金融资产价格波动风险。由于货币政策的外部约束和溢出效应，调控难度也将增加，由此带来货币政策操作风险加剧，同时扩张性财政政策也可能引致政策风险。随着人民币国际化程度的不断提高，人民币在全球范围内所承担的货币职能不断深化，人民币的反替代可能性增加，随着货币竞争日趋激烈，也会伴随着一定的金融风险。除此之外，伴随着资本逐渐开放，国内外金融机构与金融市场之间的关联性也将随之加强，国际金融风险传染可能性也进一步增强，进而导致危机传染风险。

第二节 风险指标权重的确定

为了对金融风险进行有目的性的控制模拟，我们需要对不同类型风险的风险贡献程度以及各个金融风险指标的灵敏度进行分析，找出在国际化进程中应当格外关注的风险指标，通过检测并调控这些指标，对金融风险进行一定程度的控制，因此需要得到各个风险指标之间的数量关系，构成金融风险模型的系统动力学方程式。本章使用 CRITIC 赋值方法来确定各个风险指标的权重。CRITIC 赋值法属于客观赋值法，这种方法在考虑到了其他客观赋值方法所依据的指标变异性的同时，还考虑到了各个指标之间的冲突性，相比于其他客观赋权法更加精确，也更适用于本章的研究。

为了提高金融风险测算的准确度，考虑到数据的可获得性，根据表 7-1 确定的金融风险指标变量，以及部分风险指标的计算方式，选取 2007 年 1 月—2020 年 9 月的相关经济数据，数据主要来源于中国人民银行、国家统计局、国家外汇管理局、Wind、iFinD、CEIC 及中国债券信息网。

第七章 人民币国际化进程中的金融风险控制

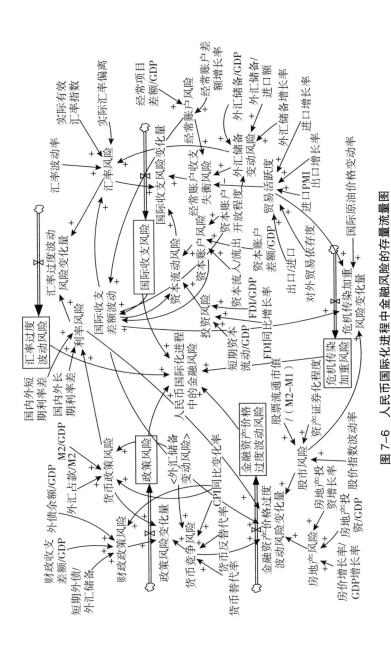

图 7-6 人民币国际化进程中金融风险的存量流量图

一、数据预处理

在运用 CRITIC 方法确定指标权重之前,应对有关数据进行以下预处理。

(1)补齐数据样本数。在 Eviews10.0 中,利用基数样条插值法对房地产投资等具有缺失数据情况的数据进行处理,将空缺的数值补齐,确保每一个风险指标均含有 165 个样本数。

(2)统一原始数据的频率。对于仅统计季度数据的指标,如经常项目差额、资本和金融账户下的不同投资等,借助 Eviews10.0 软件将季度数据转换为月度数据;对于给出日数据的指标,如上证综合指数、OPEC 一揽子石油价格、中债国债收益率、美国国债收益率等,以其日数据的月平均值作为月度数据。

(3)对指标进行标准化处理。本书依据风险因素指标的性质,将人民币国际化进程中的金融风险指标分为正向指标和负向指标,正向指标与金融压力呈反向变动,而负项指标则相反,负项指标值越大,金融压力也越大。由于原始数据的单位与预处理方式存在差异,因而不同风险指标的量纲也各不相同,然而不同量纲会对指标的权重计算产生较大影响,因此本书还需要利用极差法对各个指标进行标准化处理。假设将第 i 个评价对象的第 j 个指标的数值记为 x_{ij},并且将 x_{ij} 标准化后的值记为 X_{ij},那么正向指标标准化的方法如(7-3)所示:

$$X_{ij} = \frac{x_{ij} - \min(x_{ij})}{\max(x_{ij}) - \min(x_{ij})} \quad (7-3)$$

负向指标则根据公式(7-4)进行标准化处理:

$$X_{ij} = \frac{\max(x_{ij}) - x_{ij}}{\max(x_{ij}) - \min(x_{ij})} \quad (7-4)$$

二、CRITIC 方法确定权重

Diakoulaki 于 1995 年提出了 CRITIC 赋值法，这种方法依据不同指标之间的对比强度与冲突性，为指标赋予相应的权重。设第 j 个指标与第 i 个指标的相关系数为 r_{ij}，那么二者的冲突性可表示为公式（7-5）：

$$\sum_{i=1}^{n}(1-r_{ij}) \qquad (7\text{-}5)$$

公式（7-6）计算了第 j 个指标的信息量 C_j 的大小，C_j 包含了第 j 个指标的差异性和相关性，σ_j 是第 j 个指标的标准差，r_{ij} 是第 j 个指标与第 i 个指标的相关系数。

$$C_j = \sigma_j \sum_{i=1}^{n}(1-r_{ij}) \qquad (7\text{-}6)$$

在得到每个指标所包含的信息量后，可利用公式（7-7）计算得到每个指标的客观权重：

$$\omega_j = \frac{C_j}{\sum_{i=1}^{n} C_j} \qquad (7\text{-}7)$$

本书根据预处理后得到的数据和以上公式，计算出每个风险指标所包含的信息量大小，具体见表 7-2 所示。

表 7-2 金融风险边界指标所包含的信息量

风险指标	信息量	风险指标	信息量
FDI 同比增长率	0.004 3	M2/GDP	0.165 6
资本流入/流出	0.060 5	外汇储备/进口额	0.013 7
FDI/GDP	0.001 6	财政收支差额/GDP	0.097 8
短期资本流动/GDP	0.022 8	外债余额/GDP	0.002 1
资本账户差额/GDP	0.046 7	短期外债/外汇储备	0.001 0
经常账户差额增长率	0.041 5	外汇/M2	0.001 3
经常项目差额/GDP	0.009 5	外币存款/M2	0.107 5

续表

风险指标	信息量	风险指标	信息量
外汇储备增长率	0.005 0	CPI同比变化率	0.027 0
外汇储备/GDP	0.006 3	房价增长率/GDP增长率	0.003 3
进口增长率	0.009 1	房地产投资/GDP	0.351 5
出口增长率	0.002 2	房地产投资增长率	0.003 0
进口PMI	0.004 5	股价指数波动率	0.069 9
汇率波动率	0.366 8	股票流通市值/(M2-M1)	0.017 9
实际有效汇率指数	0.014 5	对外贸易依存度	0.239 8
实际汇率偏离	0.180 0	出口/进口	0.000 4
国内外短期利率差	0.287 7	资本证券化程度	0.009 7
国内外长期利率差	0.071 3	资本账户开放程度	0.384 6
外汇占款/M2	0.003 1	国际原油价格变动率	0.055 1

在确定每个指标所包含的信息量的基础上，根据表7-1中对金融风险的识别结果，计算出国际收支风险、汇率波动风险、政策风险、金融资产价格波动风险以及危机传染风险五个子系统的权重，具体见表7-3。同理根据公式（7-5）至公式（7-7），可以得到其他风险指标的权重。

表7-3 风险子系统的权重

子系统名称	子系统信息量	子系统权重
国际收支风险	0.852 3	0.255 4
汇率波动风险	0.920 3	0.275 8
政策风险	0.419 2	0.125 6
金融资产价格波动风险	0.455 3	0.136 5
危机传染风险	0.689 5	0.206 7

第三节　金融风险控制模型的建立

在图 7-6 所显示的金融风险指标之间关系的基础上，将上一节利用 CRITIC 方法计算得到的每一个金融风险指标的权重代入，就可以得到基于系统动力学的金融风险模型，具体方程如下所示：

人民币国际化金融风险 =0.206 7× 危机传染风险 +0.255 4× 国际收支风险 +0.125 6× 政策风险 +0.275 8× 汇率波动风险 +0.136 5× 金融资产价格波动风险

1.国际收支风险子系统

国际收支风险 =INTEG（国际收支风险变化量，0）。

国际收支风险变化量 =0.368 2× 资本流动风险 +0.234 7× 经常账户收支失衡风险 +0.397 1× 汇率风险。

资本流动风险 =0.049 7× 投资风险 +0.852 9× 资本账户风险 +0.097 4× 国际收支差额波动。

投资风险 =0.149 5× FDI 同比增长率 +0.054 2× FDI/GDP+0.796 3× 短期资本流动 /GDP。

资本账户风险 =0.122 9× 资本流入 /流出 +0.09 5× 资本账户差额 /GDP+0.782 1× 资本账户开放程度。

国际收支差额波动 =0.293 5× 资本账户风险 +0.198× 经常账户风险 + 0.508 5× 国际收支风险。

经常账户收支失衡风险 =0.153 5× 经常账户变化 +0.075 4× 外汇储备变动风险 +0.771 1× 贸易活跃度。

经常账户风险 =0.814 4× 经常账户差额增长率 +0.185 6× 经常项目差额 /GDP。

外汇储备变动风险 =0.061 9× 外汇储备增长率 +0.077 1× 外汇储备 /GDP+0.169 1× 外汇储备 / 进口额 +0.691 9× 国际收支差额波动。

2. 汇率波动风险子系统

汇率波动风险 =INTEG（汇率波动风险变化量，0）。

汇率波动风险变化量 =0.609 9× 汇率风险 +0.390 1× 利率风险。

汇率风险 =0.570 8× 汇率波动率 +0.022 6× 实际有效汇率指数 +0.280 3× 实际汇率偏离 +0.038 9× 外汇储备变动风险 +0.087 4× 国际收支差额波动。

利率风险 =0.531 4× 国内外短期利率差 +0.131 7× 国内外长期利率差 +0.336 9× 货币政策风险。

3. 政策风险子系统

政策风险 =INTEG（政策风险变化量，0）。

政策风险变化量 =0.435 2× 货币政策风险 +0.240 7× 财政政策风险 +0.324 1× 货币竞争风险。

货币政策风险 =0.014 1× 外汇占款 /M2+0.750 1× M2/GDP+0.113 3× 外汇储备变动风险 +0.122 5× CPI 同比变化率。

财政政策风险 =0.764 3× 财政收支差额 /GDP+0.016 7× 外债余额 / GDP+0.007 7× 短期外债 / 外汇储备 +0.211 3× CPI 同比变化率。

货币竞争风险 =0.008 1× 货币替代率 +0.668 2× 货币反替代率 +0.168 1× CPI 同比变化率 +0.155 6× 外汇储备变动风险。

4. 金融资产价格波动风险子系统

金融资产价格波动风险 =INTEG（金融资产价格波动风险变化量，0）。

金融资产价格波动风险变化量 =0.356 7× 利率风险 +0.355 5× 房地产风险 +0.096 9× 股市风险 +0.135 1× 货币竞争风险 +0.055 8× 国际收支差额波动。

房地产风险 =0.009 1× 房价增长率 /GDP 增长率 +0.982 4× 房地产投资 /GDP+0.008 5× 房地产投资增长率。

股市风险 =0.716 6× 股价指数波动率 +0.184 0× 股票流通市值 /（M2− M1）+0.099 4× 资产证券化程度。

5. 危机传染风险子系统

危机传染风险 =INTEG（危机传染风险变化量，0）。

危机传染风险变化量 =0.550 6× 贸易活跃度 +0.209 9× 股市风险 +0.118 6× 国际原油价格变动率 +0.120 9× 国际收支差额波动。

贸易活跃度 =0.035 4× 进口增长率 +0.008 4× 出口增长率 + 0.017 6× 进口 PMI+0.001 5× 出口 / 进口 +0.937 1× 对外贸易依存度。

第四节　金融风险控制仿真模拟

在上一节金融风险模型的基础上，本节将结合系统动力学仿真模型模拟人民币国际化进程中金融风险的生成与传导。系统动力学是从整体、系统、全局的角度出发，在系统论的基础上结合控制论、信息论的核心思想，对信息反馈系统进行分析的一门学科，通过仿真模型模拟信息传递、反馈以及控制过程，揭示了系统内部的信息传递与反馈的特性和规律，结合动态的仿真模型进行不同控制策略的模拟，进而筛选出能够达到控制目标的各种可能策略，从而找到控制金融风险的途径和方法。本节利用这种方法对可能引起金融风险变化的指标进行分析，并建立复杂的金融风险动态系统，进而了解金融风险以及不同目标风险的变化趋势，得出需要重点控制的风险类型。

1. 风险贡献度分析

根据上一节中基于系统动力学构建的金融风险仿真模型，将表 7-1 第三列对风险边界的赋值输入模型，其次将模型的初始时间和结束时间分别设置为 1 和 100，模拟时间单位为 1 个月，模型相关参数设置完毕后对金融风险模型进行仿真模拟，可得到见图 7-7 所示的人民币国际化进程中的金融风险以及五类目标风险随时间推移而变化的风险趋势曲线图。

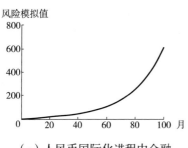

（a）人民币国际化进程中金融风险仿真结果

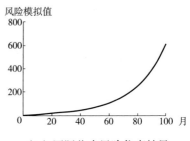

（b）国际收支风险仿真结果

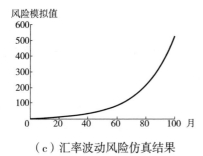

（c）汇率波动风险仿真结果

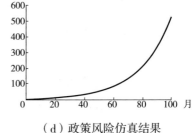

（d）政策风险仿真结果

第七章　人民币国际化进程中的金融风险控制

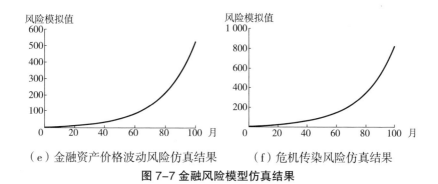

（e）金融资产价格波动风险仿真结果　　（f）危机传染风险仿真结果
图 7-7　金融风险模型仿真结果

图 7-7 显示了本书基于系统动力学构建的金融风险控制模型的仿真结果，从图（a）中可以看出总体金融风险随着时间的变化而快速增加，图（b）至图（f）分别代表了国际收支风险、汇率波动风险、政策风险、金融资产价格波动风险以及危机传染风险在模拟时间内的风险变化趋势，从图中可以看到随着模拟时间的变化而各类目标风险都呈现上升趋势，但增长幅度各不相同，各自对总体金融风险的贡献程度也存在一定的差异。在对总体金融风险以及各类型金融风险的变化趋势的分析基础上，为了进一步研究各类型金融风险与总体金融风险的具体风险值，本书将仿真模拟得到的第 12 个月、第 36 个月、第 60 个月、第 84 个月、第 100 个月的风险模拟数值进行总结，具体见表 7-4，其余时间点的模拟数值并未列出。

从表 7-4 的模型仿真模拟数值可以发现，五类目标风险与人民币国际化进程中的金融风险均呈现正相关关系。其中危机传染风险对金融风险的影响最为显著，在第 100 个月风险模拟值达到了 830.396，并且在每个观察时点其贡献程度均为最大；在仿真模拟前期，国际收支风险对金融风险的影响程度较小，在第 60 个月即第 5 年时风险模拟值为 88.951，在五类目标风险中排在第 4 位，然而随着时间的推移国际收支风险开始出现快速增长，在第 84 个月即第 7 年时风险模拟值达到 283.174，对金融风险的贡献程度上升至第 2 位；金融资产价格波动风险、政策风险以及汇率波动风险对总体金融风险的贡献程度大体一致，在第 100 个月时风险模拟值分别为 537.426、534.656、529.915，其中政策风险在初期对金融风险的影响极为显著，在第 12 个月时风险模拟值为 15.333，是模拟值最高的目标风险，随着模拟时间的变化风险增长速率有所下降，截至第 60 个月即第 5 年时风险排名第 2，随后渐渐下降至第 4 位，而汇率波动风险上升速度较为平稳，前第 36 个月中在五类目标风险中排在第 4 位，从第 60 个月开始排在最后，金融资产价格波动风险在前 60 个月均排在第 3 位，随后下降至第 4 位。因此，对金融风险进行控制时，需要重点关注风险贡献程度较高的危机传染风险和国际收支风险。

表 7-4　金融风险仿真模拟数值结果

目标风险	第 0 个月	第 12 个月	第 36 个月	第 60 个月	第 84 个月	第 100 个月
金融风险	0	7.758	35.061	103.798	298.860	612.018
国际收支风险	0	4.842	25.250	88.951	283.174	601.854
汇率波动风险	0	6.070	26.945	85.019	254.802	529.915
政策风险	0	15.333	51.200	119.925	284.981	534.656
金融资产价格波动风险	0	7.249	30.176	90.277	261.724	537.426
危机传染风险	0	13.044	51.434	146.326	409.985	830.396

2. 风险等级分析

根据上文的风险模拟数值依旧无法直接判断需要进行评估的目标风险所处的风险水平，因此本书借鉴牛晓烨等学者对金融风险分定等级的相关研究，将仿真模拟过程中的最大金融风险值，即第 100 个月的风险模拟值记为 X_{max}，然后将 $[0, X_{max}]$ 区间划分为低风险、中低风险、中等风险、中高风险、高风险 5 个级别，具体金融风险等级划分见表 7-5。

表 7-5　金融风险等级划分标准

风险等级	风险区间
高风险	$[4/5X_{\max}, X_{\max}]$
中高风险	$[3/5X_{\max}, 4/5X_{\max}]$
中等风险	$[2/5X_{\max}, 3/5X_{\max}]$
中低风险	$[1/5X_{\max}, 2/5X_{\max}]$
低风险	$[0, 1/5X_{\max}]$

在上述金融风险等级划分标准的基础上，判断在人民币国际化不断深入的过程中，金融风险在不同模拟时期的风险等级，例如总体金融风险的最大模拟值为612，结合表7-5计算可以得到风险模拟值的等级区间，低风险区间为[0，122]，中低风险区间为[122，245]，中等风险区间为[245，367]，中高风险区间为[367，490]，高风险区间为[490，612]，其余目标金融风险区间见表7-6。

表 7-6　人民币国际化进程中的金融风险等级区间

目标风险	低风险	中低风险	中等风险	中高风险	高风险
金融风险	[0，122]	[122，245]	[245，367]	[367，490]	[490，612]
国际收支风险	[0，120]	[120，240]	[240，361]	[361，481]	[481，602]
汇率波动风险	[0，106]	[106，212]	[212，318]	[318，424]	[424，530]
政策风险	[0，107]	[107，214]	[214，321]	[321，428]	[424，530]
金融资产价格波动风险	[0，107]	[107，215]	[215，322]	[322，430]	[430，537]
危机传染风险	[0，166]	[166，332]	[332，498]	[498，664]	[664，830]

如表7-6所示，不同类型金融风险的等级区间各不相同，其具体风险临界值均有所差异，为了进一步分析随着模拟时间的推移不同目标风险的变化趋势，接下来根据表7-6中不同风险等级的区间范围，

按照不同模拟时间点，对人民币国际化进程中的不同金融风险进行风险等级的划分，观察并分析风险等级如何随时间变化而上升，不同模拟时间对应的金融风险等级见表7-7。

表7-7 不同模拟时间对应的金融风险等级

目标风险	低风险	中低风险	中等风险	中高风险	高风险
金融风险	[0, 63]	[64, 79]	[80, 88]	[89, 95]	[96, 100]
国际收支风险	[0, 66]	[67, 80]	[81, 89]	[90, 95]	[96, 100]
汇率波动风险	[0, 64]	[65, 79]	[80, 88]	[89, 95]	[96, 100]
政策风险	[0, 56]	[57, 76]	[77, 87]	[88, 94]	[95, 100]
金融资产价格波动风险	[0, 63]	[64, 79]	[80, 88]	[89, 95]	[96, 100]
危机传染风险	[0, 62]	[63, 79]	[80, 88]	[89, 94]	[95, 100]

如表7-7所示，人民币国际化进程中的总体金融风险在仿真模拟的前63个月均处于低风险阶段，在第64—79个月处于中低风险阶段，在第80—88个月处于中等风险阶段，在第89—95个月处于中高风险阶段，随后进入高风险阶段。由此可见，在仿真模拟前6年半的时间内，人民币国际化均处于较低风险阶段，随着时间的推移，金融风险的上升速度越发快速，仅用了16个月的时间就到达了高风险阶段。观察本章划分的五类风险，除政策风险在第4年的最后一个季度就突破低风险上升至中低风险，其余类型的风险均在第5年半的时候达到中低风险阶段，此后随着国际化进程的不断提升，这五类风险达到中等风险、中高风险以及高风险阶段的时间大致相同，且风险上升速度逐渐加快。因此，对金融风险进行控制时，需要重点关注风险贡献程度较高的危机传染风险和国际收支风险，此外初期出现快速增长的政策风险也不容忽视。

3. 风险影响因素分析

上文首先从五大风险类型的角度出发，对人民币国际化进程中金融风险进行了分析，发现五类风险对总体金融风险的贡献度从高到低依次为危机传染风险、国际收支风险、金融资产价格波动风险、政策风险、汇率波动风险；其次，分别按照风险模拟数值和模拟时间对不同目标金融风险进行了风险等级的划分，发现在前半段模拟时间内，所有风险均处于低风险阶段，随着时间的推移，风险等级的上升速度越来越快，其中政策风险在模拟初期呈现出较为快速的增长。为进一步对影响国际收支风险、汇率波动风险、政策风险、金融资产价格波动风险以及危机传染风险的主要风险因素做出分析，在 VENPLE 软件中，依次选中国际收支风险等 5 个状态变量，利用 Causes Strip 分析工具，得到各个目标风险的风险变化量以及其影响因素的趋势图（见图 7-8）。

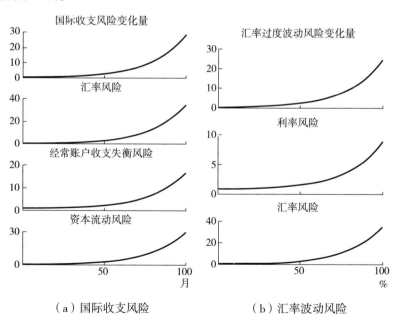

（a）国际收支风险　　　　（b）汇率波动风险

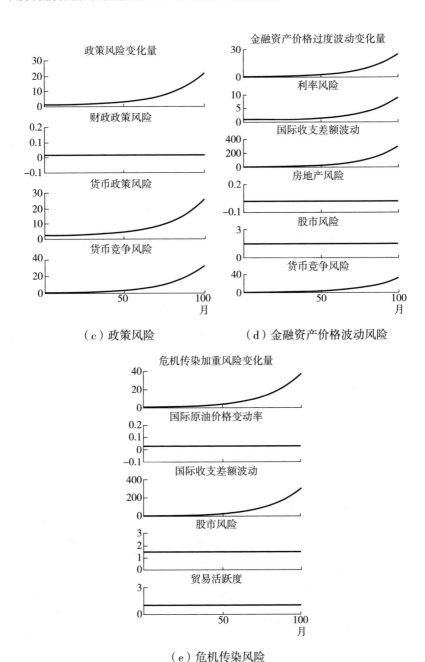

(c)政策风险　　　　　　(d)金融资产价格波动风险

(e)危机传染风险

图7-8　金融风险子系统影响因素变化图

纵向观察图 7-8（a），其中第一幅图代表了国际收支风险变化量的仿真模拟结果，可以发现随着时间的变化而增加，在前 50 个月风险变化量的增长速度较慢，第 50—100 个月时出现快速增长。国际收支风险的主要影响因素有三个，分别是汇率风险、经常账户收支失衡风险以及资本流动风险，三者与国际收支风险均呈现正相关关系，其中汇率风险对国际收支风险的影响最大，资本流动风险次之，经常账户收支失衡风险相对最低，但总体来看三者比重相当，未出现大幅差距。人民币实现国际化通过汇率波动对我国的国际收支产生影响，首先汇率的震荡通过改变国际投资的流入流出情况，对资本项目的顺差或逆差造成影响，其次汇率的上升与下降意味着人民币购买力的不同，当购买力发生变化时，经常项目项下的进出口量也随之变动，最终改变国际收支。

如图 7-8（b）所示，汇率波动风险变化量处于上升趋势，增幅略小于国际收支风险的变化量，受到汇率风险和利率风险的共同影响，但是从图中可以看出主要受到汇率风险的影响，利率风险的影响相对较小，二者的风险贡献程度相差较大。由国内外长短期利差产生的利率风险，会影响国际资本的流动方向，国际资本的大量流入会导致汇率低谷，与此相反流出则会使得币值上升，进而加剧汇率震荡。随着国际化的不断推进，国际社会对人民币的投资意愿也会一路走高，再加上资本账户逐步开放等因素，国际社会预期人民币币值将会上升，因此汇率及其预期的上涨导致国际资本大量流入。随着国内资本的不断增多，利率将会降低，当国内利率下降至国际利率以下时，人民币资产会遭到抛售，导致人民币币值大幅度震荡，汇率波动风险加剧。此外，在人民币不断提升国际地位的道路上，随着汇率制度的改革，人民币逐渐放弃盯住美元，并且随着人民币境外使用率的提高，汇率波动的幅度将会不断加大，根据以上分析，在国际化进程中需要重点关注汇率变动情况，控制汇率波动幅度。

如图 7-8（c）所示，在政策风险子系统中，除了货币政策和财政政策操作与调控带来的风险以外，货币竞争风险的贡献度也极为突出，在三者的共同影响下，政策风险变化量呈现快速增加的趋势。根据"三元悖论"理论，一个国家的货币在实现国际化的道路上，势必会对货币政策的有效性造成负面影响，无论是对货币供给主动性的削弱，还是对再贷款等调控手段效果的抑制，都会大大增加货币政策操作风险。同时，随着人民币在全球范围内所承担的货币职能不断深化，根据格雷欣法则所指出的"劣币驱逐良币"，人民币的反替代可能性增加，由此带来的货币竞争风险加剧。

如图7-8（d）和图7-8（e）所示，金融资产价格波动风险子系统和危机传染风险子系统均与国际收支风险子系统出现部分交叉，国际收支差额对二者的影响较为显著。随着本币国际化步伐的不断迈进，国内金融市场与金融机构和国际的关联度不断增加，面临的不确定性与外来冲击也随之增多，然而从发展程度来看，我国金融市场与金融机构并不够完善，整体相对脆弱，金融资产在外生冲击的影响下可能会受到较大的影响，进而出现剧烈的价格波动。从传播渠道来看，外部的金融风险以及世界经济的波动主要通过国际收支影响我国经济发展，随着国内与国际联动性的加强，国际危机传染可能性也逐渐上升。

人民币在实现国际化的道路上会面临的许多金融风险，利用系统动力学方法建立金融风险模型，结合对仿真结果的分析可以得出，在目标金融风险子系统中，危机传染风险对金融风险的贡献度最高、影响最为显著，其次是国际收支风险，而政策风险在模拟初期上升速率较快，汇率波动风险、金融资产价格波动风险对总体金融风险的贡献程度大体一致。然而通过对每一类风险的进一步分析发现，由于金融体系的关联性和金融风险的传染性，五大类风险之间的风险因素相互影响，传导路径也存在部分交叉，多种风险的叠加放大了潜在的金融风险。在众多风险因素中汇率风险对国际收支风险和汇率波动风险的影响均较为显著，国际收支差额波动对金融资产价格波动风险和危机传染风险的贡献度最高。因此，人民币在实现国际化的进程中，应当对危机传染风险、国际收支风险以及政策风险进行重点防范和控制。

第五节　金融风险控制灵敏度分析

为了对制定更有针对性的风险控制策略提供有力的依据，在上一节得出的需要重点管控的金融风险类型的基础上，本节通过灵敏度分析判断金融风险模型中各个边界风险指标对总体金融风险的影响程度。本节的灵敏度分析是指在上一节构建的金融风险模型中，在其余边界风险指标保持不变的情况下，仅改变模型中某一特定边界风险指标的估值，然后对模型进行单次模拟，得到改变变量估值后的模型，从而对比模型变化前后目标风险的情况，观察模型输出结果，分析该风险指标改变前后总体金融风险或者目标金融风险的变化情况，变化越剧烈就代表该风险指标的敏感度越强，因此对于边界风险指标的灵敏度排序可视为它们对总体金融风险或者目标金融风险的重要性与贡献度排序，进而针对灵敏度较高的风险指标提出相应的控制策略。

本节将在保证其他金融风险指标不发生改变的前提下，增加金融风险模型中某一边界风险指标的估值，对仿真模拟前后总体金融风险以及各目标金融风险变化进行分析，计算出每个风险指标的灵敏度，将灵敏度数值从高到低进行排序。首先针对五类目标金融风险进行分析，在本节构建的金融风险仿真模型中，国际收支风险的初始风险值为601.854，汇率波动风险的初始风险值为529.915，政策风险的初始风险值为534.656，金融资产价格波动的初始风险值为537.426，危机传染风险的初始风险值为830.396。本节每次改变某一个边界风险指标的估值，将其数值增加50%，将模型发生变化后的目标风险值及其灵敏度结果进行记录并排序，具体情况如表 7-8 所示。表 7-8 之所以未列出全部共计 36 个风险指标各自的灵敏度，是因为部分风险指标的变化对目标金融风险的影响过低，对金融风险控制策略的拟定不具有参考价值。

表 7-8　各类风险的影响因素灵敏度分析结果

风险类别	风险边界指标	目标风险	灵敏度 / %
国际收支风险	经常账户差额增长率	649.993	8.00
	资本流入 / 流出	647.338	7.56
	资本账户差额 /GDP	637.013	5.84
	短期资本流动 /GDP	617.647	2.62
	经常项目差额 /GDP	612.824	1.82
	进口增长率	608.797	1.15
汇率波动风险	汇率波动率	747.872	41.13
	实际汇率偏离	636.946	20.20
	国内外短期利率差	540.280	1.96
	实际有效汇率指数	538.544	1.63
政策风险	M2/GDP	550.978	3.05
	货币反替代率	545.484	2.03
	财政收支差额 /GDP	543.854	1.72
	CPI 同比变化率	542.588	1.48
金融资产价格波动风险	房地产投资 /GDP	554.888	3.25
危机传染风险	资本账户开放程度	1 188.790	43.16
	对外贸易依存度	1 082.900	30.41

从表 7-8 可以看到，不同边界风险指标变化时，对各自风险类型的影响程度各不相同，风险指标之间的灵敏程度也存在较大的差异，风险贡献程度最高的指标为资本账户开放程度，其灵敏度高达 43.16%，其次是灵敏度为 41.13% 的汇率波动率，这两个风险指标极为灵敏，微小的变动都可能对各自的目标风险带来较大的影响，再次是对外贸易依存度，这一指标的灵敏度为 30.41%，除这三个指标以外，其余风险指标

的灵敏度均未超过30%，对各目标风险的影响程度也相对较弱。然而表7-8并未考虑风险指标之间的相互影响，金融体系之间的关联性和金融风险的传染性意味着，影响五类目标风险的指标之间会存在相互影响，风险传导路径也存在交叉，因此以国际收支风险为例，对所有影响国际收支风险的边界风险指标进行灵敏度分析，具体结果排序见表7-9。

表7-9　国际收支风险影响因素灵敏度分析结果

排序	边界风险指标	国际收支风险	灵敏度 / %
1	资本账户开放程度	891.308	48.09
2	汇率波动率	847.515	40.82
3	对外贸易依存度	785.660	30.54
4	实际汇率偏离	722.489	20.04
5	经常账户差额增长率	649.993	8.00
6	资本流入 / 流出	647.338	7.56
7	资本账户差额 /GDP	637.013	5.84
8	短期资本流动 /GDP	617.647	2.62
9	经常项目差额 /GDP	612.824	1.82
10	实际有效汇率指数	611.580	1.62
11	进口增长率	608.797	1.15
12	外汇储备 / 进口额	607.928	1.01

如表7-9所示，共有12个影响国际收支风险的边界风险指标灵敏度较为显著，其中资本账户开放程度最为灵敏，将其初始值增加50%后，国际收支风险从初始值601.854，上升至891.308，灵敏度高达48.09%，其次分别是40.82%的汇率波动率、30.54%的对外贸易依存度，其余指标的灵敏度相对较低。从表中风险指标的来源可以看出，国际收支风险不仅受资本账户变动和经常账户差额的影响，汇率风险和国际贸易也会对其产生较大的影响，这说明国际收支风险除了受到资本账户风险与经常账户收支失衡风险的影响外，危机传染风险与汇率波动率对其产生的影响也较大。

由于金融体系之间的关联性和金融风险的传染性，接下来从全局出发，对人民币国际化进程中的金融风险进行灵敏度分析，其初始风险值为612.018，灵敏度分析的排序结果见表7-10。

表 7-10　金融风险影响因素灵敏度分析结果

排序	边界风险指标	国际收支风险	灵敏度 / %
1	资本账户开放程度	883.421	44.35
2	汇率波动率	846.510	38.31
3	对外贸易依存度	789.209	28.95
4	实际汇率偏离	727.169	18.81
5	经常账户差额增长率	657.565	7.44
6	资本流入/流出	654.666	6.97
7	资本账户差额/GDP	644.985	5.39
8	短期资本流动/GDP	626.785	2.41
9	经常项目差额/GDP	622.398	1.70
10	实际有效汇率指数	621.302	1.52
11	进口增长率	618.712	1.09

从表7-10中可以看出，一是本节构建的金融风险模型中共有11个灵敏度指标，灵敏度从高到低排序结果的前3位依旧是资本账户开放程度、汇率波动率以及对外贸易依存度，资本账户开放程度的灵敏度是44.35%，仍然位居第一，其余2个风险指标的灵敏度分别为38.31%和28.95%，均远高于其余指标；二是11个灵敏度指标中有6个灵敏度指标属于国际收支风险，3个属于汇率波动风险，危机传染风险虽仅有资本账户开放程度和对外贸易依存度2个指标，但这2个风险指标的灵敏度分别高达44.35%和28.95%，而直接影响金融资产价格波动风险和政策风险的指标在金融风险系统中对总体风险的影响较小，但也不能放松警惕。

对比表7-8至表7-10可以看到，资本账户开放程度、汇率波动率以及对外贸易依存度对国际收支风险以及总体金融风险的影响都较为显著，这 3 个指标分别来自危机传染风险和汇率波动风险，且这 3 个风险指标对不同目标风险的灵敏度均远高于其余指标，一般均高于 25%，因此接下来将针对这 3 个指标提出风险控制措施。

第六节 金融风险控制策略模拟

上一节中的金融风险模型仿真结果以及灵敏度分析为制定金融风险控制策略提供了一份可参考的依据。依据以上分析，在制定金融风险控制策略时，首先应当对危机传染风险、国际收支风险以及政策风险进行重点关注与管控，其次根据灵敏度排序结果，具体应当从资本账户开放程度、汇率波动率以及对外贸易依存度这 3 个指标对金融风险进行控制。综合考虑后本节将从资本账户开放程度、汇率波动率、对外贸易依存度以及政策风险 4 个角度出发，提出控制金融风险的措施与策略，并进行策略仿真模拟，对模拟前后的金融风险进行分析。

一、资本账户风险的控制策略

根据表 7-10 的金融风险指标灵敏度排序结果，资本账户开放程度以 44.35% 的灵敏度远高于其余指标，位居第一，因此可以考虑从资本账户开放程度对金融风险进行控制。随着人民币国际化的推进，我国陆续通过实施 QFII、RQFII 等制度，使得资本项目的放开速度日益加快，同时还大力推进 ODI、QDII 等投资，但是资本账户的盲目开放是引发和放大潜在金融风险的重要因素，资本的大规模流入和流出以及短期投机资本的频繁流通，会对我国的金融系统稳定性带来极大冲击，为了控制资本账户开放带来的各类风险，资本账户的开放不能盲目，应当与国际化的程度相匹配。

假设当国际化程度不断加大，资本账户开放程度从初始的5%上升至15%，然而通过加强对跨境资金流动的均衡管理，检测并监控国际资本的流动与风险等措施，使得资本账户开放程度在同样情况下仅上升至10%，将金融风险控制指标估值的变化分别输入上文的模型，观察控制前后人民币国际化金融风险以及各类型风险变化情况（见图7-9）。

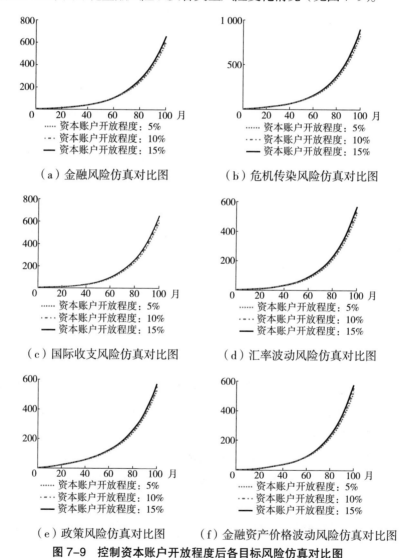

图 7-9 控制资本账户开放程度后各目标风险仿真对比图

图 7-9 反映了在人民币国际化程度相同的情况下，资本账户开放程度的变化对金融风险的控制效果，图中实线、虚线以及点线分别代表资本账户开放程度为 5%、10%、15% 时各目标风险的变化情况，从图 7-9 中可以看出，当资本账户开放程度从初始状态逐渐增加时，各目标风险也随之出现上涨，但是在同样的国际化程度下，资本账户开放程度越高，金融风险上涨幅度越大。随着资本账户开放程度的变化，人民币国际化进程中总体金融风险的等级变化情况见表 7-11。

表 7-11 控制资本账户开放程度后风险等级变化情况

风险等级	资本账户开放程度		
	5%	10%	15%
低风险	[0, 63]	[0, 62]	[0, 60]
中低风险	[64, 79]	[63, 78]	[61, 76]
中等风险	[80, 88]	[79, 87]	[77, 85]
中高风险	[89, 95]	[88, 94]	[86, 92]
高风险	[96, 100]	[95, 100]	[93, 100]

如表 7-11 所示，随着资本账户开放程度从初始的 5% 上升至 15%，人民币国际化进程中的总体金融风险在前 60 个月处于低风险阶段，在第 61 个月上升至中低风险阶段，在第 77 个月达到中等风险区间，在第 86 个月突破至中高风险阶段，在第 93 个月金融风险达到高风险阶段。对比资本账户开放程度为 5% 的初始情况，金融风险从低风险逐渐上升至高风险的模拟时间出现了提前，达到更高一级金融风险的时间均提前了三个月，然而当资本账户开放程度在同样情况下仅上升至 10% 时，达到更高一级金融风险的时间只提前了一个月。由此可见，如果想要控制金融风险等级的提高，应当有管制地开放资本账户，使其与人民币实现国际化的进程相结合。为更加清晰地观察和分析金融风险变化情况，资本账户开放程度改变后对目标风险影响的变化率见表 7-12，将 5% 的资本账户开放程度视为初始状态，此时风险增长率视为 0。

表 7-12 控制资本账户开放程度后各目标风险增长率

目标风险	资本账户开放程度：10%	资本账户开放程度：15%
总体金融风险	4.81%	9.62%
国际收支风险	4.48%	8.95%
汇率波动风险	3.83%	7.65%
政策风险	4.40%	8.80%
金融资产价格波动风险	4.32%	8.63%
危机传染风险	4.43%	8.87%

从表 7-12 中可以看到，当资本账户开放程度从初始值 5% 上升至 15% 时，总体金融风险增加了 9.62%，五类目标风险也出现了大幅度的上涨，其中国际收支风险受到的影响最大上升了 8.95%，其次是危机传染风险和政策风险分别为 8.87% 和 8.80%。然而当资本账户开放程度从初始值 5% 上升至 10% 时，总体金融风险仅上涨了 4.81%，各类型目标风险的增长率也均超过 5%，相对于 15% 的资本账户开放程度，金融风险以及各类目标风险的增长率都出现了降低。因此结合政策模拟结果发现，通过加强对跨境资金流动的均衡管理，检测并监控国际资本的流动与风险等措施逐步开放资本账户开放程度，使其与人民币国际化进程相匹配，可以有效控制金融风险以及各类目标风险。

二、汇率波动风险的控制策略

人民币汇率的形成机制随着国际化程度的提高而不断完善。考虑到外汇市场供求情况，2005 年 7 月 21 日，我国开始实行有管理的浮动汇率制度。为了进一步推动汇率市场化改革，2015 年 8 月 11 日，央行决定调整汇率中间价报价机制，人民币汇率机制更富弹性。结合表 7-10 的金融风险指标灵敏度排序结果，汇率波动率的灵敏度为 38.31%，对人民币国际化进程中的目标风险影响程度极高，因此可以从汇率波动的角度对金融风险进行控制。

假设在汇率出现剧烈波动使得波动率达到 9% 时,通过控制汇率波动率使其降低至 5%,将指标估值变化代入模型,观察控制策略实施前后人民币国际化金融风险以及各类型风险变化情况,风险变化趋势见图 7-10 所示,对目标风险影响的变化率见表 7-13。

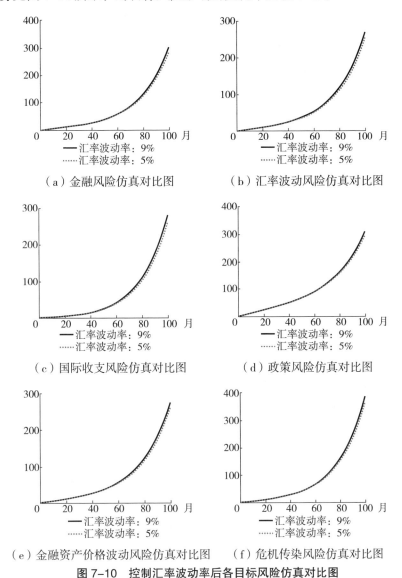

图 7-10 控制汇率波动率后各目标风险仿真对比图

图 7-10 反映了汇率波动率的降低对金融风险和各类目标风险的控制情况，图中实线和虚线分别表示汇率波动率分别为 9% 与 5% 时，金融风险与各类目标风险的变化趋势，从图中可以看出，控制汇率波动率使其下降时，风险也会随之下降。为更加清晰地观察和分析金融风险变化情况，汇率波动率改变后对目标风险影响的变化率见表 7-13。

表 7-13 控制汇率波动率后目标风险降低率

目标风险	汇率波动率降低 / %
总体金融风险	3.75
国际收支风险	3.98
汇率波动风险	4.01
政策风险	3.17
金融资产价格波动风险	3.64
危机传染风险	3.57

从表 7-13 中可以看到，当汇率波动率从 9% 下降至 5% 时，国际化进程中的金融风险下降了 3.75%，五类目标风险也出现了一定程度的下降，其中汇率波动风险和国际收支风险受其直接影响下降幅度较大，分别为 4.01% 和 3.98%，其次是金融资产价格波动风险与危机传染风险，分别为 3.64% 和 3.57%，最后是政策风险下降程度相对较小，为 3.17%。随着人民币国际化程度的不断提高，我国逐渐采取完全浮动的汇率制度，此时汇率波动的幅度将会不断加大，然而汇率波动风险贯穿人民币国际化推进的各个阶段。在人民币结算货币阶段，汇率的剧烈波动易使国际贸易受到影响，经常项目账户面临失衡风险；在人民币投资货币阶段，国际资本会因汇率的大幅波动出现大规模流入和流出的现象，使国际收支失衡，危害国内经济；在人民币储备货币阶段，使用人民币进行计价结算的国家越来越多，汇率的过度波动会降低这些国家对人民币的信心，进而减少甚至放弃人民币储备资产。因此，汇率波动风险是国际化推进过程中应当重点监控防范的对象之

一。结合表 7-13 的政策模拟结果可以发现,稳定汇率波动幅度不仅可以对国际化进程中的总体金融风险起到一定的控制作用,也能够在一定程度上抑制汇率波动风险、国际收支风险、金融资产价格波动风险、危机传染风险以及政策风险。

三、对外贸易依存风险的控制策略

在人民币国际化的初始阶段,我国维持一定的贸易顺差,实际上有助于稳定人民币币值,以及扩大人民币的使用范围。但随着人民币国际化程度的不断深化,人民币大规模的国际使用可能会导致持续的贸易赤字,进而引致国际收支失衡风险,冲击国内经济金融稳定,可能导致经济增长缓慢、失业率上升等问题,同时阻碍人民币国际化步伐。结合表 7-10 的金融风险指标灵敏度结果,排在第三位的是对外贸易依存度,灵敏度为 28.95%。当对外贸易依存度较高时,表明经济增长极度依赖对外贸易活动,国际经济的波动以及国际金融危机就容易对该国的经济金融造成较大影响,并且不利于国内市场的发展,因此可以从控制对外贸易依存度对人民币国际化面临的金融风险进行控制。因此,应当通过对外贸易依存度,重点关注并控制此类风险。

假设随着人民币国际化程度的不断提高,对外贸易依存度达到其警戒值 70% 后,通过改变进出口商品比例,提高内循环能力等措施控制其降低至 60%,在仿真模型中模拟控制策略实施前后人民币国际化金融风险以及各类型风险变化情况,变化趋势见图 7-11 所示,对目标风险影响的具体变化率则见表 7-14。

图 7-11 反映了当对外贸易依存度出现下降时,金融风险和各类目标风险的变化情况,图中实线和虚线分别表示对外贸易依存度为 70% 与 60% 时,金融风险与各类目标风险的变化趋势,从图中可以看出,控制对外贸易依存度使其下降时,风险也会随之下降,目标风险具体变化率见表 7-14。

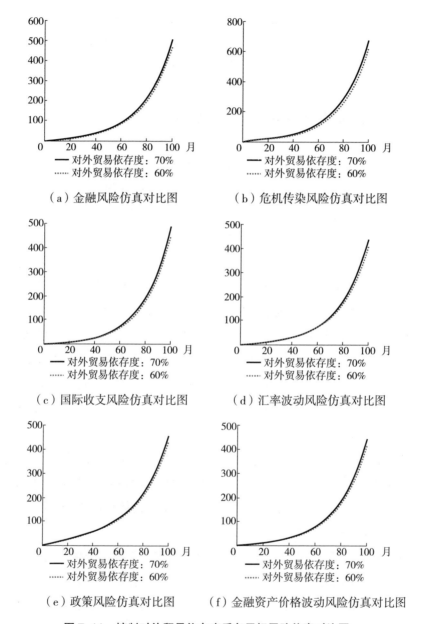

图 7-11 控制对外贸易依存度后各目标风险仿真对比图

表 7-14　控制对外贸易依存度后目标风险降低率

目标风险	对外贸易依存度降低 / %
总体金融风险	10.77
国际收支风险	11.92
汇率波动风险	10.34
政策风险	7.89
金融资产价格波动风险	10.02
危机传染风险	11.82

分析表 7-14 可以发现，当对外贸易依存度从 70% 下降至 60% 时，国际化进程中的金融风险下降了 10.77%，在有效降低总体金融风险的同时，对其余五类目标风险都具有较大的控制作用，其中国际收支风险和危机传染风险的下降幅度相近且幅度较大，分别为 11.92% 和 11.82%；其次是汇率波动风险和金融资产价格波动风险，分别为 10.34% 和 10.02%，政策风险的降低率相对最低，为 7.89%。分析政策模拟结果发现，当对外贸易依存度这一指标超过警戒值 70% 时，通过控制对外贸易依存度，使其适当降低，既能够降低人民币国际化进程中面临的总体金融风险，也能够控制可能由对外贸易依存度引致的各类型风险。

四、货币化程度的控制策略

随着人民币国际化程度的不断提高，国际社会对人民币的需求量会大幅度增加，货币互换和离岸人民币结算量的倍增使得 M2 供给大量增加，尤其是在新冠疫情冲击国际经济金融的大背景下，货币当局应当更加警惕国内货币政策的对外协调性以及可能导致的通货膨胀等问题。结合表 7-4 和表 7-5 的仿真结果，政策风险在模拟前期增长速度较快，在前 60 个月中风险模拟值排在第 2 位，在政策风险的影响因素中 M2/GDP 这一指标的灵敏度最高为 3.05%，因此通过模拟

M2/GDP 的变化分析金融风险的变化，进而为制定风险控制策略提供参考依据。

随着人民币国际化程度的不断提高，M2 与 GDP 的比值达到其警戒值 3 后，通过提高居民消费率，控制 M2 供给等措施使其降低至 2，在仿真模型中模拟控制策略实施前后人民币国际化金融风险以及各类型风险变化情况，变化趋势如图 7-12 所示，对各类风险影响的具体变化率则见表 7-15。

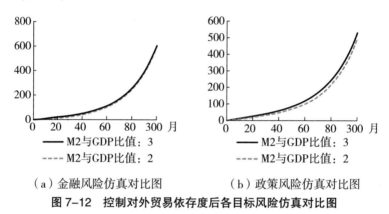

（a）金融风险仿真对比图　　　　（b）政策风险仿真对比图

图 7-12　控制对外贸易依存度后各目标风险仿真对比图

图 7-12 反映了当 M2/GDP 下降时，金融风险和各类目标风险的变化情况，图中实线和虚线分别表示 M2 与 GDP 的比值分别为 3 和 2，从图中可以看出，控制 M2/GDP 使其下降时，金融风险与政策风险也会随之下降，目标风险具体变化率见表 7-15。

表 7-15 控制 M2/GDP 后目标风险降低率

目标风险	M2/GDP 降低 / %
总体金融风险	1.33
国际收支风险	0.01
汇率波动风险	1.90
政策风险	6.50
金融资产价格波动风险	1.71
危机传染风险	0.01

从表 7-15 中可以发现，随着 M2 与 GDP 比值的降低，政策风险受到了较大程度的影响，在各类目标风险中最为突出，下降幅度达到了 6.5%，总体金融风险下降幅度较小，仅为 1.33%，M2/GDP 对汇率波动和金融资产价格波动的影响也较小，分别为 1.90% 和 1.71%。分析政策模拟结果发现，M2/GDP 对政策风险存在较强的影响作用，尽管随着人民币国际化程度的不断提高，M2 供给会出现大量的增加，但是为了国内货币政策的对外协调性、控制通货膨胀处于温和阶段，M2 与 GDP 的比值也不应该过高，将其维持在较低水平具有非常重要的政策意义，也可以较为有效地控制国际化进程中的政策风险。

第七节　本章小结

本章在人民币国际化进程中的金融风险预警指标体系的基础上，首先重新将人民币国际化进程中的金融风险分为国际收支风险、汇率波动风险、政策风险、金融资产价格波动风险以及危机传染风险五类，共计 36 个边界风险指标，通过分析金融风险的传导路径，绘制了五类风险以及本章构建的金融风险控制模型的存量流量图。同时，通过数据收集与处理，采取风险指标从 2007 年 12 月—2020 年 9 月的月度数据，利用 CRITIC 赋值法得出五类风险类型以及每一个风险因素的权重，在此基础上确定各个金融风险因素之间的数量关系，结合对各项边界风险指标的赋值，最终得到金融风险控制模型的系统动力学参数方程，并进行相应的分析。综合仿真模拟结果可以发现，第一，本章划分的五类风险与总体金融风险均呈现正相关关系，且风险贡献程度从高到低依次为危机传染风险、国际收支风险、金融资产价格波动风险、政策风险、汇率波动风险，因此，对金融风险进行控制时，需要重点关注风险贡献程度较高的危机传染风险和国际收支风险。第二，分别按照风险模拟数值和模拟时间对不同目标金融风险划分为低风险、中低风险、中等风险、中高风险、高风险五个风险等级，在前半段模拟时间内，所有类型的金融风险均处于低风险阶段，随着时间的推移，风险等级的上升速度越来越快，此外对金融风险进行控制时，初期出现快速增长的政策风险也不容忽视。第三，由于金融体系的关联性和金融风险的传染性，五大类风险之间的风险因素相互影响，传导路径也存在部分交叉，多种风险的叠加放大了潜在的金融风险，在众多风险因素中汇率风险对国际收支风险和汇率波动风险的影响均较为显著，国际收支差额波动对金融资产价格波动风险和危机传染风险的贡献度最高。第四，对人民币国际化进程中的金融风险进行的灵敏度分析，灵敏度从高到低排序结果的前三个风险指标分别是资本账户开放程度 44.35%、汇率波动率 38.31% 以及对外贸易依存度 28.95%，均远高于其余指标，同时这三个风险指标对五大类型风险的灵敏度也远高于其余指标，一般均高于 25%，因此本书针对这三个指标提出风险控制措施，并进行了相应的政策模拟和分析，从而为制定人民币国际化进程中金融风险控制相关政策提供建议和实证依据。

第八章

人民币国际化的战略目标及风险防范对策建议

第八章 人民币国际化的战略目标及风险防范对策建议

根据前文对各国货币国际化的经验梳理以及对人民币国际化的现状分析，我们发现，路径选择对于平衡发展与风险防范之间的关系，进而有效推进人民币国际化至关重要。因而本书首先借鉴戴相龙[183]的看法，从货币职能的角度，将人民币国际化的实现路径具体划分为三个阶段：结算货币—投资货币—储备货币，并结合宏观经济效应分析发现，在我国经济发展的不同时期，人民币国际化会带来不同的正面效应和负面效应，如何正确识别人民币国际化的负面效应及风险点，并有针对性地采取风控措施或制定政策就为我们提供了人民币国际化进程中风险防范的新思路。基于此，本书第五章对人民币国际化进程中所产生的九大金融风险及其主要的三条传导途径进行了深入研究。第六章依据科学合理等原则，根据风险类别选取指标构成风险测度和预警指标体系，并通过主成分分析法和CRITIC赋值法计算得到FSI数值，实现对人民币国际化进程中的金融风险测度。进一步地，通过构建马尔科夫区制转移自回归模型并结合ARMA模型，达到金融风险预警的目的。第七章利用系统动力学构建金融风险控制模型，通过灵敏度分析和控制策略的仿真模拟发现，首先危机传染风险对人民币国际化金融风险的贡献度最高、影响最为显著，其次是国际收支风险，再次是政策风险在模拟初期上升速率较快，且资本账户开放程度、汇率波动率、对外贸易依存度这三个指标对每一类目标风险以及总体金融风险的灵敏度都极高，因此在制定风险控制措施时应当对以上风险因素进行重点关注。

设定人民币国际化的战略目标与选择具体的发展路径不仅相辅相

成，还会共同影响人民币国际化推进过程中的金融风险。前文借鉴戴相龙[183]的看法，从货币职能的角度，将人民币国际化的实现路径具体划分为三个阶段：结算货币—投资货币—储备货币。可以发现，人民币国际化的推进过程即人民币作为国际货币在货币职能方面不断扩大的过程。此外，本书将人民币国际化的最终目标归纳为摆脱美元体系的不稳定伤害、构建多极储备货币体系，与美元、欧元形成三元制衡格局以及替代美元扮演"全球银行"的角色三方面。我们发现，随着经济发展及人民币国际化进程的不断深入，所面临的金融风险并不是一成不变的。相应地，在经济发展的不同时期以及人民币国际化推进的不同阶段，应具体识别该时期的金融风险并采取针对性的风控措施或制定相关政策等。本节将结合人民币国际化发展的最终目标及前文关于人民币国际化进程中的金融风险识别、测度、预警及控制分析，提出建立"监控—预警—反馈"的动态风险防范与控制机制、增强货币政策调控的有效性与灵活性、建立健全人民币输出与回流机制、健全完善金融体系等风险防范措施建议，具体分析见下文。

第一节 建立"监控—预警—反馈"的动态风险防范及控制机制

人民币国际化对我国的金融监管提出了更高要求，要有效防范前文所述的包含汇率波动风险、货币政策风险等多类风险对我国金融稳定造成的负面冲击，就要建立金融风险的"监控—预警—反馈"的动态防范机制，将上述风险防患于未然。

基于第六章风险测度与预警指标体系下所建立的综合预警指标FSIT，我们以2倍标准差作为压力区间的判断标准，构建区间指标FSIT。当该指标大于0时，处于压力较大时期，该指标小于0时，处于压力较小时期。通过实时监控该指标体系的动态变化过程，及时发现指标异常并进行反馈。同时借助指标子体系的同步监控，快速定位指标异常的原因并进行相应调整。如前文中图 6-3 所示，2007—2008 年年中，金融压力指数较大主要是由于同期资本流动风险、汇率波动风险、货币政策风险、资产价格波动风险和危机传染风险较大。2009 年年中—2010 年年中，金融压力指数较大主要是由于同期资本流动风险、汇率波动风险、货币政策风险、危机传染风险较大。2015 年，金融压力指数较大主要是由于同期资本流动风险、汇率波动风险、财政政策风险、货币替代风险和资产价格波动风险较大。2016 年年底—2017 年年底，金融压力指数较大主要是由于同期资本流动风险、汇率波动风险、财政政策风险、货币替代风险和资产价格波动风险较大。在此基础上建立马尔科夫区制转移模型，通过预测较短时间内的金融压力指数 FSIT 并代入模型，进而分析未来金融压力指数的变化是否引起了风险区制的转移，并以此作为风险预警以及是否采取风险控制措施的提示。

按照"十四五"规划部署，结合建立金融风险的"监控—预警—反馈"的动态防范机制，稳慎推进人民币国际化，坚持市场驱动和企业自主选择，营造以人民币自由使用为基础的新型互利合作关系。稳慎推进人民币国际化，需要重点在以下五方面下功夫。

一是进一步增强中国经济实力，提高人民币资产吸引力，并从金融制度和基础设施层面创造更为便利化和低成本的人民币跨境流通使用环境。二是推动外汇市场建设，具体包括：适时、适度拓展实需内涵，放松相关限制；研究引进外汇期货交易，增强人民币汇率的全球定价权；引入更多境内非银行金融机构、符合条件的非金融机构、货币经纪公司以及境外机构参与外汇市场交易，提高外汇市场交易流动性。三是加快国内资本市场建设，进一步加强基础制度和金融监管能力建设，扩大市场双向开放、提高资本市场的国际竞争力。四是稳步推动金融制度型开放，提高立法层次，减少由一个部门决定收放、存废的规范性文件层次的立法，维护法规的权威性、连续性和稳定性，加快与国际规则接轨，在成熟领域尝试负面清单管理。五是加快推动外贸发展方式从过去以量取胜转向以质取胜，加强自主出口品牌建设，提高非价格竞争力，争取产品定价权，提高人民币在跨境贸易中的支付结算占比，增强外贸企业抵御汇率波动风险的能力。

第二节 增强货币政策调控的有效性与灵活性

在人民币不断推进国际化的进程中以及人民币成功实现国际化之后，势必会对货币政策的有效性造成负面影响，无论是对货币供给主动性的削弱，还是对再贷款等调控手段效果的抑制，都会大大增加货币政策操作风险。因此，在国际化的推进过程中，货币当局应当更为灵活地使用其他调控手段，例如公开市场操作、调整再贷款利率与存款准备金率等，提防国际资本对我国货币政策的实施带来的负面影响，维持国内经济运行环境的稳定，进而避免人民币币值出现剧烈波动。基于此，中央银行应当做到以下三点要求。一是货币政策决策流程的规范化，决策责任与作用的明确化，决策过程与结果的及时与公开化。不仅如此，还应进一步明确中介目标与最终目标，有了清晰的目标，货币政策的制定才更科学合理，从而引导民众的预期，借助政策工具逐渐达到已经制定好的目标，最终完成预期的货币政策目标。二是央行可以利用当前先进的信息技术手段，动态监控涵盖跨境人民币在内的货币供应量，及时整理并得到人民币跨境流动的相关数据，从而为制定货币政策提供有效且准确的数据。三是央行应当增强与货币发行国家的合作，在制定与执行货币政策时，协调各国以实现对国际资本的监管，从而提高货币调控能力。

首先，完善货币政策决策体系，推动经济结构性调整。第一，完善货币政策设计制度，准确定位决策目标使其专注于稳定人民币价值，避免货币政策沦为经济增长的融资工具；完善货币政策体系，开发设计易得、可测、可控，并且与宏观经济形势紧密相关的中介目标；促进国债市场发展，推动利率市场化改革，提高利率政策、公开市场业务等操作工具的实用性；在操作工具与中介目标之间设计合理的操作目标，验证操作工具运行效果，在此基础上形成畅通的货币政策传导机制。第二，充分发挥"窗口指导"对经济结构的调节功能，引导银行信贷投向消费领域、高新技术行业、第三产业以及小微企业，促进经济增长模式由投资拉动型向消费拉动型转化，并且推动产业结构调整。

其次，稳步推动利率市场化改革，完善利率在不同期限结构资产之间的传导机制以及不同金融市场之间的联系机制。利率市场化的具体改革措施包括：第一，在货币市场中建立市场综合加权定价的基准利率，同时扩大国债市场的交易规模，货币当局通过与商业银行的国债（而非央行票据）买卖交易调整基准利率水平，使之成为短期无风险利率，为构建有效的利率期限结构提供基础；第二，货币当局进一步缩小商业银行的存贷款基础利差，逐步取消存贷款浮动区间限制，最终实现由商业银行根据其资产负债期限结构匹配情况、成本结构与风险结构，自发决定各类存贷款利率水平。这一机制既能保证货币当局通过利率期限结构对金融系统进行间接调节，又能提高商业银行经营管理效率以及金融创新活力，还能通过市场化利率的自发调节机制防范人民币国际化进程中的各类金融风险，为更深层次的金融自由化改革与开放提供保障。

第三节 建立健全人民币输出与回流机制

在推进人民币国际化的过程中，为降低金融风险带来的损失，非常重要的一个环节就是人民币输出与回流机制。当下人民币逐步加快推进国际化，境外人民币在资本管制的情况下大量积累，因此货币输出与回流渠道的畅通与否影响着国际化程度是否能够不断提高。首先，扩大内需维持国际贸易逆差，建立健全人民币输出机制，具体应当刺激国内需求，驱动我国经济持续稳定发展，人民币的对外输出应依靠国际贸易逆差来完成。当人民币输出机制逐渐趋于完善时，会有更多的外向型企业将其对外投资的主体选择为人民币，这样一来既能增强我国市场自身的竞争力，又能够弱化国际化过程中面临的各类风险，从而为我国金融市场的稳定发展提供良好的环境。其次，积极发展并完善人民币离岸市场，建立并完善人民币回流机制。作为货币回流的缓冲带，人民币离岸中心可以阶段性地规避货币非自由兑换的情况，使人民币能够在境外流动，阻挡国际风险向国内传导。由于离岸市场的特殊性，在建立人民币离岸市场时，离岸金融机构的管理和相关金融风险的监测需要格外关注。除此之外，人民币在岸市场的建设也应当逐渐加快步伐，通过提供更加多样化的投资产品，不断完善人民币在岸市场的建设，进而健全人民币回流机制。与此同时，还应谨慎控制离岸与在岸市场的双重价格对在岸市场造成的冲击。

第四节　健全完善金融体系

伴随着人民币国际化程度的不断提高以及资本项目的完全开放，我国金融行业也必将走向国际化。我国金融市场近些年来呈现出迅速发展趋势，但是发展过程中暴露出许多问题，比如金融效率总体来说依旧较低，金融创新工具也较为匮乏，中小企业的融资难题仍未完全解决，金融服务水平相对发达国家而言较为低下等。本书主要围绕化解金融机构共同风险、增强金融体系抵御风险的能力两个方面健全完善金融体系。

首先,降低金融机构同质性,消除共同风险的诱发因素。第一,完善货币政策制度设计,准确定位决策目标使其专注于稳定人民币价值,避免货币政策沦为经济增长的融资工具;优化完善货币政策操作工具,主要以公开市场业务与再贴现等市场手段对银行信贷实施间接调控,避免过度依赖行政性、直接性的"窗口指导",给予商业银行较高的自主经营权。第二,完善国有金融机构的内部治理机制,重点解决国有资本出资人缺位导致的委托代理问题;加强国有金融股权的统一管理,在维护国家全局利益的基础上,对于不同国有金融机构的职能与经营目标实施差异化定位。第三,通过税收、金融、产业等政策手段调控不同产业的利润,保障产业间利润差距维持在合理空间,引导信贷资金在各产业间均衡、合理配置。

其次,建立健全宏观审慎的金融监管制度,增强金融系统稳定性。第一,从盈利能力、资产质量、资本充足水平、流动性充足水平等多方面综合考察银行经营状况,在原有监管指标基础上引入流动性覆盖率、净稳定资金来源比率、杠杆率新指标,丰富与完善银行监管指标体系,督促银行深入开展针对信用风险、市场风险、流动性风险、汇率风险、政策风险的压力测试,从持续、前瞻的角度实施风险管理。第二,根据金融机构的系统性差异情况实施差异化的监管制度与监管标准,尤其是对于系统重要性机构采用"腕骨"(CARPALS)监管指标体系,即不仅在资本充足率、杠杆率、不良贷款率、拨备率、流动性比率、存贷比率等传统监管指标方面实施更高的监管标准,而且将增加不良贷款偏离率、大额风险集中度、案件风险率、附属机构监管比率等额外监管指标;监管当局还将适时调整"腕骨"指标监管标准,甚至实施"一行一策"的监管政策。

最后,稳步推动金融市场化改革,审慎防范过度金融创新风险。金融市场化改革仍然应该坚持渐进性原则,尤其需要审慎对待金融创新,具体措施包括以下方面第一,基于市场主导原则,通过制度创新与配套政策鼓励、引导民间资本进入银行业,在加强金融监管、完善内部治理、规范信息披露的基础上，尽量减少对银行业的行政干预与管制。通过银行自主经营与自由竞争，提高金融市场配置资源的效率。第二，加快资本市场改革，健全多层次资本市场体系为经济主体，提供多元化的融资服务；简化证券发行制度，增强直接融资的便利性；丰富与完善各类机构投资者，保持资本市场交易的稳定性，通过这些举措扭转直接融资与间接融资结构失衡状况，化解经济金融过度货币化的风险。第三，增强金融机构的风险防范意识，强化金融创新监管，在"风险可控、成本可算、信息可披露"的原则下稳步发展金融创新，尤其是针对民间融资、银行表外业务、资产证券化业务等构成的"影子银行体系"，应该从法律法规建设、日常运营模式、动态风险评估等方面进行严格监管。

第五节　逐步开放资本账户

资本账户完全开放是一国货币实现国际化的条件之一，但是根据第四章中的风险识别以及第七章中的金融风险控制的分析，可以发现资本的大规模流入和流出都将对经济造成严重影响，资本账户的盲目开放是引发和放大潜在金融风险的重要因素，资本的大规模流入和流出以及短期投机资本的频繁流通，容易引起市场恐慌并影响投资者信心，进而对国内金融稳定造成影响，因此，资本项目的开放不应盲目，只有结合当前我国国情与人民币国际化进程所处阶段，合理规划资本项目的开放程度，才能与国际化程度相辅相成。在人民币国际化不断推进的过程当中伴随着许多潜在风险，而一定程度上的资本管制使得部分潜在风险处于可管控的程度，有利于防范和控制金融风险。如果完全开放资本项目，在面对国际资本的大规模冲击时，我国的金融系统稳定性将遭遇严峻考验。以历史为鉴，总结并分析以往的国际金融危机可以发现，引发和放大危机的重要因素之一就是资金大规模跨境流动，尤其是短期外债和证券投资基金的跨境出入。因此为了保障经济金融稳定性，世界各国都应当审慎检测和管控短期外债以及证券类资金的跨境流动。同样地，资本项目的开放也应当考虑到可能其对国内经济金融造成的冲击，将其带来的负向影响尽可能地保持在可控制的范围内，实现人民币国际化与资本项目开放的相互促进。具体来说，首先，加强对国际资本流动及其风险的监测和管控，将国际资本的流入和流出保持在相对均衡的状态，避免对国内市场造成大幅影响，导致金融风险传染加剧；其次，建立健全国际收支风险的测度、识别、预警和控制体系，加强对跨境资金流动的均衡管理，逐步形成完善的国际收支调节机制。

第六节　维持汇率在合理区间波动

一国货币实现国际化的过程中，不可避免地会使得汇率出现波动，根据上文研究发现人民币汇率的剧烈波动会造成人民币币值不稳，一方面影响了国内贸易和投资，另一方面也动摇着国际投资意愿与信心，阻碍人民币国际化的推进。因此，为稳定汇率震荡幅度控制人民币国际化进程中的金融风险，应当推进人民币汇率制度改革，维持外汇市场稳定。我国的外汇储备以美元为主，美国是中国的主要贸易伙伴，长期以来，我国在经常项目和资本项目方面，以低价资源为优势，保持着双顺差的状态，然而这种状态导致了我国外汇储备额的迅速增长，也伴随着巨大的风险，为了防范与控制这类潜在风险，加强外汇管理，应逐步降低外汇储备中的美元比重，使得国际资产呈现多元化。通过丰富外汇市场的交易品种，增加外汇市场的交易方式等措施，建立市场化的外汇制度，维持外汇市场稳定，将外汇储备对于风险防范的保障作用充分发挥出来。

汇率市场化改革的推进，有助于提高政策的透明度与市场化水平，在稳定人民币汇率预期方面发挥了重要的作用，使其更真实地体现外汇供求状况，保持人民币汇率在合理的区间内浮动，从而有助于缓解人民币在实现国际化进程中的货币政策失效情况。因此，人民币国际化应伴随着人民币汇率体制市场化改革的不断深入，逐步建立与完善汇率在国际经济金融资源配置中的调节机制。目前，人民币汇率制度实行参考一篮子货币的有管理浮动汇率制度，但是，在货币篮子中对于美元设计偏高的权重加剧了人民币汇率升值预期，致使货币当局无法灵活使用汇率政策实施有效的宏观调控。深化人民币汇率体制改革势在必行，而且可以参考如下措施。第一，货币当局应该完善人民币汇率定价机制，丰富货币篮子中的货币种类、科学调整各种货币权重，改变美元对人民币汇率决定的过度影响，使得汇率形成机制更加公开与透明，影响因素更加多样化与复杂化。从而有利于形成双边市场预期，减轻人民币投机风险。第二，货币当局在制定中心汇率目标时，应该与其他经济决策与金融监管部门多方协调，使得中心汇率成为综合反映贸易、投资、产业、金融等多重政策目标的均衡汇率。第三，逐步降低货币当局对人民币汇率的干预，在保持均衡汇率基本稳定的前提下，提高汇率浮动区间。通过外汇市场上人民币汇率较大幅度的双向波动态势打破单边升值预期，削弱目前人民币在贸易结算与金融投资中的投机因素，促进其国际化均衡、协调、可持续发展。

第七节　稳定对外贸易依存度

从长期来看，为防范国际金融风险的传染，减缓世界经济波动对国内经济金融稳定性的影响，我国要逐渐调整对外贸易的状况与结构，从自身优势出发参与国际分工与国际贸易。

首先，促进经济增长模式由"外向型"向"内需型"转化，降低宏观经济增长对国外市场的依赖性。长期以来中国"外向型"经济增长模式表现为出口与投资成为推动增长的主导因素，而消费对增长的贡献率相对偏低。出口与投资更容易受到经济周期的影响，对于经济增长的稳定效应并不如消费，当全球经济周期通过国际贸易途径影响国内经济周期时，"外向型"增长模式将放大国际金融风险，而且出口与投资快速增长将形成能源与原材料的巨大需求，又形成内生性的贸易风险，最终导致贸易条件恶化、国际收支失衡、企业经营效益受损以及宏观经济衰退等一系列金融风险的消极影响。因此，建立消费主导的"内需型"增长模式对于化解贸易冲击、防范金融风险、稳定经济增长具有重要意义。

其次，发展自主知识产权，提高技术创新能力，增强企业国际竞争力，降低过高的对外贸易依存度对于国内金融稳定性的不利影响。综合运用产业、财政、金融、监管等多种政策手段淘汰落后产能，同时鼓励企业开展研发活动、加大研发投入力度，形成技术创新的激励机制，促进产业技术优化升级。在保持"引进、消化、吸收、再创新"的传统创新模式基础上，重点引导、鼓励、扶持自主原始创新。推动科研机构与企业开展深入合作，促进产学研结合与科技成果转化，并通过法律法规、行政等手段加强知识产权保护，营造良好的技术创新环境，建立健全技术创新的长效机制。通过这些举措增强中国贸易企业的全球资源配置能力与国际竞争力，缓解国际贸易冲击。

最后，推动产业结构优化升级，增强国内经济金融系统对国际金融风险的抵御能力。通过法律约束、政策引导、金融支持等措施鼓励第三产业发展，调节、优化三大产业比率结构，促进国民经济增长由主要依靠第二产业拉动向依靠三次产业协调拉动转变。一方面淘汰第二产业中低技术、低附加值、高污染、高能耗的落后过剩产能，促进第二产业内部的结构优化升级；另一方面鼓励扶持第三产业发展，尤其应该注重发展管理、信息、咨询等生产性服务业，推动现代服务业与高端制造业相辅相成、协调发展。

第八节　维持货币总量扩张速度与经济发展速度基本匹配

维持货币总量 M2 的扩张速度与名义 GDP 发展速度基本匹配。理论上，M2/GDP 不可能无限发散，因此二者比值在合理区间波动对防范人民币实现国际化引发的宏观政策操作风险具有十分重要的现实意义。具体地说，首先通过健全市场化利率和基准利率体系，推动货币政策由数量型调控逐渐转向价格型调控，使广义货币 M2 增长率与名义 GDP 增长率基本同步变化；其次鼓励直接融资发展资本市场，深化金融供给侧结构性改革，提高金融服务实体经济的能力；最后进一步加大以减税降费为主的财税体制改革，优化营商环境，提高经济效率。

第九章

结论及展望

第九章 结论及展望

第一节 结论

本书主要得出以下四方面的研究结论。

第一，在金融风险识别与传导机制方面，在对人民币国际化进程进行详细分析的基础上，本书主要依据人民币国际化在不同阶段中的具体措施，分析出人民币国际化进程中的金融风险来源主要包括人民币汇率波动风险、资本账户开放风险、货币政策操作风险、财政政策操作风险、外部金融危机传染风险、国际货币替代风险、金融体系不完善风险和金融资产价格波动风险。在此基础上，本书主要依据其对我国金融体系和实体经济的影响方式，将其传导路径总结为经常项目、资本项目和宏观经济政策三类。其中，人民币汇率波动风险主要通过经常项目、资本项目和宏观经济政策途径影响国内金融体系和实体经济；资本账户开放风险、外部金融危机传染风险和金融资产价格波动风险主要通过资本项目途径影响国内金融体系和实体经济；货币政策操作风险、财政政策操作风险、国际货币替代风险和国内金融机构经营风险主要通过宏观经济政策途径影响国内宏观经济政策调控效果，并最终影响国内实体经济和金融体系。

第二，在金融风险测度方面，根据测算结果，我国人民币国际化进程中的金融风险压力指数多数处于 [−1.0，0.4] 的区间内，整体风险可控。其中，2007—2008 年 FSIT 指数显著大于 0，资本流动风险、汇率波动风险、货币政策风险、资产价格波动风险和危机传染风险较高，显示次贷危机爆发对我国经济金融系统产生的负面影响。此外，人民币国际化进程中的综合金融风险自 2012 年以来逐步扩大，并于 2017 年达到峰值。2015 年 "8·11" 汇改使人民币汇率形成机制摆脱了单边升值模式，有弹性地双向浮动成为新常态。同时，随着人民币国际化进程的深入，资本开放度进一步加大，人民币国际地位逐渐崛起，中美贸易摩擦以及新兴市场货币贬值的风险侵袭，使得这一时期金融压力指数不断上升。通过进一步分析各个子体系的金融风险水平，发现总体上汇率波动风险、货币政策操作风险、财政政策操作风险和金融资产价格波动风险的平均水平表现出增加的趋势，而资本账户开放风险、外部金融危机传染风险、国际货币替代风险和国内金融机构经营风险的平均水平均表现出降低的趋势。因此，我国应防范汇率波动风险、货币政策操作风险、财政政策操作风险和金融资产价格波动风险，并进一步防止该风险的扩大带来金融危机。

第三，在金融风险预警方面，从 MS-AR（2）模型的结果来看，金融压力指数在 2007—2008 年年中、2009 年年中—2010 年年中、2015 年—2017 年年底处于高风险状态，其余时段处于低风险状态，并且高风险状态是由于人民币国际化进程中不同金融风险同期叠加所致。同时，通过 ARMA（4，3）模型预测我国 2018 年 1 月—2019 年 6 月的金融压力指数数据，并与样本数据一同代入模型，结果显示这一时期金融压力指数从低风险区制向高风险区制转换，这与代入真实金融数据后的实际计算结果基本一致。由此可见，上述模型能够有效预警未来一定时期内的金融风险状态。

第四，在金融风险控制方面，利用系统动力学仿真模型进行分析，从风险贡献程度的角度来看，国际收支风险、汇率波动风险、政策风险、金融资产价格波动风险以及危机传染风险均与人民币国际化进程中的金融风险呈正相关关系，其中危机传染风险贡献程度最大，其次是国际收支风险，因此对金融风险进行控制时，需要重点关注这两类风险；从风险等级的角度来看，在前半段模拟时间内，所有类型的金融风险均处于低风险阶段，随着时间的推移，风险等级的上升速度越来越快，其中在模拟初期出现快速增长的政策风险需要格外警惕；从风险影响因素的角度来看，汇率风险对国际收支风险和汇率波动风险的影响均较为显著，国际收支差额波动对金融资产价格波动风险和危机传染风险的贡献度最高，因此在制定风险控制政策时，可以考虑从汇率风险和国际收支差额波动入手；从风险指标灵敏度分析结果来看，灵敏度较高的风险指标分别是资本账户开放程度44.35%、汇率波动率38.31%以及对外贸易依存度28.95%，这三个指标的灵敏度均远高于其余指标，因此针对这三个指标提出风险控制措施，并进行相应的政策模拟和分析，从而为制定人民币国际化进程中金融风险控制相关政策提供建议和实证依据。

第二节 展望

根据上述研究我们可以发现，人民币国际化是一个长期过程。随着经济发展及人民币国际化进程的不断深入，所面临的金融风险并不是一成不变的，这就要求我们必须做好人民币国际化进程中的金融风险识别、测度、预警及防范工作。

本书的研究还存在以下不足：第一，在人民币国际化进程中的金融风险识别上，对各类金融风险的梳理归纳还不够全面，类似市场阻挠风险等未被包含在整体的分析框架内；第二，在具体指标选取上，由于样本数量、数据可得性等客观要求，可能舍弃了某些含有重要信息的指标。比如在对人民币国际化宏观经济效应衡量指标的选取上，采用人民币境外存量来衡量货币国际化程度，可能导致与实际情况存在一定的误差。同时，在数据处理过程中，为保持频次一致进行的频率转换也可能导致损失部分信息。

对此，本书做出以下展望。

第一，在人民币国际化进程中的金融风险识别分析上，继续拓宽并细化金融风险类别，如金融机构经营风险等，一方面使当前的金融风险测度及预警指标体系更加完善，另一方面通过进一步细化金融风险类别，将有助于对人民币国际化进程中的金融风险水平进行更为准确的度量。

第二，对金融风险传导路径的研究应在完善理论分析的基础上，进一步引入数理模型，以便发现各宏观经济变量之间的传导关系及其与人民币国际化之间的互动关系，为后续人民币国际化进程中的金融风险控制提供相关的理论依据。可以尝试采用开放经济下的 DSGE 模型分析人民币国际化背景下的风险传导路径。考虑到目前人民币国际化发展阶段，后续的研究内容将重点聚焦人民币作为贸易货币在跨境贸易结算与计价中的功能，通过构建包括居民、贸易品与非贸易品生产企业、商业银行、债券市场、财政当局与货币当局在内的动态一般均衡模型，刻画在以人民币作为贸易货币背景下，中国宏观经济的基本特征，从而为研究风险传导路径提供理论基础。

第三，指标筛选方面，在数据可得性的前提条件下，未来的研究可致力于通过指标的具体分析，选取多种相关指标尽量实现全面覆盖某一种类的金融风险，即尽量实现所选取的多种相关指标能够完整地体现子指标体系的金融风险。

第四，关于如何在研究人民币国际化带来的金融风险时，控制住其他影响因素这一问题值得进一步考虑。对此，本书也提出了一些初步构想。一是构建回归模型，探讨人民币国际化水平对金融压力指数的影响。现有的金融压力指数能够对金融风险进行测度及预警，但是在与人民币国际化程度的关联上有所欠缺。人民币国际化水平的提高必然伴随着金融开放程度的加深，金融开放程度的加大必然带来金融风险的因素增多，20 世纪末的亚洲金融危机就是典型案例，因此在推动人民币国际化进程中把握其对我国金融压力指数所衡量的金融风险的影响，是研究人民币国际化的重要内容。二是分析选取衡量人民币国际化水平的指标体系。因为人民币国际化包含了人民币在使用范围和人民币在货币职能上由"结算货币—投资货币—储备货币"的不断推进的过程。已有的文献研究通常从单个角度去衡量人民币国际化的程度，因此替代指标也较为单一，例如国际贸易中人民币结算额占比、境外机构及个人人民币存款额、跨境人民币结算交易额等，但是均不能综合考量人民币国际化的水平，课题组将综合考虑人民币在国际化进程中的多方面因素，希望构建能够较为全面反映人民币国际化水平的指标体系，计算出人民币国际化水平指标，对人民币国际化水平进行衡量，并将其与金融压力指数进行回归分析，研究人民币国际化水平对金融风险的影响。但是，由于时间有限，目前借用中国人民大学发布的人民币国际化指数进行计量分析，在后续的研究工作中将对此指数进行改进。三是考虑政策因素影响，构建政策虚拟变量，并进行异质性分析。研究人民币国际化问题，制度及政策变量是不可忽视的重大背景和关键因素。2005年"7·21"汇改完善了人民币汇率形成机制改革，人民币汇率制度进入了一个新的历史时期；2015年"8·11"汇改形成了以市场供求为基础，参考一篮子货币计算人民币多边汇率指数的变化，维护人民币汇率在合理均衡水平上的基础稳定。这次汇率改革进一步放宽了人民币汇率的行政限制，使得人民币兑美元汇率中间价更能反映外汇市场供求变化；2016年人民币加入SDR货币篮子是人民币国际化的里程碑。除此之外，国际经济危机、货币竞争和博弈等许多内外部因素也必须加以考虑，例如2008年次贷危机、2018年中美贸易摩擦、2020年新冠疫情，均对人民币汇率产生了较大影响，从而影响到人民币国际化的进程。图8-1展示了2007—2020年美元兑人民币（在岸价）日平均汇率的变动趋势及重要政策节点。因此，我们应当针对不同的政策变动节点构建政策虚拟变量，并对不同的政策变化进行异质性分析。四是在实证模型中加入政策变量与人民币国际化水平指数的交互项。此处加入交互项的作用是考察政策变量的调节效应，即金融风险对人民币国际化进程冲击的反应如何受政策变量的影响，也可以用来分析政策变量对人民币国际化进程是否存在统计显著性。五是加入适当的控制变量。金融风险所受影响因素较为复杂，常用的控制变量包括广义货币 M2 的增速、实际 GDP 增速、地方政府负债率、房地产企业负债率、非标业务比率等指标。后续研究中将继续选择恰当的控制变量。

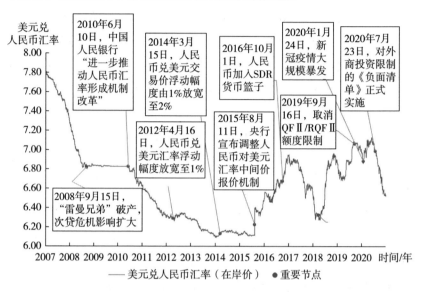

图 8-1　2007—2020 年美元兑人民币汇率（在岸价）日均价及重要政策节点

随着我国综合国力的提升以及人民币国际地位的崛起，资本开放度进一步提高，由此带来的金融风险也将愈加复杂。因此，对人民币国际化进程中的风险识别、测度、预警和控制研究还需进一步拓宽研究视角，发掘更具代表性的风险测度及预警指标，并不断优化指标选取方法和模型，提高预警及风险控制效果，为平稳推进人民币国际化提供理论参考。

参考文献

[1] Cohen B J. The seigniorage gain of an international currency: an empirical test [J]. The Quarterly Journal of Economics, 1971, 85(3): 494—507.

[2] Hartmann P, Issing O. The international role of the euro [J]. Working Papers, 2002, 24(4): 315—345.

[3] Tavlas, G S. Internationalization of currencies: The Case of the US Dollar and Its Challenger Euro [J]. The International Executive, 1997.

[4] Mundell R A. The International Monetary System and the Case for a World Currency [J]. 2003.

[5] Frankel J A, Rose A K. Currency crashes in emerging markets: An empirical treatment [J]. Social Science Electronic Publishing, 2000, 41(3-4): 351—366.

[6] 约瑟夫·斯蒂格利茨.喧嚣的九十年代[M].张明,译,北京:中国金融出版社,2005.

[7] Eichengreen B. The renminbi as an international currency [J]. Journal of Policy Modeling, 2011, 33(5): 723—730.

[8] 陈彪如.论钉住汇率、弹性汇率和人民币汇率问题[J].南开

经济研究，1990（6）：3—10.

[9] 谢太峰.人民币国际化：效应、可能性与推进策略[J].首都经济贸易大学学报，2007（1）：62—68.

[10] 陈卫东，李建军.日元国际化过程中值得关注的若干问题——兼论一国货币国际化的基本条件与模式[J].金融发展评论，2010（8）：4—14.

[11] Krugman P. Vehicle Currencies and the Structure of International Exchange [J]. Nber Working Papers, 1979, 12（12）: 513—526.

[12] 何国华.西方货币国际化理论综述[J].经济评论，2007（4）：156—160.

[13] Dobson W, Masson P R. Will the renminbi become a world currency？[J]. China Economic Review, 2009, 20（1）: 124—135.

[14] 段世德，胡文瑶.论国家信用、习俗惯例与货币的国际化[J].世界经济研究，2020（6）：35—43，136.

[15] Eichengreen B. Taming capital flows [J]. World Development, 2000, 28（6）: 1105—1116.

[16] 薛畅，何青.汇率波动与货币国际化路径——基于门限面板回归的分析[J].经济学报，2016（3）：26—42.

[17] 胡琨.欧元国际化路径与战略评议——竞争性国际货币体系的视角[J].经济与管理评论，2020，36（6）：125—135.

[18] 王青林.人民币国际化对内外经济均衡的影响研究[J].南京农业大学学报，2014，（4）：111—119.

[19] 马荣华.人民币国际化成本与收益的再思考[J].现代经济探讨，2014（2）：33—37.

[20] 王晶.人民币国际化的影响因素及社会福利效应分析[D].杭州：浙江工商大学，2015.

[21] 盛景明.人民币国际化的成本和收益分析［D］.济南：山东大学，2016.

[22] 郑木清.论人民币国际化的经济效应［J］.国际金融研究，1995（7）：34—35.

[23] 李稻葵，刘霖林.人民币国际化：计量研究及政策分析［J］.金融研究，2008（11）：1—16.

[24] 王信.人民币国际化进程中的问题和收益研究［J］.国际贸易，2011（8）：51—55.

[25] 徐文宁.人民币国际化进程中铸币税及国际经验借鉴［D］.南昌：江西财经大学，2015.

[26] 石柳.国际货币体系改革背景下人民币国际化的收益分析［J］.金融经济，2018（20）：106—107.

[27] 陈学彬，李忠.货币国际化的全球经验与启示［J］.财贸经济，2012（2）：45—51.

[28] 唐雯艳.人民币国际化路径及风险防范对策研究［D］.浙江大学，2016.

[29] 丁剑平.离岸与在岸人民币国际化路径研究［A］.中国人民大学国际货币研究所.

[30] 陈卫东，赵雪情.人民币国际化发展路径研究——基于十年发展的思考［J］.国际经济评论，2020（4）：28—37，4.

[31] 申岚，李婧.人民币国际化新的可能性：人民币跨境循环体系的升级与发展［J］.社会科学文摘，2020（11）：46—48.

[32] 程贵，张小霞."一带一路"倡议是否促进了人民币国际化？——基于PSM-DID方法的实证检验［J］.现代财经（天津财经大学学报），2020，40（10）：80—95.

[33] 余道先，王云.人民币境外存量、国际收支与人民币国际化进程［J］.经济理论与经济管理，2015（4）：89—103.

[34] 余道先，邹彤.人民币国际化的国家异质性分析与人民币国际

化进程［J］.世界经济研究，2017（7）：3—16，135.

［35］ 彭红枫，谭小玉.人民币国际化研究：程度测算与影响因素分析［J］.经济研究，2017，52（2）：125—139.

［36］ 彭红枫，谭小玉，祝小全.货币国际化：基于成本渠道的影响因素和作用路径研究［J］.世界经济，2017，40（11）：120—143.

［37］ 范祚军，夏文祥，陈瑶雯.人民币国际化前景的影响因素探究［J］.中央财经大学学报，2018（4）：30—43.

［38］ 冯永琦，代佳航，瞿亢.人民币在东亚区域货币"锚"效应及其影响因素研究［J］.国际金融研究，2020（2）：56—65.

［39］ 张青龙.人民币国际化的经济效应：一般均衡分析［J］.国际金融，2005（8）：44—48.

［40］ 王曦，冯文光.人民币升值的宏观经济影响［J］.统计研究，2009，26（6）：3—12.

［41］ 张青龙.人民币国际化对货币政策的影响：基于IS-LM模型分析［J］.新金融，2011（2）：11—15.

［42］ 王祯，国际比较视角下人民币国际化对国际收支均衡的效应分析［D］.南京：南京师范大学，2012.

［43］ 张博辉.人民币升值对宏观经济的影响以及政策分析［D］.大连：东北财经大学，2013.

［44］ 吴锦雯.人民币国际化对我国货币政策的影响［D］.上海：华东师范大学，2014.

［45］ 何平，钟红.人民币国际化发展的经济效应及其存在的问题［J］.国际经济评论，2014（5）：89—102.

［46］ 张章.人民币跨境流通及其对国内宏观经济的影响［D］.蚌埠：安徽财经大学，2015.

［47］ 沙文兵，刘红忠.人民币国际化、汇率变动与汇率预期［J］.金融理论与政策，2014（8）：10—18.

[48] 殷硕.人民币国际化对国内物价的影响研究[D].济南:山东大学,2016.

[49] 王雪,王聪.人民币国际化背景下本币境外流通的宏观经济效应研究[J].国际经贸探索,2016(10):99—112.

[50] 沙文兵,肖明智.人民币国际化进程中汇率变动的经济效应研究[J].世界经济研究,2016(1):39—47.

[51] 胡圣慧.人民币国际化背景下货币政策的有效性研究[D].湘潭:湘潭大学,2016.

[52] 何金旗,张瑞.人民币国际化、汇率波动与货币政策互动关系研究[J].审计与经济研究,2016(3):120—129.

[53] 余建军.人民币国际化对中国进出口贸易的影响[D].杭州:浙江大学.2017.

[54] 吴立雪.人民币国际化与外汇市场压力——基于TVP-SV-VAR模型的实证检验[J].金融论坛,2019,24(10):36—47.

[55] 余博,管超,戴淑庚.人民币国际化、汇率波动与双边贸易——基于"一带一路"国家面板门槛模型的分析[J].统计与信息论坛,2020,35(7):57—65.

[56] 林乐芬,王少楠."一带一路"建设与人民币国际化[J].世界经济与政治,2015(11):72—90,158.

[57] 朱小梅,汪天倩."一带一路"倡议下货币合作与人民币国际化的实证分析[J].江淮论坛,2020(5):37—42.

[58] 李俊久."一带一路"沿线的货币地理与人民币崛起战略[J].社会科学,2020(12):55—68.

[59] 高惺惟.中美贸易摩擦下人民币国际化战略研究[J].经济学家,2019(5):59—67.

[60] Robert T. Gold and the Dollar Crisis: the Future of Convertibility [J]. New HavenYale University Press,1961.

[61] Bergsten C F. The dilemmas of the dollar;the economics and

[62] Blinder A S. The role of the dollar as an international currency[J]. Eastern Economic Journal, 1996, 22(2): 127—136.

[63] Alogoskoufis G, Portes R. International costs and benefits from EMU[R]. Social Science Electronic Publishing, 1990.

[64] 余翔. 欧元国际化进程及其面临的挑战[J]. 现代国际关系, 2009(1): 42—47.

[65] Eichengreen B, Hatase M. Can a rapidly growing export-oriented economy exit smoothly from a currency peg? Lessons from Japan's high-growth era[J]. Explorations in Economic History, 2007, 44(3): 501—521.

[66] 李晓. "日元国际化"的困境及其战略调整[J]. 世界经济, 2005(6): 3—18.

[67] 徐明棋. 从日元国际化的经验教训看人民币国际化与区域化[J]. 世界经济研究, 2005(12): 39—44.

[68] Oteroiglesias M. The Internationalization of the Renminbi: Prospects and Risks(ARI)[J]. Iglesias, 2011.

[69] Mallaby S, Wethington O. The future of the Yuan: China's struggle to internationalize its currency[J]. foreign aff, 2012.

[70] Frankel J A. Internationalization of the RMB and Historical Precedents[M]. Nijhoff, 2012.

[71] Eichengreen B, Kawai M. Issues for Renminbi Internationalization: An Overview[J]. SSRN Electronic Journal, 2014.

[72] Li Q H. Research on the Risks of RMB Internationalization and Strategic Planning. Advances in Social Science[J]. Education and Humannities Research, Volume 123, 2017.

[73] Chang D S. A Political Economic Analysis on the RMB

Internationalization [J]. Korea Trade Research Association, 2013：439—461.

[74] Chan S. Assessing China's recent capital outflows：policy challenges and implications [J]. China Finance and Economic Review, 2017, 5(1)：3.

[75] Ito T. The Internationalization of the RMB: Opportunities and Pitfalls [J]. International Economic Review, 2012, 2(2)：129—132.

[76] Zhang L, Tao K. The Benefits and Costs of Renminbi Internationalization [J]. Adbi Working Papers, 2014, 71(5—8)：1319—1326.

[77] Wang H, Bian X. The risk of exchange rate fluctuation and path choice in RMB internationalization [C]. International Conference on Economic and Business Management, 2017.

[78] Jiangze D U, Lai K K. Copula-Based Risk Management Models for Multivariable RMB Exchange Rate in the Process of RMB Internationalization [J]. Journal of Systems Science & Complexity, 2017, 30(3)：1—20.

[79] Yao Y. Analysis on Internationalization of RMB and Economic Openness [C]. International Conference on Management, Education, Information and Control, 2016.

[80] Eichengreen B. Renminbi Internationalization: Tempest in a Teapot? [J]. Working Paper, 2013, 01.

[81] Yang J. Analysis of Current Development of Offshore RMB Market and Its Risk Regulations [J]. Theoretical and Methodological Approaches to Social Science, Economics and Management Science, 2015：635—638.

[82] Zhang M, Zhang B. The Boom and Bust of the RMB's

Internationalization: A Perspective from Cross-Border Arbitrage [J]. Asian Economic Policy Review, 2017, 12 (2): 256—257.

[83] Brummer C. The Renminbi and Systemic Risk [J]. Journal of International Economic Law, 2017, 20 (3): 447—507.

[84] 李婧.人民币跨境流通的潜在风险分析 [J].当代经济研究, 2007, 141 (5): 63—66.

[85] 王思程.对人民币国际化问题的若干思考 [J].现代国际关系, 2008 (8): 29—33.

[86] 刘仁伍, 刘华.人民币国际化: 风险评估与控制 [M].社会科学文献出版社, 2009.

[87] 陈雨露.东亚货币合作中的货币竞争问题 [J].国际金融研究, 2003 (11): 17—23.

[88] 刘亦文, 胡宗义, 丁攀.人民币国际化进程中的货币反替代研究 [J].金融经济学研究, 2009, 24 (2): 26—33.

[89] 高海红, 余永定.人民币国际化的含义与条件 [J].国际经济评论, 2010 (1): 46—64.

[90] 何帆, 张斌, 张明, 等.香港离岸人民币金融市场的现状、前景、问题与风险 [J].国际经济评论, 2011 (3): 84—108.

[91] 范祚军, 唐文琳.人民币国际化的条件约束与突破 [M].北京: 人民出版社, 2012.

[92] 王海峰.理性认识人民币国际化的风险 [J].宏观经济管理, 2013 (11): 48—49.

[93] 沈悦, 张澄.人民币国际化进程中的金融风险预警研究 [J].华东经济管理, 2015 (8): 94—101.

[94] 刘翔峰.化解人民币国际化进程中的汇率风险 [J].宏观经济管理, 2016 (6): 51—55.

[95] 任英华, 程媛媛, 杨炎.人民币跨境流动与金融失衡——基于VAR和门限模型的经验分析 [J].财经理论与实践, 2016,

199（1）：48—53.

[96] 田乐蒙，刘雨绮.人民币国际化进程中的风险识别研究——基于在岸和离岸人民币汇差的实证分析［J］.软科学，2018，32（1）：140—144.

[97] 丁剑平，刘璐，张冲.美国贸易逆差形成中的"潜在的反比较优势现象"——对"汇率操纵逆差说"的反驳［J］.财经研究，2019（11）：84—97.

[98] 景健文，吴思甜.人民币国际化对中国宏观经济的影响分析——基于人民币国际化动态指数计算的实证研究［J］.中国经济问题，2018（4）：76—87.

[99] 马德功，罗雨柯，张洋.人民币国际化对中国金融风险的影响［J］.金融论坛，2020，25（3）：7—17，47.

[100] 石建勋，刘宇.法定数字人民币对人民币国际化战略的意义及对策［J/OL］.新疆师范大学学报（哲学社会科学版），2021（4）：1—9［2021-03-05］.

[101] 于国才，王晨宇.货币互换协议、金融市场与中国对外直接投资［J/OL］.南方经济：1—17［2021-03-05］.

[102] 郝志运.金融开放和疫情冲击作用下的人民币国际化研究［J］.福建金融，2021（1）：67—74.

[103] Kaminsky G, Lizondo S, Reinhart C M. Leading Indicators of Currency Crises［J］. Staff Papers, 1996, 45（1）: 1—48.

[104] Berg A, Pattillo C. Predicting currency crises: the indicators approach and an alternative［J］. Journal of International Money & Finance, 1999, 18（4）: 561—586.

[105] Berg A, Pattillo C. The Signals Approach to Early Warning of Currency Crisis: Does It Work and Is There a Better Way? ［M］. The Asian Financial Crisis: Origins, Implications, and Solutions. Springer, Boston, MA, 1999.

[106] 张元萍,孙刚.金融危机预警系统的理论透析与实证分析[J].国际金融研究,2003(10):32—38.

[107] 吴海霞,邢春华,孙婵娟.运用信号分析法建立我国的金融风险预警系统[J].金融论坛,2004,9(6):51—56.

[108] 闵亮,沈悦,韩丹.构建符合国情的我国金融危机预警指标体系[J].现代经济探讨,2008(7):66—70.

[109] 徐亚丽.系统性金融风险评估监测研究[D].长沙:湖南大学,2014.

[110] 许晴.中国系统性金融风险的识别、预警与防范研究[D].武汉:华中科技大学,2015.

[111] 李升高.跨境资金流出风险监测预警指标体系研究——基于信号分析法[J].南方金融,2017(1):15—24.

[112] Engle R F. A general approach to lagrange multiplier model diagnostics[J]. Journal of Econometrics, 1982, 20(1): 83—104.

[113] Bollerslev J, Røhl H, Krag E S, et al. Gonadotropin and androgen levels in patients operated upon for cryptorchidism[J]. Danish Medical Bulletin, 1986, 33(6): 336.

[114] 钱争鸣.ARCH族计量模型在金融市场研究中的应用[J].厦门大学学报(哲学社会科学版),2000(3):126-129.

[115] Schröder M, Schüler M. The Systemic Risk Potential in European Banking - Evidence from Bivariate GARCH Models[J]. Zew Discussion Papers, 2003.

[116] JP Morgan Riskmetrics, JP Morgan, New York. 1994.http://www.riskmetrics.com/.

[117] 林辉,何建敏.VaR在投资组合应用中存在的缺陷与CVaR模型[J].财贸经济,2003(12):46—49.

[118] Adrian T, Brunnermeier M. CoVaR[J]. Staff Reports, 2014,

106（7）：1705—1741.

［119］ 杨源源，张译文. 中国上市金融机构系统性风险测度［J］. 首都经济贸易大学学报，2017，19（4）：27—36.

［120］ Sachs J D, Tornell A, Velasco A, et al. Financial Crises in Emerging Markets: The Lessons from 1995［J］. Brookings Papers on Economic Activity，1996，1996（1）：147—215.

［121］ Sachs J, Tornell A, Velasco A. The collapse of the Mexican peso: what have we learned?［J］. Economic Policy，1996，11（22）：13—63.

［122］ Lehar A. Measuring systemic risk: A risk management approach［J］. Social Science Electronic Publishing，2005，29（10）：2577—2603.

［123］ Müller J. Interbank Credit Lines as a Channel of Contagion［J］. Journal of Financial Services Research，2006，29（1）：37—60.

［124］ IMF. Global Financial Stability Report: Responding to the Financial Crisis and Measuring Systemic Risk［J］. 2005.

［125］ Illing M, Liu Y. An Index of Financial Stress for Canada［J］. Staff Working Papers，2003，29（3—14）.

［126］ 沈悦，闵亮. 基于外汇市场压力指数的货币危机界定与识别［J］. 上海金融，2007（12）：69—72.

［127］ 荆中博，杨海珍，杨晓光. 基于货币市场压力指数的银行危机预警研究［J］. 金融研究，2012（5）：45—55.

［128］ Hagen J.V. and T.Ho. Money Market Pressure and the Determinants of Banking Crises［J］. Journal of Money, Credit and Banking，2007，39（5）：1037—1066.

［129］ Hakkio C S, Keeton W R. Financial Stress: What Is It, How Can It Be Measured, and Why Does It Matter?［J］. Economic

Review, 2009, 94(2): 5—50.

[130] Grimaldi M. Detecting and Interpreting Financial Stress in the Euro Area [J]. Social Science Electronic Publishing, 2010.

[131] 赖娟, 吕江林. 基于金融压力指数的金融系统性风险的测度 [J]. 统计与决策, 2010(19): 128—131.

[132] 刘晓星, 方磊. 金融压力指数构建及其有效性检验——基于中国数据的实证分析 [J]. 管理工程学报, 2012, 26(3): 1—6.

[133] 许涤龙, 陈双莲. 基于金融压力指数的系统性金融风险测度研究 [J]. 经济学动态, 2015(4): 69—78.

[134] 陈忠阳, 许悦. 我国金融压力指数的构建与应用研究 [J]. 当代经济科学, 2016, 38(1): 27—35.

[135] 徐国祥, 李波. 中国金融压力指数的构建及动态传导效应研究 [J]. 统计研究, 2017, 34(4): 59—71.

[136] Nguyen C D, Ho T A. Constructing a Financial Stress Index for Vietnam: An Application of Autoregressive Conditional Heteroskedastic Models [J]. Econometrics for Financial Applications, 2018.

[137] Cardarelli R, Elekdag S, Lall S. Financial stress and economic contractions [J]. Journal of Financial Stability, 2011, 7(2): 78—97.

[138] 靳玉英, 周兵. 新兴市场国家金融风险传染性研究 [J]. 国际金融研究, 2013(5): 49—62.

[139] 郑桂环, 徐红芬, 刘小辉. 金融压力指数的构建及应用 [J]. 金融发展评论, 2014(8): 50—62.

[140] 江红莉, 刘丽娟, 程思婧. 系统性金融风险成因、测度及传导机制——基于文献综述视角 [J]. 金融理论与实践, 2018(11): 49—55.

[141] 王博, 齐炎龙. 宏观金融风险测度: 方法、争论与前沿进展 [J]. 经济学动态, 2015(4): 149—158.

[142] 孙国茂，张辉，张运才.宏观审慎监管与证券市场系统性风险测度研究[J].济南大学学报（社会科学版），2020，30（6）：107—124，159，2.

[143] 宫晓琳，杨淑振，孙怡青，等.基于概率统计不确定性模型的CCA方法[J].管理科学学报，2020，23（4）：55—64.

[144] 朱莞，周瑛.基于关联网络的系统性金融风险测度及时变特征研究[J].河南科技学院学报，2021，41（1）：8—13.

[145] 刘遵义.下一个墨西哥在东亚吗[R].联合国世界经济秋季会议报告，1995.

[146] Berg Andrew. Borensztein Eduardo. Sahay Ratna. Zettelmeyer Jeronimo. The Evolution of Output in Transition Economies: Explaining the Differences[B]，1999，

[147] Kumar M，Moorthy U，Perraudin W. Predicting emerging market currency crashes[J]. Journal of Empirical Finance，2003，10（4）：427—454.

[148] 郑航.基于Logit模型的中国系统性金融风险预警实证分析[D].大连：东北财经大学，2016.

[149] 孙海云.Logit模型参数估计方法的研究[D].杭州：浙江大学，2016.

[150] Nag A. Mitra A. Neural Networks and Early Warning Indicators of Currency Crisis[R]. Reserve Bank of India Occasional Papers 1999，20（3）：183—222.

[151] 明源.基于BP神经网络方法的主权债务危机预警研究[D].成都：西南财经大学，2013.

[152] 王春丽，胡玲.基于马尔科夫区制转移模型的中国金融风险预警研究[J].金融研究，2014（9）：99—114.

[153] 王建.中国通胀惯性的动态特征[D].大连：东北财经大学，2016.

[154] 吴宜勇，胡日，袁正中.基于MSBVAR模型的中国金融风险预警研究[J].金融经济学研究，2016（5）：13—23.

[155] 严一锋，李连发.基于日度数据的金融压力指数构建[J].郑州大学学报（哲学社会科学版），2017（5）：49—55.

[156] 刘卉.国债期限利差对中国宏观经济波动的预警研究[D].长春：吉林大学，2017.

[157] 杨子晖，陈雨恬，谢锐楷.我国金融机构系统性金融风险度量与跨部门风险溢出效应研究[J].金融研究，2018（10）：19—37.

[158] 张冰洁，汪寿阳，魏云捷，等.基于CoES模型的我国金融系统性风险度量[J].系统工程理论与实践，2018，38（3）：565—575.

[159] 李政，朱明皓，范颖岚.我国金融机构的传染性风险与系统性风险贡献——基于极端风险网络视角的研究[J].南开经济研究，2019，（6）：132—157.

[160] 曾昭法，游悦.基于神经网络分位数回归的金融风险预警[J].统计与决策，2020，36（14）：137—140.

[161] 张云，刘骏民.人民币国际化的历史趋势与风险应对探析[J].经济与管理研究，2010（3）：65—70.

[162] 韩腾云.国际金融危机下人民币国际化的风险探讨[J].时代金融，2013，（21）：119.

[163] 李稻葵.人民币国际化道路研究[M].北京：科学出版社，2013：160—204.

[164] 吴啸.经济发展"新常态"下的金融风险防控机制研究[J].知识经济，2015，（23）：59，61.

[165] 吴念鲁，杨海平.经济金融风险传染的防范与治理——基于资产负债表视角的分析[J].西南金融，2016，（2）：15—18.

[166] 郑联盛.货币政策与宏观审慎政策双支柱调控框架：权衡与融

合［J］.金融评论，2018，10（4）：25—40，119.

［167］ 方意，黄丽灵.系统性风险、抛售博弈与宏观审慎政策［J］.经济研究，2019，54（9）：41—55.

［168］ 方意，王晏如，黄丽灵，等.宏观审慎与货币政策双支柱框架研究——基于系统性风险视角［J］.金融研究，2019，（12）：106—124.

［169］ 何文海.人民币国际化的路径分析与风险防范研究［J］.上海市经济管理干部学院学报，2019，17（6）：22—31.

［170］ 郭建伟.构建人民币国际化风险防控体系［N］.金融时报，2020-12-25（010）.

［171］ 郭娜，祁帆，李金胜.中国系统性金融风险度量与货币政策影响机制分析［J］.金融论坛，2020，25（4）：49—60.

［172］ Marc A. Miles. Currency Substitution, Flexible Exchange Rates, and Monetary Independence［J］. The American Economic Review，1978，68（3）.

［173］ Bluford H. Putnam, D. Sykes Wilford. Money, Income, and Causality in the United States and the United Kingdom: A Theoretical Explanation of Different Findings［J］. The American Economic Review，1978，68（3）.

［174］ Richard A. Brecher, Ehsan U. Choudhri. Immiserizing Investment From Abroad: The Singer-Prebisch Thesis Reconsidered［J］. The Quarterly Journal of Economics, 1982, 97（1）.

［175］ de Macedo Jorge Braga. Currency diversification and export competitiveness: A model of the "Dutch disease" in Egypt［J］. North-Holland，1982，11（3）.

［176］ 杨军.中国货币替代弹性的实证研究［J］.金融研究，2002（4）：40—45.

［177］ 岳意定，张琦.开放经济条件下中国货币替代主要成因的实证

分析［J］.数量经济技术经济研究，2004（8）：5—12.

［178］刘绍保.人民币汇率与货币替代关系的实证研究——基于1997Q4～2007Q1中国的实际数据［J］.国际金融研究，2008（1）：70—74.

［179］卜亚.反向货币替代——人民币国际化进程中的考验与政策选择［J］.经济问题探索，2012（1）：95—101.

［180］吴可，阙跃辉.货币替代和反替代对我国汇率影响的实证研究［J］.上海管理科学，2012，34（4）：91—95.

［181］中共中央国务院关于构建更加完善的要素市场化配置体制机制的意见［J］.社会主义论坛，2020（5）：4—6.

［182］孙健，魏修华，唐爱朋.从三大货币发展历程看人民币国际化战略的路径选择［J］.亚太经济，2005（2）：69—71.

［183］戴相龙.合理国际货币体系倒逼人民币国际化［J］.祖国，2014（1）：17.

［184］陈雨露.人民币国际化要分三步走［N］.人民日报（海外版），2013-04-18（2）.

［185］王晓芳，于江波.丝绸之路经济带人民币区域国际化的渐进式路径研究［J］.经济学家，2015（6）：68—77.

［186］王晓燕，雷钦礼，李美洲.货币国际化对国内宏观经济的影响［J］.统计研究，2012，29（5）：23—33.

［187］沈悦，王宝龙，李巍军.人民币国际化进程中的金融风险识别及预警研究［J］.西安交通大学学报（社会科学版），2019，39（5）：39—48.